高等职业教育交通土建类专业新形态教材

公路隧道技术状况检测与评价

主　编　杨　婕　柳治国
副主编　何家范　夏国正
参　编　张　勇
主　审　石大为

北京理工大学出版社
BEIJING INSTITUTE OF TECHNOLOGY PRESS

内 容 提 要

本书从实用角度出发，以公路隧道工程项目为载体，系统介绍了公路隧道基础知识、公路隧道技术状况评定方法、公路隧道施工检测、隧道环境监测和运营隧道结构检查等内容。

本书可用于高等院校城市轨道交通工程技术及地下与隧道工程技术专业的教学，也可供轨道交通工程相关技术人员工作时参考。

版权专有　侵权必究

图书在版编目（CIP）数据

公路隧道技术状况检测与评价 / 杨婕，柳治国主编. —北京：北京理工大学出版社，2021.4（2021.5重印）

ISBN 978-7-5682-9695-3

Ⅰ.①公… Ⅱ.①杨… ②柳… Ⅲ.①公路隧道—检测 ②公路隧道—技术评估 Ⅳ.①U459.2

中国版本图书馆CIP数据核字（2021）第060360号

出版发行 / 北京理工大学出版社有限责任公司
社　　址 / 北京市海淀区中关村南大街5号
邮　　编 / 100081
电　　话 /（010）68914775（总编室）
　　　　　（010）82562903（教材售后服务热线）
　　　　　（010）68948351（其他图书服务热线）
网　　址 / http://www.bitpress.com.cn
经　　销 / 全国各地新华书店
印　　刷 / 北京紫瑞利印刷有限公司
开　　本 / 787毫米 × 1092毫米　1/16
印　　张 / 16.5　　　　　　　　　　　　　　　　　责任编辑 / 多海鹏
字　　数 / 361千字　　　　　　　　　　　　　　　文案编辑 / 多海鹏
版　　次 / 2021年4月第1版　2021年5月第2次印刷　责任校对 / 周瑞红
定　　价 / 48.00元　　　　　　　　　　　　　　　责任印制 / 边心超

图书出现印装质量问题，请拨打售后服务热线，本社负责调换

前　言

"隧道检测技术"是城市轨道交通工程技术及地下与隧道工程技术专业的一门专业必修课，是地下工程建设从业人员必须掌握的一门专业技能。本书依据教育部对高等教育人才培养目标、培养规格、培养模式及与之相适应的知识、技能、能力和素质结构的要求进行编写，结合最新的行业技术标准、规范及隧道科技进步等情况，具有较强的针对性。本书在编写过程中较好地贯彻了素质教育的思想，力求体现以人为本的现代职业教育理念，从交通行业岗位群对人才知识结构和实践技能的要求出发，结合培养学生创新能力、职业道德方面的要求，提出教学目标和教学内容，在教材的理论体系、组织结构、内容描述上与传统教材有着明显的区别。

本书共分为六个模块，包括绪论、公路隧道基础知识、公路隧道技术状况评定方法、公路隧道施工检测、隧道环境监测、运营隧道结构检查。

参加本书编写的有贵州交通职业技术学院路桥系杨婕（编写模块一到模块三）、贵州宏信创达工程检测咨询有限公司柳治国和何家范（编写模块四课题一到课题五）、贵州宏信创达工程检测咨询有限公司夏国正（编写模块四课题六、课题七和模块五）、贵州宏信创达工程检测咨询有限公司张勇（编写模块六）。全书由杨婕、柳治国担任主编，何家范、夏国正担任副主编，张勇参与编写。全书由石大为担任主审。

本书是长期从事公路隧道工程检测技术专业教学与工程实践的工程师们工作经验的总结。但是，随着各项改革的逐步深入，加之编者水平有限，书中难免存在不妥之处，敬请广大读者批评指正。

编　者

目 录

模块一 绪论 ·········· 1
  课题一 公路隧道现状 ·········· 1
  课题二 公路隧道检测评定 ·········· 3
    一、隧道工程检测的目的和意义 ·········· 3
    二、隧道的主要质量问题 ·········· 3
  课题三 公路隧道检测评定的发展 ·········· 4

模块二 公路隧道基础知识 ·········· 6
  课题一 土建结构 ·········· 6
    一、隧道的分类 ·········· 6
    二、公路隧道的结构组成 ·········· 7
  课题二 机电设施 ·········· 7
  课题三 其他工程设施 ·········· 8

模块三 公路隧道技术状况评定方法 ·········· 10
  课题一 质量等级评定方法 ·········· 10
    一、质量等级评定的工程划分 ·········· 10
    二、工程质量检验 ·········· 11
  课题二 公路隧道质量等级评定 ·········· 12
    一、公路隧道质量检验评定标准 ·········· 12
    二、竣(交)工验收相关规定 ·········· 12

模块四 公路隧道施工检测 ·········· 15
  课题一 辅助工程措施质量检测 ·········· 15
    一、辅助工程措施认识 ·········· 15
    二、施工质量检测 ·········· 23

  课题二 洞身开挖质量检测 ·········· 26
    一、隧道开挖方法及施工要点认识 ·········· 26
    二、开挖质量标准 ·········· 32
    三、隧道断面仪法检测开挖断面 ·········· 34
  课题三 喷锚衬砌施工质量检测 ·········· 38
    一、喷锚衬砌认识 ·········· 38
    二、锚杆施工质量检查 ·········· 40
    三、锚杆抗拔力测试 ·········· 43
    四、锚杆锚固长度和密实度检测 ·········· 44
    五、喷射混凝土施工质量检测 ·········· 49
    六、钢筋网施工质量检测 ·········· 53
    七、钢架施工质量检测 ·········· 55
    八、喷锚衬砌断面尺寸检测 ·········· 59
  课题四 防排水检测 ·········· 59
    一、隧道防排水系统认识 ·········· 59
    二、混凝土抗渗性能试验 ·········· 62
    三、防水层施工质量检测 ·········· 65
    四、排水系统施工质量检查 ·········· 70
  课题五 混凝土衬砌施工质量检测 ·········· 76
    一、混凝土衬砌施工质量检测要点认识 ·········· 76
    二、混凝土衬砌施工检查 ·········· 77
    三、模筑混凝土衬砌质量检测 ·········· 83
    四、回弹法检测混凝土强度 ·········· 87
    五、超声波法检测混凝土强度 ·········· 97
    六、超声回弹综合法检测混凝土强度 ·········· 102
    七、钻芯法检测混凝土强度 ·········· 105
    八、地质雷达法检测混凝土衬砌质量 ·········· 108

课题六 施工监控量测	117
一、简介	117
二、施工监控量测内容及要求	117
三、必测项目	118
四、选测项目	125
五、案例应用	127
课题七 超前地质预报	134
一、简介	134
二、超前地质预报方法	135
三、不良地质体的预报	144
四、案例应用	147

模块五 隧道环境监测 ... 175

课题一 隧道施工环境监测	175
一、简介	175
二、粉尘浓度测定	176
三、瓦斯检测	180
四、一氧化碳检测	185
五、硫化氢检测	190
六、氡气检测	194
七、核辐射检测	197
课题二 隧道运营环境监测	200
一、运营通风方式	200
二、运营通风检测	200
三、运营照明方式	212
四、运营照明检测	215

模块六 运营隧道结构检查 ... 233

课题一 经常检查	233
一、检查频率	233
二、检查方法	233
三、检查内容及判定标准	234
课题二 定期检查	235
一、检查频率	235
二、检查内容和方法	235
三、土建结构技术状况评定	245
课题三 应急检查	251
课题四 专项检查	251
课题五 隧道衬砌表观病害自动化检测方法	252

附录 检查记录表 ... 255

参考文献 ... 258

模块一　绪　论

教学目标

通过本模块的学习，了解公路隧道发展的现状，掌握公路隧道检测评定的目的及意义，为学习后续内容做必要准备。

知识点

公路隧道检测评定的目的和意义。

课题一　公路隧道现状

与发达国家相比，我国的公路隧道起步较晚。1949年以前，我国仅有7座公路隧道，总长为897 m，最长的不超过200 m，多为单车道隧道，无衬砌或采用砌体进行衬砌。中华人民共和国成立后30年所修建的公路等级均较低，线形指标要求不高。20世纪50年代，仅有公路隧道30多座，总长约为2 500 m，且单洞长度都很短。20世纪60—70年代，我国干线公路上曾修建了一些百米以上的隧道，但标准也很低。进入20世纪80年代，公路隧道的发展逐渐加快，具有代表性的工程有深圳梧桐山隧道和珠海板樟山隧道、福建鼓山隧道和马尾隧道、甘肃七道梁隧道等。20世纪90年代后，我国公路隧道进入了高速发展时期，截至2017年年底，我国建成公路隧道16 000座，总长度达15 000 km，其中大于3 km长的隧道902座，全长为4 013 km，最长公路隧道为秦岭终南山隧道，长为18.02 km，为世界最长双洞高速公路隧道，于2007年建成通车。近年来，我国公路隧道以每年1 000 km速度增长，建设速度世界第一。世界上已建成10 km以上隧道26座，我国占15座。在建和拟建的10 km以上公路隧道18座，建设规模居世界第一。

我国部分已建成的10 km以上隧道见表1.1-1。

表1.1-1　我国修建的部分特长公路隧道

序号	隧道名称	长度/m	位置	车道数
1	秦岭终南山隧道	18 020	陕西	2×2
2	凉山州锦屏山隧道	17 500	四川	1×1

续表

序号	隧道名称	长度/m	位置	车道数
3	木寨岭隧道	15 221	甘肃	2×2
4	巴陕高速公路米仓山隧道	13 800	川陕交界	2×2
5	太古高速公路西山隧道	13 600	山西	2×2
6	雅康高速公路新二郎山隧道	13 460	四川	2×2
7	长平高速公路虹梯关隧道	13 120	山西	2×2
8	蒋渭水高速公路雪山隧道	12 900	台湾	2×2
9	宝天高速公路麦积山隧道	12 290	甘肃	2×2
10	大坪里隧道	12 290	甘肃	2×2

我国修建的部分大跨度公路隧道见表 1.1-2。

表 1.1-2 我国修建的部分大跨度公路隧道

序号	隧道名称	长度/m	位置	车道数×隧道洞数
1	深中通道	6 800	广东	4×2
2	外环越江隧道	2 882	上海	4×2
3	白鹤嘴隧道	1 240	重庆	4×2
4	杏花村1号隧道	1 191	新疆	4×2
5	大东山隧道	1 114	大连	4×2

我国修建的部分水下公路隧道见表 1.1-3。

表 1.1-3 我国修建的部分水下公路隧道

序号	隧道名称(工法)	长度/m	位置	车道数×隧道洞数
1	上海崇明长江隧道(盾构法)	8 955	上海	3×2
2	翔安海底隧道(钻爆法)	8 695	厦门	3×2
3	深圳中山通道海底隧道(沉管法)	6 800	粤港澳湾区	4×2
4	港珠澳海底隧道(沉管法)	6 700	伶仃洋	3×2
5	南京长江隧道(盾构法)	6 042	南京	3×2

我国公路隧道长度由 20 世纪 90 年代初单洞最长 3 km 左右，发展到现在的 10 km，甚至 18 km。从过去的两车道隧道到今天的三车道隧道、四车道隧道；隧道的布置方式由过去的分离式双洞隧道到今天的连拱隧道、小净距隧道、分岔隧道，还有如"地下立交""桥隧混合"等布置形式。公路隧道的改建、扩建工程也逐年增加。近 30 年来，大批重大科研项

目和重大公路隧道工程的完成，表明我国公路隧道建设与运营管理技术水平已经取得了很大发展，采用钻爆法、盾构法、沉管法修筑隧道的设计施工技术已处于国际先进水平。

根据交通运输部制定的《国家公路网规划(2013—2030年)》，普通国道网由12条首都放射线、47条北南纵线、60条东西横线和81条联络线组成，总规模约为26.5万km。2030年国家高速公路网总规模约为11.8万km，另规划了1.8万km的远期展望线。这比起2004年《国家高速公路网》规划的2020年国家高速公路网的8.5万km的目标大幅上调。由此可见，在今后一个时期，我国公路建设仍将保持高速发展。而随着公路大规模建设的开展，隧道的数量也将迅猛增加。

课题二　公路隧道检测评定

一、隧道工程检测的目的和意义

我国地域广阔，地质条件、气候环境条件及施工环境条件复杂，施工组织实施困难，在公路隧道建设中会遇到各种各样的技术问题，随着公路隧道里程的不断增加，养护需求日趋迫切，提高养护水平、确保畅通也是十分突出的问题，无论是新建还是运营的隧道，为保证工程质量、降低运营风险，都离不开隧道的检测与监测工作。隧道检测工作是隧道施工质量控制和竣工验收评定工作中不可缺少的一个主要环节。对于提高工程质量、加快工程进度、降低工程造价、提高养护水平、推动隧道工程施工技术进步，将起到极为重要的作用。

公路隧道的检测、监测活动贯穿建设和运营两个阶段。在施工过程中，从原材料制品的质量控制到各个阶段的施工过程量测，质量检验及超前地质预报、施工环境的监测，都离不开检测工作。在运营期通过对隧道结构的检测评定、运营环境的监测，以确保结构安全，网络通畅。运营隧道结构检查是隧道运营管理中的一项重要工作，通过结构检测检查，可了解隧道结构的技术状况，保证隧道结构的安全耐久。《公路隧道养护技术规范》(JTG H12—2015)提出了公路隧道分级养护的理念，将公路隧道养护分为三个等级，根据隧道养护等级对隧道结构进行检测、分级及技术状况评定，为隧道维修、养护及隧道安全运营管理提供科学依据。

二、隧道的主要质量问题

我国公路隧道具有断面面积大、防水要求高、所处自然环境均较复杂等特点。加之由于设计和施工等方面的原因，国内已建和在建的公路隧道都不同程度地出现了质量问题，其中最常见的问题主要有以下几个方面：

(1)隧道渗漏水。与其他地下工程一样，公路隧道在施工期间和建成以后，一直受到地下水的影响，特别是建成以后的隧道，更是处于地下水的包围之中。据不完全统计，目前国内公路隧道完全无渗漏者寥寥无几,绝大部分隧道都存在着不同程度的渗漏问题,渗漏位置遍及隧道各个部位。

(2)衬砌开裂。在隧道衬砌结构设计中常有一定的不准确性,导致结构强度不够或与围岩压力不协调,造成衬砌结构开裂、破坏。然而,在工程中出现的衬砌开裂更多的是由于施工管理不当、衬砌厚度不足或混凝土强度不够造成的。隧道衬砌结构裂缝较为普遍,其形态多样,有的拱顶和边墙出现纵向裂缝、斜向裂缝、网状龟裂裂缝,有的出现错台。

(3)衬砌厚度不足。衬砌厚度包括初期支护厚度和二次模筑混凝土衬砌厚度。对模筑混凝土衬砌,衬砌厚度不足主要出现在边墙脚、侧墙、拱顶、仰拱两侧等。

(4)衬砌结构同围岩结合不密实。支护结构同围岩的紧密接触是地下结构区别于地面结构的主要特征。围岩与初期支护之间不密实、模筑混凝土厚度不足,甚至形成较大空区(洞)都属于很严重的质量问题。

(5)混凝土劣化、强度不足。混凝土强度不足主要有喷射混凝土强度不足、模筑混凝土强度不足两种情况。混凝土在腐蚀性环境作用下会产生劣化。

(6)路面隆起、下沉、开裂。隧道运营一段时间以后,有些隧道会出现路面开裂、底鼓、下沉变形现象,通常伴随电缆沟盖板翘起,路缘石、边沟破坏。

(7)照明亮度不足。在隧道内粉尘浓度较高、潮湿环境条件下,灯具内外容易积尘纳垢,电器容易老化,使照明亮度不足。

(8)悬挂件锈蚀、松动、脱落、缺失。隧道内风机、灯具、电缆桥架等各种预埋件、悬挂件长期在隧道内特有的环境和车辆振动作用下,出现锈蚀松动与脱落问题十分普遍,有的甚至出现缺失。这也是老旧隧道主要的安全隐患之一。

(9)附属设施损坏。隧道各种附属设施在运营过程中出现损坏,如设备洞门老化、电缆槽壁及盖板破损、内装饰层(防火涂层、边墙瓷砖等)起层脱落等。

课题三 公路隧道检测评定的发展

20世纪50年代,人们逐步认识到地下工程中的许多事故往往是由岩(土)体失稳引起的,监测和检测技术开始得到重视。20世纪70年代,随着新奥法技术的推广应用,人们开始逐步加深对地下工程中监测、检测项目的确定,仪器选型,布置埋设与观测方法,观测资料的分析整理等工作的研究,并取得了一定的成果。但在监测设计规划、仪器的技术性能及数据分析处理等方面并不令人满意。20世纪80年代以来,人们对地下工程监测检测技术应用实践中存在的问题进行了深入研究,改进了监测手段和方法,对仪器的技术指标、使用条件、稳定性和可靠性等给出了评定标准。安全监测工作的标准化、程序化和质量控制措施也逐步得到完善,并编制了各类工程监测技术规程、规范、指南和手册。20世纪90年代,地下工程监测技术的硬件和软件迅速发展,应用范围不断扩大,动态设计和信息化设计技术开始在实际工程中应用，监测自动化、网络传输、数据处理和资料分析、安全预报预警等系统不断完善。地理信息系统(GIS)也在大型工程监测中得到了应用。21世纪开始，安全和环境问题的日益恶化引起了人们的高度重视，公众的法律和环保意识增强，对地下工程建设的关注程度增加，各级政府对安全和环保方面的科学研究、防护治理、环境监测与检测的投入加大，为促使施工安全，环境保护和工程质量监(检)测技术应用范围继续扩大，监(检)测仪器设备与技术发展迅猛。

模块二　公路隧道基础知识

教学目标

通过本模块的学习，掌握公路隧道的基础知识，包括隧道的分类、隧道的结构组成。

知识点

隧道的分类，隧道的结构组成。

课题一　土建结构

一、隧道的分类

隧道从不同的角度出发，可以分为不同的种类。

(1)按隧道的用途可分为交通隧道、水工隧道、市政隧道、矿山隧道。

(2)按隧道所处的位置可分为山岭隧道、城市隧道、水下隧道。

(3)按隧道穿越地层可分为岩石隧道、土质隧道。

(4)按隧道修建方式可分为明挖隧道、暗挖隧道、沉管法隧道等。

(5)按隧道开挖掘进方式可分为钻爆法(也称矿山法)隧道、盾构法隧道、掘进机法隧道等。

(6)按隧道布置方式可分为分离隧道、小净距隧道、连拱隧道、分岔隧道等。

(7)按隧道跨度或车道数可分为一般跨度隧道(指两车道隧道)、中等跨度隧道(指三车道隧道)、大跨度隧道(指四车道及以上隧道)。

(8)按隧道长度分类：我国《公路隧道设计规范 第一册 土建工程》(JTG 3370.1—2018)按隧道长度将公路隧道分为以下4类：

1)特长隧道：$L > 3\ 000$ m。

2)长隧道：$3\ 000$ m $\geq L > 1\ 000$ m。

3)中隧道：$1\ 000$ m $\geq L > 500$ m。

4)短隧道：$L \leq 500$ m。

二、公路隧道的结构组成

公路隧道结构除洞门和裸露的明洞外,全部埋入地下,一般置于地层包围之中,是由围岩喷锚衬砌(初期支护)、模筑混凝土衬砌(二次衬砌)、仰拱衬砌、仰拱填充、防水层、排水盲管、深埋水沟、路侧边沟、路面结构、电缆沟及盖板等组成的,如图2.1-1所示。

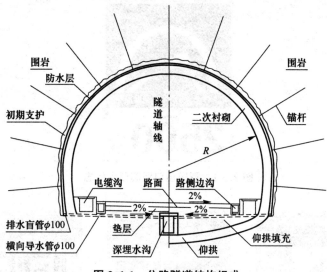

图 2.1-1 公路隧道结构组成

课题二 机电设施

根据隧道的不同长度,隧道内还须配备照明、通风、监控、交通工程设施,防火、防灾救援设施等机电设施(图2.2-1)和管理设施。公路隧道机电设施主要是指为隧道营运服务的相关机电设施,包括供配电设施、照明设施、通风设施、消防及救援设施、监控设施等。

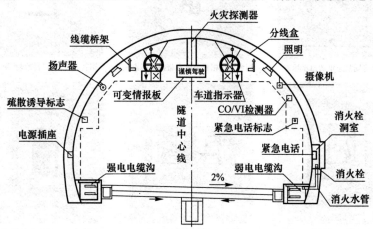

图 2.2-1 公路隧道机电设施组成

课题三 其他工程设施

公路隧道中交通安全设施有标志、标线、轮廓标,如图 2.3-1~图 2.3-4 所示。

图 2.3-1 隧道出口距离预告标志

超薄型紧急电话招示标志

超薄型人行通道招示标志

超薄型疏散招示标志

铝合金边框紧急电话招示标志

铝合金边框紧急停车带招示标志

铝合金边框车行横洞招示标志

铝合金边框人行横洞招示标志

铝合金边框疏散招示标志

铝合金边框消防设备招示标志

图 2.3-2 隧道内标志

图 2.3-3 隧道内标线

图 2.3-4 隧道轮廓标

模块三　公路隧道技术状况评定方法

教学目标

通过本模块的学习，掌握工程质量等级评定的方法及公路隧道质量评定的相关内容。

知识点

工程质量等级评定的方法，公路隧道质量评定内容。

课题一　质量等级评定方法

公路工程质量检验和等级评定是依据交通运输部颁布的《公路工程质量检验评定标准 第一册 土建工程》(JTG F80/1—2017)来进行的。在进行质量等级评定之前，首先应进行工程划分，然后按照"两级制度、逐级评定、合规定质"的原则进行评定。

一、质量等级评定的工程划分

《公路工程质量检验评定标准 第一册 土建工程》(JTG F80/1—2017)中按工程建设规模大小、结构部位和施工工序将建设项目划分为单位工程、分部工程和分项工程，对复杂工程，还可设立子分部工程。

(1)单位工程：在合同段中，具有独立施工条件和结构功能的工程。
(2)分部工程：在单位工程中，按结构部位、路段长度及施工特点等划分的工程。
(3)分项工程：在分部工程中，根据施工工序、工艺或材料等划分的工程。

工程划分应注意规模均衡、主次区别、层次清晰。

隧道工程原标准分部工程太多，对分部工程进行了重新划分，将总体与装饰装修合并，明洞并入洞口工程，洞身衬砌包括支护(超前支护和初期支护)和二次衬砌。鉴于目前特长隧道数量增多，故将辅助通道增列为分部工程，另外，明确了单位工程和分部工程的划分。

一般建设项目的工程划分见表3.1-1。

表 3.1-1 一般建设项目的工程划分

单位工程	分部工程	分项工程
隧道工程①（每座或每个合同段）	总体及装饰装修（每座或每合同段）	隧道总体，装饰装修工程
	洞口工程（每个洞口）	洞口边仰坡防护，洞门和翼墙的浇（砌）筑，截水沟、洞口排水沟，明洞浇筑，明洞防水层施工，明洞回填
	洞身开挖（200 延米）	洞身开挖
	洞身衬砌（200 延米）	喷射混凝土、锚杆、钢筋网、钢架、仰供、仰拱回填、衬砌钢筋、混凝土衬砌、超前锚杆、超前小导管、管棚
	防排水（200 延米）	防水层、止水带、排水
	路面②（1~3 km 路段）	基层、面层
	辅助通道③（200 延米）	洞身开挖、喷射混凝土、锚杆、钢筋网、钢架、仰供、仰拱回填、衬砌钢筋、混凝土衬砌、超前锚杆、超前小导管、管棚、防水层、止水带、排水

①双洞隧道每单洞作为一个单位工程。
②按路段长度划分的分部工程，高速公路、一级公路宜取低值，二级及二级以下公路可取高值。
③辅助通道包括竖井、斜井、平行导坑、横通道风道、地下风机房等。

二、工程质量检验

工程质量检验评定以分项工程为基本单元，采用合格率法进行。分项工程质量检验包括基本要求、实测项目、外观鉴定和质量保证资料四个部分。只有在基本要求符合、外观质量无限制缺陷和质量保证资料真实并基本齐全时，方能对分项工程质量进行检验评定。

（1）基本要求检查。分项工程所列基本要求，对施工质量优劣具有关键作用，应按基本要求对工程进行认真检查，并应检查工程所用的各种原材料的品种、规格、质量及混合料配合比和半成品、成品是否符合有关技术标准规定并满足设计要求。

（2）实测项目检验。对规定检查项目采用现场随机抽样方法，按照规定频率和下列合格率计算方法直接计算方程各检查项目的合格率，按数理统计方法评定的项目除外。

$$检查项目合格率(\%) = \frac{合格的点（组）数}{该检查项目的全部检查点（组）数} \times 100\%$$

检查项目可分为一般项目和关键项目。涉及结构安全和使用功能的重要实测项目为关键项目，其他项目为一般项目。关键项目在《公路工程质量检验评定标准 第一册 土建工程》（JTG F80/1—2017）中以"Δ"标示，其合格率应不低于 95%（机电工程为 100%），一般项目的合格率应不低于 80%，否则该检查项目为不符合对少数实测项目还有规定极值的限制，这是指任何一个检测值都不能突破的极限值，检测不符合要求时该实测项目为不合格，所在分项工程可直接判为不合格，并要求其必须进行返工处理。采用《公路工程质量检验评定标准 第一册 土建工程》（JTG F80/1—2017）中附录 B 至附录 N 等所列方法进行评定的关键项目，不符合要求的该分项工程评为不合格。

（3）外观质量检查。外观质量应进行全面检查，并应满足规定要求，否则该检验项目为不合格。

(4)质量保证资料。工程应有真实、准确、齐全、完整的施工原始记录、试验检测数据、质量检验结果等质量保证资料。质量保证资料应包括下列内容:
1)所用原材料、半成品和成品质量检验结果。
2)材料配合比、拌和加工控制检验和试验数据。
3)地基处理、隐蔽工程施工记录和桥梁、隧道施工监控资料。
4)质量控制指标的试验记录和质量检验汇总图表。
5)施工过程中遇到的非正常情况记录及其对工程质量影响分析评价资料。
6)施工过程中如发生质量事故,经处理补救后达到设计要求的认可证明文件等。

课题二 公路隧道质量等级评定

一、公路隧道质量检验评定标准

工程质量等级评定可分为合格与不合格,应按分项工程、分部工程、单位工程、合同段和建设项目逐级进行评定。

(1)分项工程质量等级评定。当分项工程的检验记录完整、实测项目合格、外观质量满足要求时,该分项工程评定为合格,否则为不合格。

(2)分部工程质量等级评定。当分部工程的评定资料完整、所含分项工程及实测项目合格、外观质量满足要求时,该分部工程评定为合格,否则为不合格。

(3)单位工程质量等级评定。当单位工程的评定资料完整、所含分部工程合格、外观质量满足要求时,该单位工程评定为合格,否则为不合格。

(4)合同段和建设项目质量等级评定。所含单位工程合格,该合同段评定为合格;所含合同段合格,该建设项目评定为合格。

评定为不合格的分项工程、分部工程,经返工、加固、补强或调测,满足设计要求后,可重新进行检验评定。

隧道土建工程分项、分部、单位工程划分及评定标准应严格执行《公路工程质量检验评定标准 第一册 土建工程》(JTG F80/1—2017)的要求。

隧道通风、照明、供配电、监控设施等应根据《公路工程质量检验评定标准 第二分册 机电工程》(JTG F80/2—2004)的相关要求进行评定。

二、竣(交)工验收相关规定

《公路工程竣(交)工验收办法实施细则》(交公路发〔2010〕65号)(以下简称本办法)对公路隧道工程竣(交)工验收做出了详细的规定,其中:

(1)工程划分。
①隧道以每座作为一个单位工程,特长隧道、长隧道分为多个合同段施工时,以每个

合同段作为一个单位工程。

②隧道衬砌、总体、路面分别作为一个分部工程。

(2)鉴定方法。

①分部工程质量鉴定方法。工程实体检测以本办法规定的抽查项目及频率为基础，按抽查项目的合格率加权平均乘以 100 作为分部工程实测得分；外观检查发现的缺陷，在分部工程实测得分的基础上采用扣分制，扣分累计不得超过 15 分。

$$分部工程实测得分 = \frac{\sum(抽查项目合格率 \times 权值)}{\sum 权值} \times 100$$

$$分部工程得分 = 分部工程实测得分 - 外观扣分$$

②单位工程、合同段、建设项目工程质量鉴定方法。根据分部工程得分采用加权平均值计算单位工程得分，再逐级加权计算合同段工程质量得分。内业资料审查发现的问题，在合同段工程质量得分的基础上采用扣分制，扣分累计不得超过 5 分；合同段工程质量得分减去内业资料扣分为该合同段工程质量鉴定得分。采用加权平均值计算建设项目工程质量鉴定得分。

$$单位工程得分 = \frac{\sum(分部工程得分 \times 权值)}{\sum 权值}$$

$$合同段工程质量得分 = \frac{\sum(单位工程得分 \times 单位工程投资额)}{\sum 单位工程投资额} - 内业资料扣分$$

$$建设项目工程质量鉴定得分 = \frac{\sum(合同段工程质量鉴定得分 \times 合同段工程投资额)}{\sum 合同段工程投资额}$$

公式中的投资额原则上使用结算价，当结算价暂时无法确定时，可使用招标合同价。但无论采用结算价还是招标合同价，计算时各单位工程或合同段均应统一。

(3)抽查频率。隧道逐座检查。

(4)抽查项目。公路工程质量鉴定抽查项目(隧道)见表 3.2-1。

表 3.2-1　公路工程质量鉴定抽查项目(隧道)

单位工程	分部工程类别	抽查项目	权值	备注	权值
隧道工程	衬砌	衬砌强度	3	用回弹法或超声波在每座中、短隧道测不少于 10 个测区；特长、长隧道测不少于 20 个测区	3
		衬砌厚度	3	用高频地质雷达连续监测拱顶、拱腰三条线或钻孔检查	
		大面平整度	1	衬砌平整度实测每座中、短隧道 5~10 处，长隧道 10~20 处，特长隧道 20 处以上	
	总体	宽度	1	每座中、短隧道测 5~10 点，长隧道测 10~20 点，特长隧道测不少于 20 点	1
		净空	2	每座中、短隧道测 5~10 点，长隧道测 10~20 点，特长隧道测不少于 20 点	
	隧道路面	面层		按照路面要求	2

(5)抽查要求。

①本办法规定的抽查项目均应在合同段交工验收前完成检测。竣工验收前,应对带"*"的抽查项目进行复测,复测结果和其他抽查项目在交工验收时的检测结果,作为竣工验收质量评定的依据。

②本办法未明确规定抽查项目的规定值或允许偏差的,按照《公路工程质量检验评定标准》(JTG F80)执行。

③对弯沉、路面厚度、平整度、摩擦系数、隧道衬砌混凝土强度及厚度等抽查项目优先采用自动化检测(或无损检测)设备进行检测,也可采用常规方法进行检测。采用无测试规程的自动化检测(或无损检测)结果有争议时,由交通运输主管部门组织有关专家确定。

(6)外观检查的基本要求。应对隧道等涉及安全运营的重要工程部位进行详细检查。

(7)外观检查内容及扣分标准,见表3.2-2。

表3.2-2 公路质量鉴定外观检查(隧道)

单位工程	分部工程类别	检查内容扣分标准	备注
隧道工程	衬砌	1.混凝土衬砌表面密实,任一延米的隧道面积中,蜂窝麻面和气泡面积不超过0.5%,不符合要求时,每超过0.5%扣0.5~1分;蜂窝麻面深度超过5mm时,无论面积大小,每处扣1分。 2.施工缝平顺无错台,不符合要求时每处扣1~2分。 3.隧道衬砌混凝土表面出现裂缝,每条缝扣0.5~2分;出现受力裂缝时,钢筋混凝土结构裂缝宽度大于0.2mm或混凝土结构裂缝宽度大于0.4mm的,每条缝扣2~5分,项目法人应对其是否影响结构安全组织分析论证	
	总体	1.洞内应没有渗漏水现象,不符合要求时,高速公路、一级公路扣5~10分,其他公路隧道扣1~5分。冻融地区存在渗漏现象时扣分取高限。 2.洞内排水系统应畅通、无阻塞,不符合要求时扣2~5分,并应查明原因进行处理。 3.隧道洞门按支挡工程的要求检查扣分	
	隧道路面	按路面工程的扣分标准检查扣分	

模块四　公路隧道施工检测

教学目标

通过本模块的学习，了解公路隧道辅助工程措施、洞身开挖、喷锚衬砌、防排水、混凝土衬砌的相关知识及检测项目、检测方法、评定要求，了解公路隧道施工监控量测与超前地质预报，以及其对整个施工过程的重要意义。重点掌握隧道施工质量检测的常用方法，如地质雷达法、激光断面仪法、回弹法、声波反射法等；隧道施工监控量测各项目和超前地质预报的各种方法。

知识点

(1)隧道施工质量检测内容：围岩稳定措施、涌水处理措施，材料注浆性能，超前支护施工质量。隧道开挖方法，隧道开挖质量验收标准及方法，隧道超欠挖测点的激光断面仪法。锚杆、喷射混凝土、钢拱、钢筋网等各种初期支护的检测内容、质量验收标准、施工质量检测方法。隧道防排水系统构成、混凝土抗渗性能试验、防水层施工质量检测、排水系统施工质量检查。衬砌模板拼装、安装质量要求，衬砌钢筋检查内容，衬砌混凝土浇筑检测内容及评定，回弹法、超声法、超声—综合回弹法、地质雷达法。

(2)隧道施工监控量测内容及要求，必测项目、选测项目。

(3)超前地质预报方法，不良地质体的预报。

课题一　辅助工程措施质量检测

案例：崇遵线隧道
病害调查及
治理方法

一、辅助工程措施认识

（一）简介

当隧道通过浅埋、严重偏压、岩溶流泥地段、砂土层、砂卵（砾）石层、回填土、软弱破碎地层、断层破碎带等自稳性差的地段，以及大面积淋水或涌水地段时，由于开挖后围岩的自稳时间短于完成支护所需要的时间，或初期支护的强度不能满足围岩较长时间的稳定要求，故容易导致开挖面失稳、隧道冒顶、坍塌。在这些围岩条件下，需要在隧道开挖前或开挖中采取一定的辅助施工措施，对围岩进行预支护或预加固处理以增强隧道围岩稳定，确保安全掘进。

常用的辅助工程措施包括围岩稳定措施和涌水处理措施。围岩稳定措施又可以分为对围岩预加固措施和围岩支护措施。

（二）围岩稳定措施

围岩稳定措施包括超前管棚、超前小导管、超前锚杆、超前玻璃纤维锚杆、超前钻孔预注浆、超前水平旋喷桩、围岩径向注浆、地表砂浆锚杆、地表注浆、护拱、临时支撑等。围岩稳定措施及其适用条件见表4.1-1。

表4.1-1 围岩稳定措施及其适用条件

序号	辅助工程措施	适用条件
1	超前管棚	围岩及掌子面自稳能力弱、开挖后拱部易出现塌方的地段，富水断层破碎带、塌方处理地段，地面有其他荷载作用的地段，地面沉降有较高控制要求的地段，地质较差的隧道洞口段，岩堆、（塌方）堆积体、回填土地层、砂土质地层地段
2	超前小导管	在围岩自稳时间很短的砂土层、砂卵（砾）石层、薄层水平层状岩层及开挖数小时内拱顶围岩可能剥落或局部坍塌地段，塌方处理段、浅埋段，溶洞填充段
3	超前锚杆	无地下水的软弱地层、薄层水平层状岩层及开挖数小时内拱顶围岩可能剥落或局部坍塌的地段
4	超前玻璃纤维锚杆	软弱地层采用大断面隧道开挖、浅埋地段严格控制地面沉降的隧道
5	超前钻孔预注浆	软弱围岩及富水断层破碎带、堆积土地层，隧道开挖可能引起掌子面凸泥、流塌地段，进行隧道堵水及隧道周边或全断面预加固
6	超前水平旋喷桩	饱和软土、淤泥质黏土、黏性土、粉土、砂性土地段
7	围岩径向注浆	围岩稳定时间长、变形较大的地段
8	地表砂浆锚杆	地层松散、稳定性差的浅埋段、洞口地段和某些偏压地段
9	地表注浆	围岩稳定性较差，开挖过程中可能引起塌方的浅埋段、洞口地段
10	护拱	边、仰坡稳定性差的洞口段，顶部塌方段，验证偏压的半明半暗隧道
11	临时支撑	隧道施工变形较大、施工工序转换较复杂或紧急抢险

围岩稳定措施应结合围岩条件、隧道施工方法、进度要求、施工机械、工期、造价等因素选用不同的措施，可选用一种或多种方法。

1. 超前管棚

超前管棚是在隧道开挖前，沿隧道开挖轮廓线外，顺隧道轴线方向打设多根钢管（导管），排列形成的钢管棚。管棚可分为先用水平钻机打孔，再安设钢管的普通管棚和打孔安设钢管一次完成的自进式管棚。

超前管棚是在隧道开挖前施作，对掌子面前方拱顶围岩已形成纵向支护，隧道开挖过程中在钢架支撑的共同作用下具有强大的支护能力，对阻止围岩下沉、防止掌子面拱顶塌方和维护掌子面稳定等有显著效果，如图4.1-1所示。

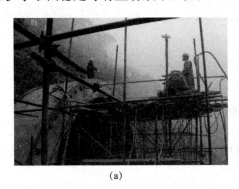 

(a) (b)

图 4.1-1 超前管棚对洞口仰坡预支护

(a)管棚成孔及安装；(b)管棚注浆封孔、施作完成

管棚钢管沿隧道开挖轮廓线外 100～200 mm 布设，需要一定外倾角以保证管棚钢管不侵入隧道开挖轮廓线内；钢管环向间距一般为 350～500 mm，一次支护的长度一般为 10～45 m。管棚与后续超前支护之间应有不小于 3.0 m 的水平搭接长度；管棚钢管宜选用热轧无缝钢管，外径一般为 80～100 mm，钢管内需要插有钢筋笼或钢筋束，并注满强度等级不小于 M10 的水泥砂浆，以加强管棚的抗弯折性能。管棚钢管内可钻有注浆孔，注浆孔孔径宜为 10～16 mm，间距宜为 200～300 mm，呈梅花形布置。管棚钢管外露端应支撑在预先浇筑的混凝土套拱上，套拱内一般应预埋钢管制成的导向管，以保证管棚钢管准确就位和钻孔导向。

2. 超前小导管

超前小导管是沿隧道开挖轮廓线环向设置，向纵向前方外倾 5°～12°打设的密排无缝钢管，钢管直径一般为 42～52 mm，环向间距为 300～400 mm，钢管长度为 3.0～5.0 m；小导管纵向水平搭接长度不小于 1.0 m；小导管杆体钻有直径为 6～8 mm 的注浆孔，注浆孔呈梅花形布置，间距为 150～250 mm。可通过小导管向围岩体注水泥砂浆，强度等级不应小于 M10，杆体尾端 300 mm 长度范围内不钻孔，以便用止浆封堵钢架组成支护体系。超前小导管尾端应支撑在钢架上，如图4.1-2、图4.1-3所示。

图 4.1-2 超前小导管安装图

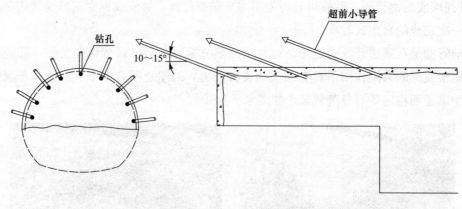

图 4.1-3　超前小导管布置图

超前小导管具有管棚的作用，比超前锚杆的支护能力强，比管棚简单易行，灵活经济，但支护能力较管棚弱。

3. 超前锚杆

超前锚杆是沿着隧道拱部开挖轮廓线布置，向纵向前方外倾5°～20°打设的密排砂浆锚杆，锚杆直径一般为22～28 mm，环向间距宜为300～400 mm，锚杆长度为3.0～5.0 m。采用自进式锚杆时长度宜为5～10 m，超前锚杆纵向两排之间应有1.0 m以上的水平搭接段。拱部超前锚杆用以支托拱上部临空的围岩，起插板作用，同时增强掌子面的稳定。当松散破碎围岩钻孔成孔性差时，可采用自进式超前锚杆。超前锚杆充填砂浆多为早强砂浆，强度等级不应低于M20。

超前锚杆布置与超前小导管相同，作用原理相同，但作用能力比超前小导管弱。

4. 超前钻孔预注浆

超前钻孔预注浆是在隧道掌子面采用水平钻机打孔，将具有充填和凝胶性能的浆液材料通过配套的注浆机具设备压入所需要加固的地层中，经过凝胶硬化作用后充填和堵塞地层中缝隙，提高注浆区围岩密实性或减小渗水系数，固结软弱和松散体，使围岩强度和自稳能力得到提高，以达到封堵前方地下水及加固前方隧道周边或未开挖掌子面的目的。注浆钻孔孔径一般不小于75 mm，注浆材料、注浆压力、注浆范围、追加方式等具体参数应根据前方地质条件、工程要求等进行具体设计。

超前钻孔预注浆有前进式注浆、后退式注浆、全孔一次注浆、劈裂注浆等形式，可根据涌水量、水压大小及注浆孔的深度等多种因素合理选用。

5. 超前水平旋喷桩

超前水平旋喷桩是旋喷桩加固地层工艺在隧道中的应用，它采用水平定向钻机打设预导孔，然后在回撤钻杆的同时，采用高压将配置好的水泥浆液通过钻杆喷射到土体中，使土体颗粒与水泥浆搅拌混合，胶结硬化，形成水平圆柱状水泥土固结体。根据不同工艺，旋喷桩直径有所不同：采用单管法施工，直径为0.3～1.0 m；采用二重管法施工，直径为0.6～1.4 m；采用三重管法施工，直径为0.7～2.0 m。大型或重要的工程，旋喷桩直径还可以通过现场试验确定。旋喷桩布孔间距或外倾角，根据现场地质条件和加固范围确定。周边加固时，外倾角一般为3°～10°，环向间距以相邻孔浆液能互相搭接形成拱形结构为原则。旋喷桩一次施作长度一般为10～20 m，每一循环的搭接长度不小于2.0 m。在旋喷桩内还可以插入型钢、钢筋笼、钢筋束或钢管，以增加旋喷桩的抗拉、抗弯强度。

6. 超前玻璃纤维锚杆

玻璃纤维锚杆主要用于隧道前方未开挖掌子面的加固，以阻止软弱掌子面土体挤出、坍塌，也可以用于对周边围岩进行预加固。玻璃纤维锚杆强度高、质量轻，抗拉强度高，由于玻璃纤维锚杆抗剪强度较低，故施工机械可直接挖除，玻璃纤维锚杆对掌子面加固后，可实现对隧道全断面机械化开挖。

玻璃纤维锚杆有全螺纹实心锚杆和全螺纹空心锚杆。全螺纹实心锚杆直径为18～32 mm；全螺纹空心锚杆直径为16～60 mm。对掌子面区域进行加固的间距为1.0～3.0 m；对隧道周边围岩区域进行加固的间距宜为0.3～0.6 m。纵向加固长度一般为10～30 m，每一循环搭接长度不小于6.0 m。

7. 地表砂浆锚杆

地表砂浆锚杆是在地面对地层加固的一种方法，是从隧道上方地表向下设置的砂浆锚杆，一般垂直向下设置，也可以根据地形及主结构面具体情况倾斜设置。锚杆一般采用16～22 mm螺纹钢筋，由单根或多根钢筋并焊组成，间距宜为1.0～1.5 m，呈梅花形布置。锚杆长度一般深至距离衬砌外缘0.5 m，锚杆直径应大于杆体直径30 mm，充填砂浆强度等级不低于M20。

锚杆设置范围：纵向一般超出不良地质地段5～10 m；横向为1～2倍隧道宽度。为保证达到预期加固效果，锚固砂浆在达到设计强度的70%以上时，才能进行下方隧道开挖。

8. 地表砂浆

地表砂浆也是地面对地层加固的一种方法，是从隧道上方地表向下打设注浆孔，进行围岩预注浆，注浆孔一般竖向设置，注浆孔径一般不小于110 mm，注浆孔间距宜为单孔浆液扩散半径的1.4～1.7倍，按梅花形或矩形排列布孔，孔深低于隧道开挖底1.0 m。地表砂浆加固范围纵向超出不良地质地段5～10 m，横向为1～2倍隧道宽度。

9. 护拱

护拱是设置在明洞段、溶洞空腔段、较大超挖空腔段、塌方空腔段的衬砌外侧拱形结构物，其作用是改善衬砌结构空腔段的受力条件，提高拱背的防护能力，防止上方落石产生的冲击荷载危害。护拱可采用干砌片石、浆砌片石和混凝土构筑，厚度一般不小于1.0 m，或按设计要求设置。

10. 临时支撑

临时支撑种类较多，包括在掌子面发生挤出、不能自稳或涌泥地段，采用锚喷支护、砂袋封闭掌子面；分布开挖时的临时钢架支撑、临时仰拱；围岩变形较大、初期支护开裂严重、拆换拱圈衬砌地段的拱形钢架支撑、型钢斜撑、方木斜撑、型钢桁架支撑、木剁支撑；对掌子面前方进行高压注浆时的临时止浆墙等。

（三）涌水处理措施

涌水处理措施包括超前围岩预注浆堵水、开挖后径向注浆堵水、超前钻孔排水、坑道排水（泄水洞排水）、井点降水排水等。涌水处理措施及其适用条件见表4.1-2。

涌水处理措施应符合"预防为主、疏堵结合、注重环境保护"的原则。

表 4.1-2　涌水处理措施及其适用条件

序号	辅助工程	适用条件
1	超前围岩预注浆堵水	地下水丰富且排水时夹带泥沙引起开挖面失稳，或排水后对其他用水（如灌溉用水、工业用水、生活用水）、生态环境影响较大，或斜、竖井施工时排水费用较注浆堵水高时
2	开挖后径向注浆堵水	已实施预注浆但开挖后仍涌（淋）水严重，且初期支护存在变异甚至破损的涌水处理不彻底的地段
3	超前钻孔排水	开挖面前方有高压地下水或有充分补给源的涌水，且排放地下水不会影响围岩稳定及隧道周围环境条件
4	坑道排水（泄水洞排水）	开挖面前方有高压地下水或有充分补给源的涌水，且排放地下水不会影响围岩稳定及隧道周围环境条件
5	井点降水	均质砂土、粉质黏土地段及浅埋地段

1. 超前围岩预注浆堵水

超前围岩预注浆堵水是指以堵水为目的，对掌子面前方未开挖段的围岩进行注浆堵水的措施。可根据地质条件和工程目的，选用超前帷幕预注浆、超前周边预注浆、超前局部断面预注浆等方式。斜井、竖井施工时排水费用较高，当在地下水水量较大时，也可以采用超前围岩预注浆堵水。

超前注浆圈厚度和注浆段长度根据掌子面前方围岩地质条件、地下水用水量和地下水压力、止浆墙厚度和施工机械水平及经济合理等因素确定。注浆圈厚度是指隧道开挖轮廓线至注浆外缘的距离，一般为3～6 m；注浆段长度是指沿隧道纵向的注浆段长度，一次注浆长度一般为10～30 m。注浆孔底中心间距以各孔浆液扩散范围互相重叠为原则，一般中心间距为1.5～3.0 m，为浆液扩散半径的1.5～1.7倍。

注浆量和浆液扩散半径通常很难准确确定，一般是根据地层空隙、裂隙及连通性、注浆压力、浆液种类等在现场试验确定或工程类比法选定。

2. 开挖后径向注浆堵水

径向注浆堵水是以堵水为目的，对隧道开挖后周边暴露的股状水、裂隙水、大面积淋水采用沿隧道径向对围岩进行注浆堵水的措施。根据围岩地质条件及涌水形态、涌水规模和防排水要求可选用全周边径向注浆、局部径向注浆和补充注浆等措施。

径向注浆堵水注浆圈厚度不宜超过开挖轮廓线以外6.0 m，也不宜小于2.0 m。

3. 超前钻孔排水

超前钻孔排水时利用超前钻孔，排出隧道前方高压地下水。高压地下水排泄后，可以减小或消除由于高压水喷出（涌出）对隧道产生的危害，减少对支护和围岩稳定性的影响。

超前钻孔排水孔径一般不小于 76 mm，钻孔深度不宜小于 10 m，孔底位置超前掌子面 1~2 个循环进尺，每断面钻孔数不少于 3 个，以保证达到排泄地下水的目的。

4. 泄水洞排水

泄水洞排水是指利用平行于正洞的导坑排出对隧道施工及运营产生危害的地下水。泄水洞底高程应低于正洞底高程。根据地下水的类型和水流方向，泄水洞可布置在不危及隧道围岩和结构稳定的隧道两侧或下方。有明显集中出水点或地下暗河的隧道，地形条件允许时，泄水洞也可以横向布设，以减小泄水洞长度及施工难度。泄水洞纵坡一般不小于 0.5%，以保证自流排水。

5. 井点降水

井点降水是在隧道前方两侧或隧道口基坑周边预先埋设一定数量的滤水管（井），利用抽水设备，抽排隧道周边的地下水，使隧道在开挖过程中保持无水状态，是施工期间为了减少和消除高地下水水位对施工的影响而采取的降水措施。降水井点类型有轻型井点、喷射井点、点渗井点、管井井点、深井井点等。应根据地层渗透系数、降水范围及降水深度等因素，选择井点类型、降水方法与设备，确定井点的位置和数量。为确保降水后的实际工程效果，降水后水位线应低于隧底开挖线 0.5~1.0 m。

（四）注浆材料性能试验

1. 注浆材料分类及其主要性能

(1)对注浆材料的要求。隧道注浆工程中采用的注浆材料，应符合以下要求：

①浆液应无毒无臭，对人体无害，不污染环境。
②浆液黏度低、流动性好、可注性强、凝结时间可按要求控制。
③浆液固化体稳定性好，能满足注浆工程的使用寿命要求。
④浆液应对注浆设备、管路及混凝土结构物无腐蚀性，易于清洗。

常用的注浆材料有单液水泥浆、水泥—水玻璃双液浆、超细水泥浆、水溶性聚氨酯浆液、丙烯酸浆液等。注浆材料的选用，应根据注浆目的、用途、所在地质环境、地下水环境和造价综合考虑，配合比应经现场试验确定。

以加固围岩为目的的注浆宜采用强度高、耐久性好的单液浆；以堵水为目的的注浆宜采用凝固时间短、强度较高的双液浆或其他化学浆液。

采用水泥单液浆时，水胶比可采用 0.8∶1~2∶1，采用水泥—水玻璃双液浆时，应根据凝胶时间配置，一般水泥浆液的水胶比为 0.8∶1~1.5∶1，水玻璃浓度为 25~40 波美度，水泥浆与水玻璃的体积比宜为 1∶1~1∶0.3。在注浆过程中应根据浆液扩散情况、注浆量、注浆压力等参数调整注浆材料和配合比。

注浆材料通常划分为两大类，即水泥浆和化学浆。按浆液的分散体系划分，以颗粒直径 0.1 μm 为界，大者为悬浊液，如水泥浆；小者为溶液，如化学浆。注浆材料的具体分类见表 4.1-3。

表 4.1-3 注浆材料分类

注浆材料	水泥浆	普通水泥浆液
		超细水泥浆液
		水泥—水玻璃双液浆（CS浆液）
	化学浆	水玻璃类
		水溶性聚氨酯浆液
		丙烯酸盐浆液
		脲醛树脂类
		铬木素类
		丙烯酰胺类
		聚氨酯类
		其他

(2)注浆材料的主要性能。

①黏度。黏度是指浆液配成时的初始黏度。黏度是表示浆液流动时，因分子之间相互作用而产生的阻碍运动的内摩擦力。其单位为帕斯卡秒（Pa·s），工程上常用厘泊（CP）来计量，$1\ CP = 10^{-3}\ Pa·s$。现场常以简易黏度计测定，以"s"作单位。黏度大小会影响浆液扩散半径、注浆压力、流量等参数的确定。

浆液在固化过程中，黏度变化有两种类型，如图 4.1-4 所示。

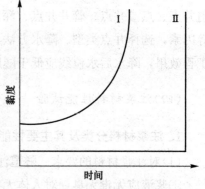

图 4.1-4 浆液黏度变化曲线

曲线Ⅰ是一般浆液材料，如单液水泥浆、环氧树脂、铬木素等，黏度逐渐增加，最后固化。随着黏度增加，浆液扩散由易到难。

曲线Ⅱ表示如丙烯酰胺类浆液，凝胶前虽聚合反应开始，但黏度不变。到凝胶发生时，黏度突变，顷刻形成固体，有利于注浆。

②渗透能力。渗透能力即渗透性，是指浆液注入岩层的难易程度。

对于悬浊液，渗透能力取决于颗粒大小；对于溶液，渗透能力则取决于黏度。

根据试验，砂性土孔隙直径必须大于浆液颗粒直径的 3 倍以上才能注入，即

$$K = \frac{D}{d} \geqslant 3 \tag{4.1-1}$$

式中 K——注入系数；

D——砂性土孔隙注入直径；

d——浆液颗粒直径。

据此，国际标准水泥粒径为 0.085 mm，只能注入 0.255 mm 的孔隙或粗砂中。凡水泥不能深入的中、细、粉砂土地层，只能用化学浆液。

③凝胶时间。凝胶时间是指参加反应的全部成分从混合时起，直到凝胶发生，浆液不再流动为止的一段时间。其测定方法是：凝胶时间长的，用维卡仪；一般浆液，通常采用手持玻璃棒搅拌浆液，以手感觉不再流动或拉不出丝为止，从而测定凝胶时间。

④抗压强度。注浆材料自身抗压强度的大小决定了材料的使用范围，大者可以用以加固地层，小者则仅能堵水。在松散砂层中，浆液与介质凝结体的强度对于在流沙层中修建隧道或凿井至关重要。

表 4.1-4 所示几种注浆材料的主要性能指标。

表 4.1-4 注浆材料分类

浆液性能	黏度/(Pa·s)	可能注入的最小粒径/mm	凝胶时间	渗透系数/(cm·s^{-1})	岩石体抗压强度/MPa
纯水泥浆	15~140	1.1	12~24 h	10^{-3}~10^{-1}	5.0~25.0
超细水泥浆液			4~10 h		32.0~83.0
水溶性聚氨酯浆液	100~300(20 ℃)		10~1 800 s		<1.5
丙烯酸盐浆液			3~5 min(常温下)		
水泥加添加剂			6~15 h		
水泥—水玻璃			几秒~几十分钟	10^{-3}~10^{-2}	5.0~20.0
水玻璃类	(3~4)×10^{-3}	0.1	瞬间~十几分钟	10^{-2}	<3.0
铬木素类	(3~4)×10^{-3}	0.03	十几秒~十几分钟	10^{-5}~10^{-3}	0.2~0.4
脲醛树脂类	(5~6)×10^{-3}	0.06	十几秒~十几分钟	10^{-3}	2~8
丙烯酰胺类	1.2×10^{-3}	0.01	十几秒~十几分钟	10^{-6}~10^{-5}	0.4~0.6
聚氨酯类	几十~几百	0.03	十几秒~十几分钟	10^{-6}~10^{-4}	6.0~10.0

2. 化学浆液黏度测定

(1)原理。本试验方法的工作原理、试样制备、结果表示等部分参照《合成橡胶胶乳表观黏度的测定》(SH/T 1152—2014)的规定。

(2)仪器。

①NDJ－79 型旋转式黏度计。选择转速为 750 r/min、第二单元 2 号转子(因子为 10)。

②恒温水。温控精度为 25 ℃±1 ℃。

(3)测定步骤。将试样注入测试器，直到它的高度达到锥形面下部边缘。将转筒侵入液体直到完全浸没为止，将测试器放在仪器支柱架上，并将转筒挂于仪器转轴钩上。

启动电动机，转筒从开始晃动直到完全对准中心为止。将测试器在托架上前后左右移动，以加快对准中心。指针稳定后方可读数。

二、施工质量检测

采用辅助施工措施对隧道不良地质地段的围岩进行加固，以确保隧道结构的稳定性和安全性。一方面要确定安全、经济、合理的施工措施；另一方面要确保施工质量，从而达到加固的效果。由于隧道施工固有的特点——水文地质情况复杂多变、施工场地狭小、环境差等，给施工带来很大的难度，特别是对于不良地质地段，由于辅助施工方法的技术要求高、难度大，对施工质量提出了更高的要求。因此，做好辅助施工措施的施工质量检查工作至关重要。

《公路工程质量检验评定标准 第一册 土建工程》(JTG F80/1—2017)中规定了对管棚、超前小导管、超前锚杆等实体工程的检验评定标准，对于没有规定的其他辅助措施，建议参照其他实体工程的检验评定办法或设计要求，制定符合工程实际的检查办法与指标要求。

(一)超前管棚施工质量检测

1. 基本要求

(1)管棚注浆浆液强度、配合比、注浆压力和注浆量应满足设计要求。
(2)管棚套拱基底承载力应满足设计要求并符合施工技术规范规定。
(3)超前钢管的打入角度应满足设计要求并符合施工技术规范规定。
(4)两组管棚之间纵向水平搭接长度应不小于 3 m。

2. 实测项目

管棚实测项目及要求见表 4.1-5。

表 4.1-5 管棚实测项目及要求

项 次	检查项目	规定值或允许偏差	检查方法和频率
1	长度/mm	不小于设计值	尺量：逐根检查
2	数量(根)	不少于设计值	目测：现场逐根清点
3	孔位/mm	±50	尺量：每环抽查 10 根
4	孔深/mm	大于钢管长度设计值	尺量：每环抽查 10 根

3. 外观鉴定

钢管尾端与钢架焊接应无假焊、漏焊。

(二)超前小导管施工质量检测

1. 基本要求

(1)超前小导管注浆浆液强度、配合比、注浆压力和注浆量应满足设计要求，且浆液应充满钢管及周围的孔隙。
(2)超前小导管的打入角度应满足设计要求并符合施工技术规范规定。
(3)两组小导管之间纵向水平搭接长度不小于 1 m。

2. 实测项目

超前小导管实测项目及要求见表 4.1-6。

表 4.1-6 超前小导管实测项目及要求

项次	检查项目	规定值或允许偏差	检查方法和频率
1	长度/mm	不小于设计值	尺量：逐根检查
2	数量/根	不少于设计值	目测：现场逐根清点
3	孔位/mm	±50	尺量：每5环抽查5根
4	孔深/mm	大于钢管长度设计值	尺量：每5环抽查5根

3. 外观鉴定

钢管尾端与钢架焊接应无假焊、漏焊。

(三)超前锚杆施工质量检测

1. 基本要求

(1)超前锚杆的打入角度应满足设计要求并符合施工技术规范规定。
(2)超前锚杆纵向两排之间的水平搭接长度不小于1 m。
(3)锚杆孔内灌注砂浆应饱满密实。

2. 实测项目

超前锚杆实测项目及要求见表4.1-7。

表 4.1-7 超前锚杆实测项目及要求

项次	检查项目	规定值或允许偏差	检查方法和频率
1	长度/mm	不小于设计值	尺量：逐根检查
2	数量/根	不少于设计值	目测：逐根清点
3	孔位/mm	±50	尺量：每5环抽查5根
4	孔深/mm	±50	尺量：每5环抽查5根
5	孔径/mm	≥40	尺量：每5环抽查5根

3. 外观鉴定

锚杆尾端与钢架焊接应无假焊、漏焊。

(四)注浆效果检查

围岩注浆结束后，应及时对注浆效果进行检查。检查方法通常有以下三种。

1. 分析法

分析注浆记录，查看每个孔的注浆压力、注浆量是否达到设计要求及注浆过程中漏浆、跑浆是否严重，从而以浆液注入量估算浆液扩散半径，分析是否与设计相符。

2. 检查孔法

用地质钻机按设计孔位和角度钻检查孔，提取岩芯进行鉴定。同时，测定检查孔的吸水量(漏水量)，单孔应小于 1 L/(min·m)，全段应小于 20 L/(min·m)。

3. 物探无损检测法

采用地质雷达、声波探测仪等物探仪器对注浆前后岩体声速、波速、振幅及衰减系数等进行无损检测，以判断注浆效果。

注浆效果如未达到设计要求，应补充钻孔再注浆。

课题二 洞身开挖质量检测

隧道开挖是控制隧道施工工期和造价的关键工序。超欠挖是隧道在开挖过程中的普遍现象。超挖不仅会增加出渣量、衬砌工程量和额外增加回填工程量，导致工程造价上升，同时，局部的过度超挖会引起应力集中，影响围岩稳定性；而欠挖，因侵占了结构空间，直接影响到支护结构厚度，从而带来工程质量问题，产生安全隐患。欠挖处理费工、费时，影响工期，且欠挖处理时开挖轮廓不易控制，容易引起更大超挖。因此，必须保证开挖质量，为围岩的稳定和支护创造良好的条件。

隧道开挖质量的评定主要是超欠挖控制。超欠挖的好坏需要通过对开挖断面大量实测数据的统计分析做出正确的评价，其实质是要准确地测出隧道实际开挖轮廓线，并与设计轮廓线纳入同一坐标体系中比较，从而十分清楚地获悉超挖或欠挖的大小和部位，及时指导下一步的施工。

一、隧道开挖方法及施工要点认识

采用新奥法施工时，根据隧道工程地质条件、隧道结构条件、工程施工条件、隧道埋深及工期要求等条件的不同，隧道可以采用不同的方式开挖。

（一）全断面法

全断面法全称为"全断面一次开挖法"，即将隧道按设计断面轮廓一次开挖成型的方法，其基本工序为全断面开挖、锚喷支护及模筑混凝土衬砌。全断面法主要适用于Ⅰ～Ⅲ级围岩两车道及以下跨度的隧道开挖。Ⅳ级围岩的两车道隧道和Ⅲ级围岩三车道及以上的大跨度隧道在有机械设备保证和良好的施工管理时，也可采用全断面法开挖。该方法的优点是可以减少开挖对围岩的扰动次数，工序简单，便于组织大型机械化施工，施工速度快，防水处理简单；其缺点是对地质条件要求严格，围岩必须有足够的自稳能力。另外，机械设备配套费用相应较大，如图 4.2-1 所示。

全断面法施工应符合下列规定：

(1) 围岩自稳性好，无地下水出露或出露量不大。

(2) 采用大型机械配套作业。

(3) 超前开挖导洞时，应控制开挖距离。

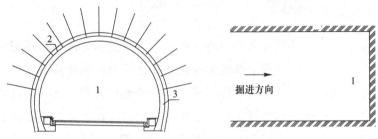

图 4.2-1 全断面一次开挖法

1—全断面开挖；2—初期支护；3—全断面二次衬砌

(二)台阶法

台阶法(图 4.2-2)是将断面分成上断面和下断面两部分，通常先开挖上断面，待开挖至一定长度后同时开挖下断面，上、下断面同时并进的施工方法。根据台阶的长短，台阶法又包括长台阶法、短台阶法和超短台阶法三种。

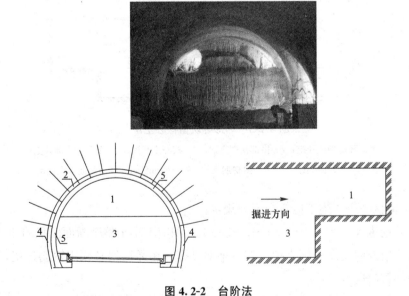

图 4.2-2 台阶法

1—上台阶开挖；2—上台阶初期支护；3—下台阶开挖；
4—下台阶初期支护；5—全断面二次衬砌

台阶法用于Ⅲ～Ⅳ级围岩两车道及以下跨度的隧道。Ⅴ级围岩的两车道隧道及以下跨度的隧道在采用了有效的预加固措施后，也可以采用台阶法开挖。

台阶法施工应符合下列规定：

(1)台阶长度不宜超过隧道开挖宽度的1.5倍，台阶不宜多分层。

(2)上台阶钢架施工时，应采取有效措施控制其下沉和变形。

(3)下台阶应在上台阶喷射混凝土强度达到设计强度的70%后开挖。

(三)环形导坑留核心土法

环形导坑留核心土法开挖顺序如图4.2-3所示。将开挖面分成上部环形导坑、上部核心土、下部台阶三个部分。先开挖上部弧形导坑，开挖后及时施作拱部初期支护，然后开挖上部核心土，之后依次进行下台阶中部开挖、下台阶侧壁开挖，施作下部初期支护，待整个断面初期支护稳定后施作仰拱及全断面二次衬砌台阶。其特点是上部核心土可以支挡开挖工作面，增强了开挖工作面的稳定性，核心土及下部开挖是在拱部初期支护下进行，施工安全性较好，适用于Ⅳ～Ⅴ级围岩或一般土质隧道。

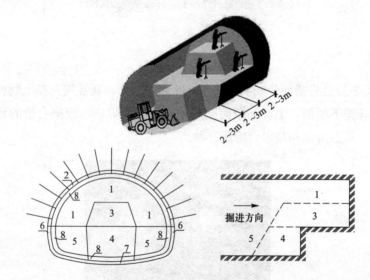

图4.2-3　环形导坑留核心土法

1—上部环形导坑开挖；2—拱部初期支护；3—核心土开挖；4—下台阶中部开挖；
5—下台阶侧壁开挖；6—下台阶初期支护；7—仰拱浇筑；8—全断面二次衬砌

环形导坑留核心土法施工应符合下列规定：

(1)环形开挖进尺宜为0.5～1.0m；核心土面积应不小于整个断面面积的50%。

(2)开挖后应及时施工喷锚支护、安设钢架支撑，相邻钢架必须用钢筋连接，并应按设计要求施工锁脚锚杆。

(3)当围岩地质条件差、自稳时间短时，开挖前应按设计要求进行超前支护。

(4)核心土与下台阶开挖应在上台阶支护完成、喷射混凝土强度达到设计强度的70%后进行。

(四)双侧壁导坑法

双侧壁导坑法又称为眼镜工法,如图4.2-4所示。双侧壁导坑法是采用先开挖隧道两侧导坑,及时施作导坑四周初期支护,必要时施作边墙衬砌,然后再根据地质条件、断面大小对剩余部分采用二台阶或三台阶开挖的方法。其实质是将大跨度的隧道变为3个小跨度的隧道进行开挖。该方法虽然开挖断面分块多、扰动大、初次支护全断面闭合时间长,施工进度较慢、成本高,但施工安全。该方法适用于Ⅴ级围岩、浅埋、大跨、地表下沉量要求严格控制的情况。

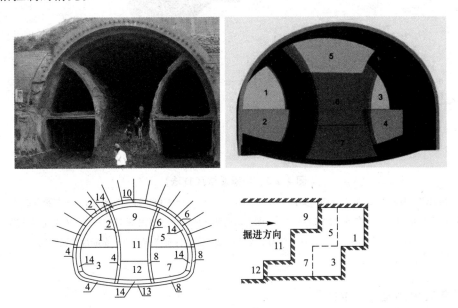

图4.2-4 双侧壁导坑法

1—左侧上台阶开挖;2—左侧上台阶初期支护;3—左侧下台阶开挖;4—左侧下台阶初期支护;
5—右侧上台阶开挖;6—右侧上台阶初期支护;7—右侧下台阶开挖;8—右侧下台阶初期支护;
9—核心土上台阶开挖;10—拱部初期支护;11—核心土中台阶开挖;12—核心土下台阶开挖;
13—仰拱衬砌浇筑;14—全断面二次衬砌

双侧壁导坑法施工应符合下列规定:
(1)侧壁导坑开挖后,应及时进行施工初期支护并尽早完成封闭成环。
(2)侧壁导坑形状应接近椭圆形断面,导坑跨度宜为整个隧道跨度的三分之一。
(3)左右导坑施工时,前后拉开距离不宜小于15 m。
(4)导坑与中间土体同时施工时,导坑应超前30~50 m。

(五)中隔壁法(CD法)

如图4.2-5所示,中隔壁法(CD法)将隧道断面沿左右方向一分为二,施工时应沿着一侧自上而下分二或三部进行开挖,每开挖一部均应及时施作喷锚支护、安设钢架及施作中隔壁。底部应设置临时仰拱,中隔壁墙依次分部连接而成。应先开挖一侧,超前一定距离后再开挖中隔墙的另一侧。中隔壁法(CD法)适用于Ⅴ级围岩、浅埋、大跨、地表沉降需要严格控制的情况。

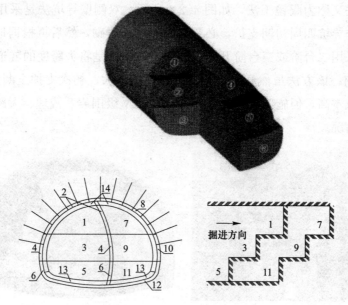

图 4.2-5 中隔壁法(CD法)

1—左侧上部开挖；2—左侧上部初期支护；3—左侧中部开挖；4—左侧中部初期支护；5—左侧下部开挖；6—左侧下部初期支护；7—右侧上部开挖；8—右侧上部初期支护；9—右侧中部开挖；10—右侧中部初期支护；11—右侧下部开挖；12—右侧下部初期支护；13—仰拱衬砌浇筑；14—全断面二次衬砌

(六)交叉中隔壁法(CRD法)

如图4.2-6所示，与CD法类似，CRD法的特点是各分部增设临时仰拱，每部封闭成环，且封闭时间短，以抑制围岩变形，达到围岩沉降可控、初期支护安全稳定的目的。该法除喷锚支护及增设足够强度和刚度的型钢或钢格栅支撑外，还应采用多种辅助措施进行超前加固。施工大量实例资料的统计结果表明，CRD工法比CD工法减少地表下沉近50%，而CD法又优于眼镜工法，但CRD工法施工工序复杂、隔墙拆除困难、成本较高、进度较慢，一般适用于Ⅴ级围岩、浅埋、大跨、地表沉降需要严格控制的情况。

中隔壁法或交叉中隔壁法施工应符合下列规定：

(1)初期支护完成后方可进行下一分部开挖。地质较差时，每个台阶底部均应按设计要求设临时钢拱架或临时仰拱。

(2)各部开挖时，周边轮廓应尽量圆顺。

(3)应在先开挖侧喷射混凝土强度达到设计要求后再进行另一侧开挖。

(4)左、右两侧导坑开挖工作面的纵向间距不宜小于15 m。

(5)当开挖形成全断面时，应及时完成全断面初期支护闭合。

(6)中隔壁及临时支撑应在浇筑二次衬砌时逐段拆除

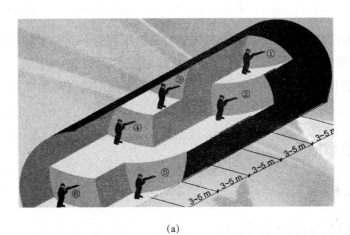

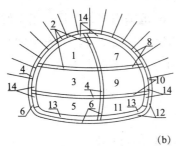 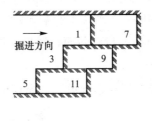

图 4.2-6 交叉中隔壁法(CRD法)

(a)交叉中隔壁法(CRD法)开挖三维示意图；(b)交叉中隔壁法(CRD法)开挖纵横断面示意图

1—左侧上部开挖；2—左侧上部初期支护；3—左侧中部开挖；4—左侧中部初期支护；5—左侧下部开挖；
6—左侧下部初期支护；7—右侧上部开挖；8—右侧上部初期支护；9—右侧中部开挖；10—右侧中部初期支护；
11—右侧下部开挖；12—右侧下部初期支护；13—仰拱衬砌浇筑；14—全断面二次衬砌

(七)开挖施工要点

(1)隧道洞身开挖方式和开挖方法应根据地质条件、覆盖层厚度、衬砌断面、隧道长度及工期要求等，经过技术、经济比较后确定。洞身开挖进度应与支护、衬砌等后续工序协调。

(2)隧道施工应进行超前地质预报，并作为一道工序纳入施工组织设计和施工管理中。超前地质预报应由专业人员实施。

(3)隧道施工应根据监控量测数据及最终位移的预测，判定隧道围岩及初期支护的稳定状态，并动态调整开挖时围岩预留的变形量。

(4)不良地质地段隧道开挖应根据实际情况采取加固、短进尺、弱爆破、强支护、勤测量的施工原则。浅埋软弱破碎围岩的条件下，隧道开挖宜采取分部开挖方法。

(5)洞身开挖应减少对围岩的扰动，并应严格控制超欠量。

(6)隧道施工采用钻爆法开挖时，应采用光面爆破。爆破前，应根据地质条件、断面尺寸、开挖方法、循环进尺、钻眼机具和爆破材料等进行钻爆设计。施工中，应根据爆破效果调整爆破参数。

(7)当隧道采用钻爆法开挖，附近有建(构)筑物和其他保护对象时，应进行爆破振动速度监测，进行沉降观测，并采取措施控制爆破对临近建筑物的扰动程度。

(8)瓦斯隧道开挖时，应连续通风。起爆电源必须使用防爆型起爆器，且必须使用煤矿许用电雷管和炸药。

二、开挖质量标准

(一)基本要求

(1)开挖断面尺寸应符合设计要求。

(2)应严格控制欠挖。拱脚、墙脚以上 1 m 范围内严禁欠挖。当石质坚硬完整且岩石抗压强度大于 30 MPa，并确认不影响衬砌结构稳定和强度时，岩石个别凸出部分(每 1 m^2 内不大于 0.1 m^2)可凸入衬砌断面，锚喷支护时，凸入不得大于 30 mm，衬砌时欠挖值不大于 50 mm。

(3)应尽量减少超挖。隧道允许超挖值规定见表 4.2-1。

表 4.2-1　隧道允许超挖值

项次	检查项目		规定值或允许偏差	检查方法和频率
1	拱部超挖/mm	Ⅰ级围岩(硬岩)	平均100，最大200	全站仪或激光断面仪检测：每 20 m 检查 1 个断面，每个断面自拱顶起每 2 m 测 1 点
2		Ⅱ、Ⅲ、Ⅳ级围岩(中硬岩、软岩)	平均150，最大250	
3		Ⅴ、Ⅵ级围岩(破碎岩、土)	平均100，最大150	
4	边墙超挖/mm	每侧	+100，0	
5		全宽	+200，0	
6	仰拱、隧底超挖/mm		平均100，最大250	水准仪，每 20 m 检查 3 处

注：1. 超挖测量以爆破设计开挖线为基准线。
　　2. 最大超挖值是指最大超挖处至设计爆破开挖轮廓切线的垂直距离。
　　3. 表列数值不包括测量贯通误差、施工误差。
　　4. 平均超挖值 = $\dfrac{超挖面积}{爆破设计开挖断面周长(不包括隧底)}$。
　　5. 目测疑似超挖断面指检测范围内目测有可疑超欠挖的断面，检测断面可布置在该断面位置，超欠挖范围较大时，可加密检测断面。

(4)隧道开挖轮廓应按设计要求预留变形量，预留变形量大小宜根据监控量测信息进行调整。

(5)仰拱超挖部分必须回填密实。

(二)爆破效果要求

用钻爆法开挖隧道，其爆破效果应符合下列规定：

(1)开挖轮廓圆顺,开挖面平整。

(2)周边炮眼(炮眼痕迹)保存率可按式(4.2-1)计算,且应满足表4.2-2的规定。

$$周边炮眼保存率 \xi = \left(\frac{残留有痕迹的炮眼数}{周边炮眼总数}\right) \times 100\% \qquad (4.2-1)$$

表4.2-2 炮眼保存率标准

围岩条件	硬岩	中硬岩	软岩
炮眼保存率/%	≥80	≥70	≥50

注:1. 周边炮眼指均匀布置在开挖轮廓线周边的炮眼。
2. 式(4.2-1)中周边炮眼不包括底板周边炮眼。
3. 当炮眼痕迹保存率大于孔深70%时,按残留有痕迹的炮眼计数。
4. 松散软岩很难残留炮痕,满足平整、圆顺即可认定为合格。

(3)两茬炮衔接时,出现的台阶形误差不得大于150 mm。对于炮眼深度大于3 m的情况,可根据实际情况另行确定。

(三)开挖断面检测方法

隧道开挖断面检测目前最常用的方法为极坐标法,其代表设备为隧道激光断面仪。断面仪法精度高、速度快、效率高,是一种非接触式测量方法,将在后续进行详细介绍。另外,也可以采用以内模为参照物的直接测量法、使用激光束的方法和使用投影机的方法,见表4.2-3。

表4.2-3 隧道开挖断面检测方法

测定方法及采用的测定仪		测定方法概要
直接测量法	以内模为参照物直接测量法	以内模为参照物,用直角尺直接测量超欠挖量
	使用激光束的方法	利用激光测线在开挖面上定出基点,并由该点实测开挖断面
	使用投影机的方法	利用投影机将基点或隧道基本形状投影在开挖面上,然后据此实测开挖断面面积
非接触观测法	三维近景摄影法	在隧道内设置摄影站,采用三维近景摄影法获取立体像,在室内利用立体测图仪进行定向和测绘,得出实际开挖轮廓线
	直角坐标法	利用激光打点仪照准开挖壁面各变化点,用经纬仪测出各点的水平角和竖直角,利用立体几何的原则,计算出各测点距坐标原点的纵横坐标,按比例画出断面图形
	极坐标法(断面仪法)	以某物理方向(如水平方向)为起算方向,按一定间距(角度或距离)依次测定仪器旋转中心与实际开挖轮廓线交点之间的矢径(距离)及该矢径与水平方向的夹角,将这些矢径端点依次相连即可获得实际开挖的轮廓线

三、隧道断面仪法检测开挖断面

(一)测量原理

断面仪的测量原理为极坐标法。如图 4.2-7 所示,以某物理方向(如水平方向)为起算方向,按一定间距(角度或距离)依次测定仪器旋转中心与实际开挖轮廓线交点之间的矢径(距离)及该矢径与水平方向的夹角,将这些矢径端点依次相连即可获得实际开挖的轮廓线。通过洞内的施工控制导线可以获得断面仪的定点定向数据,在计算软件的帮助下,自动完成实际开挖轮廓线与设计开挖轮廓线的空间三维匹配,最后形成如图 4.2-8 所示的输出图形,并可输出各测点与相应设计开挖轮廓线之间的超欠挖值(距离、面积)。如果沿隧道轴向按一定间隔测量多个检测断面,则还可以得出实际开挖方量、超挖方量、欠挖方量。用断面仪测量实际开挖轮廓线的优点在于不需要合作目标(反射棱镜)。

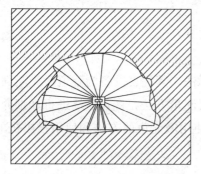
图 4.2-7 断面仪测量原理

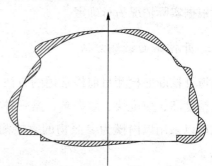
图 4.2-8 断面仪输出效果图

用断面仪测量开挖轮廓线,断面仪可以放置在隧道内的任意位置,扫描断面的过程(测量记录)可以自动完成。所测的每点均由断面仪发出的一束十分醒目的单色可见红色激光指示,而且可以由人工随时加以干预。如果在断面仪自动扫描断面的测量过程中,发现轮廓线上的某特征点漏测了,还可以随时用断面仪配置的手持式控制器发出一个停止命令,然后用控制键操纵断面仪测距头返回欲测的特征点,完成该点的测量后继续扫描下去。除此之外,在自动测量过程中,测点的间距还可以根据断面轮廓线的实际凹凸形状,随时动态地加以修正。如果事先在控制器中输入了设计断面形状,隧道轴线,平面、纵面设计参数(可以在室内输入)以及断面仪实测时的定向参数(实测时输入),则在完成某一开挖断面的实际测量后,可以立即在控制器的屏幕上显示如图 4.2-9 所示的图形。在控制器上操纵断面仪测距头旋转,指向激光所指示的断面轮廓线上的某点,就可以对应于控制器上图形显示的光标点,并可以实时显示该点的超欠挖数值。

如果想获取最后的输出成果,则将断面仪控制器中的数据传输到普通计算机中,运行断面仪配套的后处理软件,即可从打印机、绘图机上自动获得如图 4.2-9 所示的成果。

目前在隧道施工中,激光断面仪不仅可以应用于开挖断面检测,也广泛应用在初期支护(喷射混凝土衬砌)和二次衬砌断面轮廓检测中。

 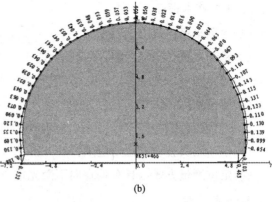

(a) (b)

图 4.2-9　断面仪测量及输出成果图

(a)断面仪测量；(b)输出成果图

(二)测量仪器

激光断面仪是将现代激光测距和计算机技术相结合开发出来的硬件、软件一体化的隧道断面测量仪器。我国自 20 世纪 90 年代初，引进瑞士 Amberg 公司生产的断面仪(有 Profiler 2000、Profiler 3000、Profiler 4000 等型号)。其中 Profiler 4000 型可以利用后方交会的方法来确定断面仪的坐标和方位。但是，在隧道中用后方交会来确定测站坐标很不方便，也很难操作，另外，专用断面仪价格十分高昂。因此，为了对断面仪进行定位，还需要用经纬仪或全站仪进行测量。

为此，国内外测量仪器厂商经过科研攻关，开发出了众多隧道断面检测仪器系统。下面以国内开发生产的 BJSD 系列激光隧道多功能断面检测仪(图 4.2-10)为例进行简要介绍。

图 4.2-10　BJSD-5 型断面仪及 PDA

1. 仪器组成及特点

(1)仪器组成。断面仪由检测主机、测量控制器(掌上电脑)、三脚架、软件等部分组成。

(2)仪器特点。

①检测精度高，测量数据记录简洁，自动记录，存储空间大。

②无须交流供电，使用充电电池供电，携带方便，符合现场使用条件。

③现场无须携带笔记本，掌上电脑操作方便，软件功能强大，操作简便，全中文界面，支持多种操作系统。

④断面仪可现场显现被测断面图形。

2. 主要技术指标

(1)检测半径：1~45 m。

(2)检测点数：自动检测，一般为 35 个点/断面。

(3)测距精度：优于±1 mm。

(4)测角精度：优于 0.01°。

(5)方位角范围：30°~330°(仪器测头垂直向下为 0°)，连续测量 60°~300°。

(6)手动测头转动方位角范围：0°~360°。

(7)定位测量方式：具有垂直向下激光定心标志、测距功能。

3. 主要功能

可用于测量当前断面、指示炮眼位置、围岩收敛量测、测量土石方等。

4. 测量方式

隧道断面检测仪需要全站仪配合，其测量方式有以下三种。

(1)手动检测方法。由操作者控制检测指示光标随意进行测量和记录。

(2)定点检测法。可设置起止角度及测量点数等参数，仪器将按照所定参数自动测量并记录。

(3)自动量测法。仪器依照内部设定的间隔，自动检测并记录数据。

(三)检测方法

1. 检测前准备

(1)根据检测任务要求确定检测断面、单个断面检测点数。一般情况下，开挖检测断面为 20 m 一个，初期支护检测断面为 10 m 一个，二次衬砌检测断面为 20 m 一个。

(2)采用隧道激光断面仪对隧道开挖断面检测前，应先采用经纬仪或全站仪按一定间距放出测量断面中线测点(放置断面仪的点)及该测点的实际高程和对应法向点(与测量点连线且在垂直于隧道轴线的横断面上的点)，并记录该点的桩号、实际高程和与中线偏位值。

(3)放点要求。隧道激光断面仪进行断面检测具有任意点检测的优势，检测时虽然无固定检测位置的要求，但为了便于后期数据处理，一般要求如下：

①条件允许情况下，检测点应放在隧道轴线上(保证等角自动测量时各测点的间距相等)。

②现场条件受限，不能在隧道轴线放置检测点时，可以偏离隧道轴线放检测点，但是应记录实际高程和与隧道轴线偏位值，并适当加密检测点(避免被检断面远离检测点一侧的测点间距过大)。

③直线隧道且检测点距离较短情况下，可以用相邻测量断面的轴线检测点来确定测量断面与隧道轴线垂直的方向，但是在曲线隧道和偏离隧道轴线放点的情况下须事先放出法向点。

2. 隧道断面检测步骤

(1)将隧道激光断面仪置于所需要检测断面的测量点上，安装并调整好仪器，使仪器水平且垂直归零后光点在测量点上。

(2)利用该检测点的法向点或者相邻检测点(在直线段均为中线测点的情况下),确定断面仪主机方向,保证所检测的断面在垂直隧道轴线的断面内,且统一按特定旋转顺序检测。

(3)退出仪器手动调试界面进入主界面,选择"测量断面"。

(4)在"测量断面"中选择等角自动测量,并输入所测量断面的桩号,设置好所量测断面的起始和终止测量角度及所需量测的点数等参数,最后单击"测量"按钮,仪器自动开始检测,检测时注意观察掌上电脑上所显示的检测断面曲线,如发现异常测点,及时进行现场观察,以便确定是否为障碍物遮挡引起。

(5)测量结束,在提示栏中显示检测完成的信息时即可退出,数据自动保存在掌上电脑中(部分新型断面仪,在测量结束后需要将新测的断面保存在已有或者新建的断面组文件内),然后进行下一个断面检测。检测断面数据带回室内进行处理,以减少在隧道内的时间和对施工的影响。

3. 检测数据处理

现场检测完成后,回到室内将掌上电脑的测量数据传输到计算机上,采用该仪器提供的台式机后处理软件对数据进行处理。处理步骤如下:

(1)编辑标准断面。熟悉设计资料中的标准断面,根据检测断面测点选择情况和标准断面情况,考虑到各个断面的超高旋转等因素之后编制标准断面。

(2)打开标准断面。逐个导入测量曲线(部分新型断面仪导入断面组文件)。

(3)断面数据处理。

①确定水平调整参数,根据测量点的中点偏位和标准断面原点的位置,确定水平偏位调整值 X(测点在标准断面原点右侧为正值,左侧为负值)。

②确定高差调整值,根据测点实际高程 H_1 和标准断面原点设计高程 H_2,确定高差调整值 Δh。

$$\Delta h = H_1 - H_2 \tag{4.2-2}$$

③计算最终仪器高度值,用测量时的仪器高度值 Z_1 和高差调整值 Δh 计算标准断面仪器高度 Z,即完成断面数据处理过程。

$$Z = Z_1 - \Delta h = Z_1 - (H_2 - H_1) \tag{4.2-3}$$

(4)完善断面标记。输入相关测量信息(如测量时间、测量单位和测量人等)和检查断面桩号,如发现检测现场输入断面有误,则在断面输出前重新编辑桩号。

(5)输入断面结果。根据检测要求和实际需要输出断面处理结果。最后根据处理的标准曲线与实测曲线对比图像和输出的附表的说明,判断隧道断面是否侵入标准断面(初期支护或者二次衬砌)的设计限界,在哪些部位存在侵限和侵限值大小。为了便于后期使用,在最后的结果中应标注障碍物等引起的假侵限部位。

以上为隧道激光断面仪检测隧道的一种方法,但不是唯一方法。

课题三 喷锚衬砌施工质量检测

一、喷锚衬砌认识

隧道衬砌的主要形式有喷锚衬砌、整体式衬砌、复合式衬砌。

(1)喷锚衬砌是喷射混凝土支护、锚杆支护、喷射混凝土+锚杆支护、喷射混凝土+锚杆+钢筋网支护、喷射混凝土+锚杆+钢筋网+钢架支护的统称,是一种加固围岩、控制围岩变形、能充分利用和发挥围岩自承能力的衬砌形式,具有支护及时、柔性、紧贴围岩、与围岩共同工作等特点。在施工过程中,要求初期支护在隧道开挖后及时施作,以控制围岩变形、防止围岩坍塌、发挥围岩结构作用。锚喷支护施工灵活、经济,目前广泛应用在隧道工程中。

锚杆支护是预先在围岩钻好的锚孔内插入一定长度的锚杆体(通常多用钢筋),并采用机械方法或锚固剂黏结的方法将锚杆体与围岩锚固在一起,形成锚杆支护结构。锚杆支护是利用锚杆的悬吊作用、组合拱作用、挤压作用,将围岩中被节理、裂隙切割的岩块串为一体,填补缝隙,起到改善围岩的力学性能,约束围岩内部和周边变形,调整围岩的受力状态,实现加固围岩、维护围岩稳定的作用。保证锚杆对围岩支护作用的前提是将锚杆体与围岩锚固在一起,与围岩连成整体,对永久性锚杆要保证锚杆孔内全长注浆饱满和锚杆有效锚固深度,避免锚杆松弛和锈蚀。

喷射混凝土支护是用高压将掺有速凝剂的混凝土拌合料,通过混凝土喷射机直接喷射到隧道开挖壁面上,形成喷射混凝土支护结构。喷射混凝土支护具有不需要模板、施作速度快、早期强度高、密实度好、与围岩紧密黏结、不留空隙的突出优点,隧道开挖后及时施作喷射混凝土支护,可以起到封闭岩面,防止围岩风化松动,填充凹坑及裂隙,维护和提高围岩的整体性,帮助围岩发挥自身结构能力,调整围岩应力分布,防止应力集中,控制围岩变形,防止掉块、坍塌的作用。

喷射混凝土的施工工艺有干喷、潮喷和湿喷三种。潮喷工艺与干喷工艺相近,在干喷的拌合料中适量加水即是潮喷,隧道施工中要求采用湿喷工艺,不允许采用干喷。

为了提高喷射混凝土的抗剪强度和抗弯强度,提高喷射混凝土的抗冲切能力、抗弯曲能力,提高喷射混凝土的整体性,减少喷射混凝土的收缩裂纹,可在喷射混凝土层中设置钢筋网,或在喷射混凝土混合料中加入钢纤维、化学纤维。

钢架支护(即钢拱架支护),由于自身刚度较大,故可提高喷射混凝土层的刚度和强度,安装后即可发挥一定支撑能力。钢架包括钢筋格栅钢架和型钢钢架。钢筋格栅钢架是由钢筋焊接加工而成的;型钢钢架是由型钢加工成型的。根据采用的型钢种类,又分为工字钢钢架、U型钢钢架和H型钢钢架,工程中多采用工字钢钢架。钢架主要用于自稳时间短、初期变形大或对地表下沉量有严格限制的地层中,是控制围岩变形与松弛、提高喷锚衬砌支护能力、维持围岩稳定的有效措施。

喷锚衬砌施工质量检测主要包括锚杆施工质量检查、喷射混凝土的质量检验、钢筋网施工质量检测、钢架施工质量检测、内净空断面质量检测等。

(2)整体式衬砌包括砌体衬砌和模筑混凝土衬砌,可以单独采用,早期隧道多采用这种衬砌。

(3)在复合式衬砌中,第一层衬砌采用喷锚衬砌,通常称为初期支护;第二层衬砌采用拱墙整体浇筑的模筑混凝土衬砌,也称为二次衬砌。复合式衬砌断面图如图 4.3-1 所示。

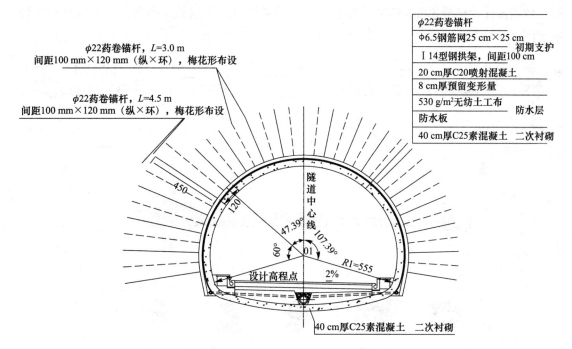

图 4.3-1　复合式衬砌断面图

初期支护施工一般要求如下:

(1)初期支护必须紧跟开挖及时施作,尽早封闭成环,并应按设计要求进行监控量测等相关作业。

(2)采用分部开挖法施工时,应在初期支护喷射混凝土强度达到设计强度的 70% 及以上时进行下一部分的开挖。

(3)软弱围岩隧道Ⅳ、Ⅴ、Ⅵ级围岩初期支护封闭位置距离掌子面不得大于 35 m。

(4)黄土隧道在开挖过程中,应严格管理施工用水,避免浸泡初期支护拱(墙)脚土体。

(5)双线Ⅳ、Ⅴ级围岩隧道台阶法施工时,应设置锁脚锚杆(管)、横向临时支撑或临时仰拱等控制拱(墙)脚位移的措施。

喷锚衬砌背后和内部状态等隐蔽检测可通过地质雷达等无损检测技术进行,将在课题五中介绍。

二、锚杆施工质量检查

(一)锚杆加工质量检查

锚杆是用金属或其他具有高抗拉性能的材料制作的一种杆状构件,使用机械式装置或胶结材料将其安设在隧道围岩体中,通过悬吊、组合等效应加固围岩。

锚杆的种类主要包括砂浆锚杆、药卷锚杆、中空注浆锚杆、自钻式锚杆、组合中空锚杆、树脂锚杆、楔缝式端头锚固式锚杆、管缝式锚杆等。常用的几种全长黏结锚杆杆体构造如图4.3-2所示。

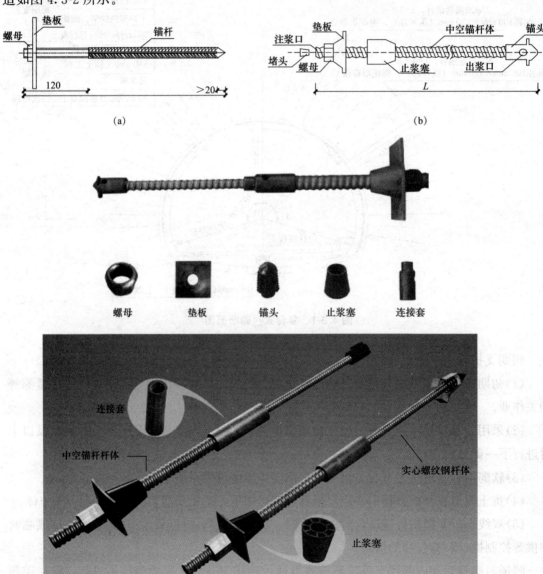

图4.3-2 全长锚杆杆体构造图(尺寸单位:mm)
(a)砂浆锚杆、药卷锚杆构造;(b)中空注浆锚杆构造;(c)组合中空注浆锚杆构造

每一种锚杆在使用安装前，都必须对其材质、规格和加工质量进行检查，以免不合格的锚杆材料用于隧道支护。

1. 锚杆杆体材料力学性能检测

(1)抗拉强度。锚杆在工作时主要承受拉力，检查材质时应首先检测其抗拉强度。方法是从原材料中或成品锚杆上截取试样，在拉力试验机上做拉伸试验，测试材料抗拉强度和力学特性，确定其是否满足工程要求。

(2)延展性。锚杆是在隧道围岩发生变形后发挥作用，这就要求锚杆材质具有一定的延展性，过脆可能导致锚杆中途断裂失效，所以，需要对材料的延展性进行试验。对于杆体材料为钢材的锚杆，其断后伸长率 A 不应小于 16%。

(3)弹性。对管缝式锚杆，要求原材料具有一定的弹性，使锚杆安装后管壁和孔壁紧密接触。检查时，可进行现场弯折或锤击，观察其塑性变形情况。

2. 杆体规格

锚杆杆体的直径必须与设计相符，中空锚杆还应检查管壁厚度，可用卡尺或直尺测量，杆体直径和壁厚允许偏差小于或等于 4%。另外，还应注意观察杆体的直径是否均匀一致、有无削弱钢筋截面的伤痕，若有发现，则应弃之不用。

3. 锚杆长度

锚杆杆体长度不应小于设计值，用直尺测量。

4. 加工质量

锚杆都需要进行一定的加工。锚杆外露端需要加工丝口，用以戴螺母固定垫板；锚杆前端需要加锚头或削尖；组合中空锚杆连接套与螺纹钢筋和中空锚杆体需连接加工；楔缝式端头锚杆锚固端需要特殊加工。检查时，首先应测量锚杆各部分的尺寸，其次检查焊接件的焊接质量。对于攻丝部分，应检查丝纹质量，观察是否有偏心现象，并戴上螺母。

(二)锚杆安装质量检查

1. 锚杆孔位

钻孔前应根据设计要求定出孔位，做出标记。可用钢卷尺检测锚杆的环向间距和纵向排距，孔位允许偏差为 ±150 mm，但需要控制累积误差，以保证锚杆设计密度。控制方法是任意 5～10 m 范围内的锚孔数量不少于设计值。检查频率为锚杆数的 10%。

2. 锚杆方向

锚杆打设方向应根据围岩情况，尽量与围岩壁面或岩层主要结构面垂直。采用气腿式风动凿岩机钻孔时，边墙锚杆打设方向能满足要求，但拱部锚杆打设方向不易做到与开挖面垂直，容易出现偏差。锚杆打设方向过于偏斜，会使锚杆实际有效锚固深度降低，不仅浪费材料，还达不到设计效果。锚杆打设方向检查主要采用目测，也可采用地质罗盘检测。

3. 锚杆钻孔深度

锚杆钻孔深度是保证锚杆锚固质量的前提，孔深不足则锚固深度不够。锚杆钻孔深度不小于锚杆设计长度，孔深允许偏差为±50 mm。钻孔深度可用带有刻度的塑料管或木棍等插孔量测，检查频率为锚杆数的10%。全长锚杆杆体构造如图4.3-3所示。

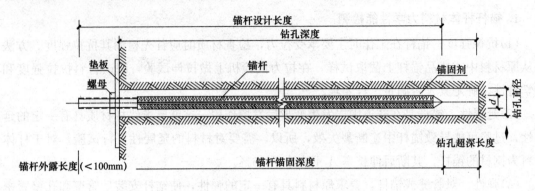

图 4.3-3　全长锚杆杆体构造(尺寸单位：mm)

4. 孔径

对于以砂浆作为锚固剂的锚杆，孔径过小会减小锚杆杆体包裹砂浆层的厚度，影响锚杆的锚固力及其耐久性，因此，锚孔钻径大于杆体直径15 mm才符合要求。

对于其他形式锚杆，孔内有锚杆连接件、特殊锚头，为便于安装，孔径可以更大一些，以满足安装工艺要求。

孔径检查采用直尺、游标卡尺测量，检查频率为锚杆总数的10%。

5. 锚杆锚固剂(砂浆)强度

锚固剂(砂浆)强度是锚杆质量的重要保证。砂浆强度检测，首先是在现场取样，每次锚杆安装应至少取一组试件，在标准养护条件下试件28 d的抗压强度不低于设计强度，设计没有特别要求时，砂浆强度等级应不小于M20。

6. 锚杆垫板

锚杆垫板对发挥锚杆锚固作用十分重要，锚杆垫板要求与岩面紧贴，不能出现吊空(垫板没有贴到围岩)、翘边、螺母没有压住垫板的现象。垫板长、宽尺寸偏差应不小于5 mm，厚度大于设计值。检查频率为锚杆数的10%。

7. 锚杆数量

锚杆数量是锚杆设计参数的重要指标。锚杆安装数量检测，可直接在现场用肉眼点数，或通过全息扫描拍照点数。方法是任意取5～10 m地段，统计该范围内锚杆数量，实际数量不得少于设计要求。检查频率为锚杆总数的10%。

8. 锚杆抗拔力

锚杆抗拔力是指锚杆锚固后能够承受的抗拔能力，其是锚杆材料、加工及锚固质量的综合反映，是锚杆质量检测的一项基本内容。锚杆抗拔力检测标准如下：

(1)检测数量为锚杆数的1%且每次不少于3根。

(2)同组锚杆抗拔力的平均值应不小于设计值。

(3)单根锚杆的抗拔力不得低于设计值的90%。

锚杆(抗)拔力测试具体方法见本课题"三、锚杆抗拔力测试"。

9. 锚杆锚固长度和砂浆注满度

对全长黏结锚杆,还可采用锚杆质量无损检测仪进行锚固长度和密实度检测,见本课题"四、锚杆锚固长度和密实度检测"。

10. 锚杆实测项目应符合的规定

依据《公路工程质量检验评定标准 第一册 土建工程》(JTG F80/1—2017),锚杆实测项目应符合表4.3-1的规定。

表4.3-1 锚杆实测项目

项次	检查项目	规定值或允许偏差	检查方法和频率
1△	数量/根	不少于设计值	目测:现场逐根清点
2	拔力/kN	28 d抗拔力平均值≥设计值,最小抗拔力≥0.9设计值	拉拔仪:抽查1%,且不少于3根
3	孔位/mm	±150	尺量:抽查10%
4	孔深/mm	±50	尺量:抽查10%
5	孔径/mm	≥锚杆杆体直径+15	尺量:抽查10%

三、锚杆抗拔力测试

(一)测试仪器

锚杆抗拔力是指锚杆能够承受的最大拉力,它是锚杆材料加工和施工安装质量的综合反映,是锚杆质量检测的一项基本内容。

图4.3-4 锚杆拉拔仪

锚杆抗拔力常用锚杆拉拔仪来测试,如图4.3-4所示。锚杆拉拔仪主要由手动泵、空心千斤顶、高压油管、传力板、压力表构成。在隧道内,由于锚杆与岩面不完全垂直,故还需要配备楔形调节垫块。如需要测试锚杆抗拔位移,可增加行程计量装置(如千分表)。

(二)测试方法

(1)现场随机抽测的锚杆,由于锚杆外露端长度不够,故需要对受检锚杆端头做加长处理,以便测试千斤顶安装。可采用连接套筒接长,连接抗拉强度应能承受100%杆体极限抗拉力。

专为试验埋设的锚杆,外露长度应加长,试验锚杆可由监理或设计指定埋设。

(2)用砂浆将试验锚杆口部抹平,或用楔形调节垫块调整,使千斤顶作用方向与锚杆方向一致。

(3)套上空心千斤顶,加上传力板,通过锚杆尾端丝口用螺母将千斤顶和传力板固定在一起(图 4.3-5)。

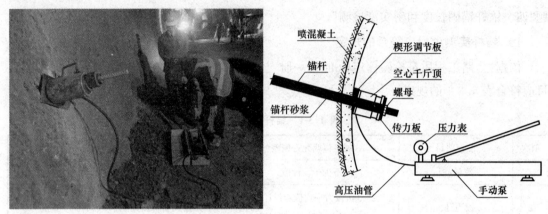

图 4.3-5 锚杆拉拔测试图

(4)通过手动油压泵加压,从压力表读取读数,根据活塞面积换算锚杆承受的拉拔力。绘制锚杆拉力-位移曲线,以供分析研究。

(三)注意事项

(1)砂浆锚杆应在锚固砂浆强度达到100%后进行。

(2)被测试锚杆,应将锚杆垫板取下。

(3)安装拉拔设备时,应使千斤顶与锚杆同心,避免偏心受拉。

(4)锚杆抗拔力试验应逐级加载,每级应匀速加载,速率一般不大于 10 kN/min,稍作停顿,并观测记录其变形数值和破坏情况。

(5)抗拔力到设计要求的抗拉值即可停止加载,一般不做破坏性试验。如有特殊需要,先测取锚杆的最大抗拉力,再进行破坏性试验。

(6)锚杆抗拔力测试不应少于同类型锚杆总数的1%,并不得少于3根。

(7)千斤顶应固定牢靠,并有必要的安全保护措施。应特别注意的是,试验时操作人员要避开锚杆的轴线延长线方向,应在被测锚杆的侧边,并尽可能远离。读取读数时,应停止加压。

从理论上讲,在硬岩岩体中,只要锚固的水泥砂浆长度大于杆体直径的 40 倍,即使拉拔至钢筋颈缩,锚杆也不会丧失锚固力。也就是说,锚杆抗拔力检测不能检测出锚杆砂浆的密实度和锚杆锚固长度,锚杆的安设质量仅根据锚杆的抗拔力来检验是不全面的。

四、锚杆锚固长度和密实度检测

我国公路隧道支护中使用较多的锚杆为全长黏结锚杆[包括普通砂浆锚杆、药包(卷)锚杆、中空注浆锚杆、组合中空锚杆等]。普通砂浆锚杆施工中若钻孔呈水平或向下倾斜，则锚杆孔内的砂浆密实度容易得到保证；若钻孔上仰，特别是垂直向上，则锚杆孔内砂浆很难注满。对长度大于 3.0 m 的药包(卷)锚杆，也难以保证孔内砂浆饱满。锚杆锚固密实度（或称砂浆注满度、灌浆饱满度、注浆密实度）不好，将严重影响锚杆的有效锚固长度及锚杆的长期使用寿命。所以，应增加锚杆锚固密实度检测。

（一）锚杆锚固密实度检测原理

锚固密实度检测主要采用声波反射法原理进行。在锚杆杆体外端发射一个声波脉冲，它就会沿杆体钢筋以管道波形式传播，到达钢筋底端后反射，在杆体外端接收此反射波。如果握裹钢筋的砂浆密实、砂浆又与周围岩体黏结紧密，则声波在传播过程中从钢筋通过水泥砂浆向岩体扩散，能量损失很大，在杆体外端测得的反射波振幅很小，甚至测不到；如果无砂浆握裹，仅是一根空杆，则声波仅在钢筋中传播，能量损失不大，但接收到的反射波振幅则较大；如果握裹砂浆不密实，中间有空洞或缺失，则得到的反射波振幅的大小介于前两者之间。因此，可以根据杆体外端声波的反射波振幅大小判定锚杆锚固密实度。

（二）检测仪器

锚杆锚固密实度检测主要采用按上述原理开发的锚杆质量无损检测仪。最初的锚杆无损检测仪器大多是在基桩低应变检测仪器的基础上开发出来的，然后在传感器、激振、频率响应等方面充分考虑了锚杆的实际情况，进行了改进和提高。目前，国产锚杆质量无损检测仪品种比较多，检测速度和精度已得到大幅提高，除可进行锚杆砂浆锚固密实度检测外，还可检测锚杆长度。

JL—MG(D)锚杆(索)质量检测仪由发射震源、传感器、主机和分析处理软件组成，如图 4.3-6 所示。发射震源产生的弹性波，沿着锚杆传播并向锚杆周围辐射能量，检波器检测到反射回波，并由检测仪对信号进行分析与存储。反射信号的能量强度和到达时间取决于锚杆周围或端部的灌浆状况。通过对信号进行处理和分析，可以确定锚杆长度及灌浆的整体质量，如图 4.3-7 所示。

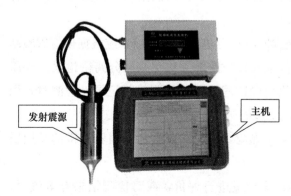

图 4.3-6 JL—MG(D)锚杆(索)质量检测仪

（三）检测方法

检测依据参考《锚杆锚固质量无损检测技术规程》(JGJ/T 182—2009)。进行锚杆锚固密实度检测前，宜进行室内和现场模拟试验，并以试验检测结果修正现场实测的计算参数，以提高检测可靠度。

室内标准锚杆模拟的锚杆孔宜采用内径不大于 90 mm 的 PVC 或 PE 管，其长度应比被模拟锚杆长度长 1 m 以上。锚杆宜

图 4.3-7 锚杆质量现场检测
(a)震源为锤击；(b)震源为激振器

采用所检测工程锚杆相同的类型，其长度宜涵盖设计锚杆长度范围，锚杆外露段长度与工程锚杆设计相同，外露端头应加工平整。标准锚杆宜包含所检测工程锚杆的等级和主要缺陷类型。胶粘材料宜与所检测工程锚杆相同，设计缺陷宜用橡胶管等模拟。

现场模拟试验制作的标准锚杆试验场地宜选择在与被检测工程锚杆围岩条件类同的围岩段，且不应影响主体工程施工并便于钻孔取芯施工。标准锚杆应与被检测工程锚杆的施工工艺参数相同。

试验用标准锚杆的注浆材料宜选用与工程锚杆相同的注浆材料和配合比，注浆完成后自然养护。

每种规格的锚杆应设计 1 组试验锚杆。每组试验锚杆宜包括完全锚固密实（密实度100%），中部锚固不密实（密实度 90%、75%、50%），孔底锚固密实、孔口锚固不密实（密实度 90%、75%、50%），孔口锚固密实、孔底锚固不密实（密实度 90%、75%、50%）等模型。

对标准锚杆的检测宜在 3 d、7 d、14 d、28 d 龄期时分别进行。现场标准锚杆检测完成后，若条件许可，还需要采用钻孔取芯等有效手段进行检验。

对标准锚杆试验结果应编写试验报告，报告应明确试验仪器、仪器设置的最佳参数、检测精度、检测有效范围，并应提供杆体波速、杆系波速、杆系能量修正系数及标准锚杆检测图谱。

对待检锚杆锚固密实度的检测应在锚杆锚固 7 d 以后进行。检测前，应根据模拟试验结果，对检测仪器设备进行检查调试，并清除待检锚杆外露端周边浮浆，分离待检锚杆外露端与喷层，对被测锚杆的外露自由段长度和孔口段锚固情况进行测量与记录。检测时，周边不得有机械振动、电焊作业等对检测有明显干扰的施工作业。

被检测锚杆宜随机抽样，抽样率应符合相关规范要求，并应重点检测隧道拱部及地质条件较差段的锚杆。

当实测信号复杂、波形不规则，无法对锚固质量进行评价，或对检测结果有争议时，宜采用其他方法进行验证。

（四）数据分析及判定

1. 数据分析

（1）当杆体反射信号较清晰时，可直接采用时域反射波法和幅频域评差法分析；当杆体反射波反射信号微弱得难以辨认时，宜采用瞬时谱分析法、小波分析法等方法识别。

（2）一般情况下，锚杆的波阻抗大于围岩的波阻抗，故杆底反射波与锚杆端入射首波同相位，其多次反射也是同相位的。在锚杆注浆密实的情况下，杆底反射波信号往往十分微弱，或有缺陷反射波信号干扰杆底反射波信号及频差，故应使用瞬时普法、小波法、能流法等方法提高反射波信号识别能力。

（3）试验表明，锚杆的杆体波速与杆系波速是不同的，一般杆体波速高于杆系波速，波速差异的因素与声波波长、锚杆直径、胶粘物厚度、胶粘物波速及声波尺度效应等有关。因此，锚杆杆长计算时采用的波速平均值应考虑密度的影响。由于杆系平均波速受多方面因素影响，尚无法准确地确定与密实度的关系，但在实际检测工作中应考虑杆长检测精度与密实度有关。

（4）数据采集信号应一致性好，缺陷判断及缺陷位置计算应综合分析缺陷反射波信号的相位特征、相对幅值大小及反射旅行时间等因素。数据分析模型如图 4.3-8～图 4.3-10 所示。

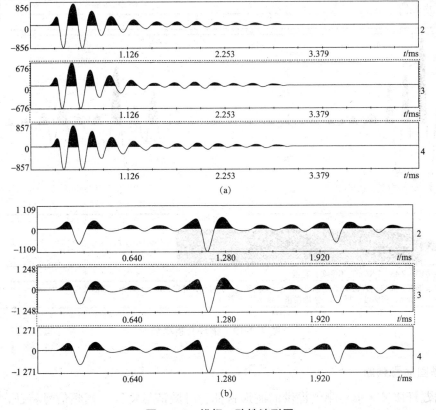

图 4.3-8 锚杆一致性波形图

(a)一致性较好，起跳明显的波形；(b)一致性较好，空杆波形，2 次反射信号比较强

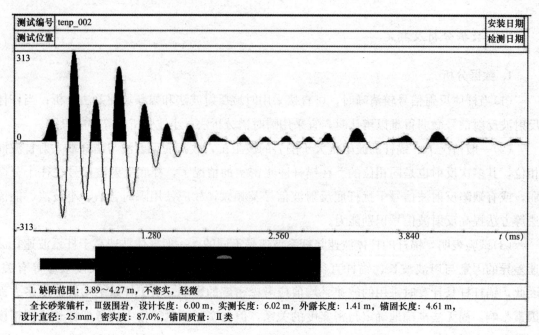

图 4.3-9 锚杆分析模型

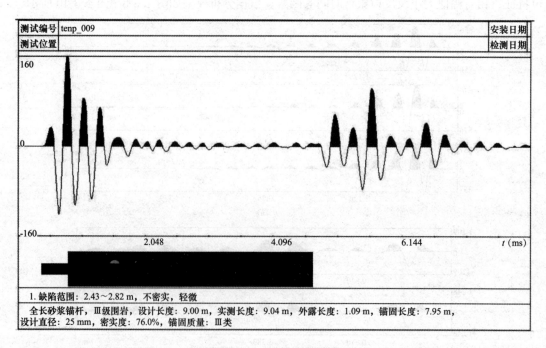

图 4.3-10 锚杆分析模型

2. 锚固质量判断

根据锚杆质量无损检测仪提供的波形特征、时域信号特征、幅频信号特征，可进行锚固密实度评判，见表 4.3-2。

表 4.3-2 锚固密实度评判标准

质量等级	波形特征	密实度
A	波形规则，只有较微弱的底部反射波或没有底部反射波	≥90%
B	波形较规则，有底部反射波和局部有较弱的反射波	80%～90%
C	波形欠规则，有底部反射波或局部有较强的反射波	70%～80%
D	波形不规则，底部有较强的反射波或底部反射波提前（锚杆欠长），或有多处较强的反射波	<70%

单根锚杆锚固质量无损检测分级评价见表 4.3-3。

表 4.3-3 单根锚杆锚固质量无损检测分级评价

锚固质量等级	评价标准
Ⅰ	密实度为 A 级，且长度合格
Ⅱ	密实度为 B 级，且长度合格
Ⅲ	密实度为 C 级，且长度合格
Ⅳ	密实度为 D 级，或长度合格

锚杆长度合格标准为：锚杆长度不少于设计长度，锚杆插入孔内的长度不得短于设计长度的 95%。

五、喷射混凝土施工质量检测

(一)质量检测内容

喷射混凝土的质量检验内容除包括对原材料进行检测外，还包括喷射混凝土强度、喷射混凝土初喷厚度和总厚度、外观及表面平整度、喷射混凝土支护背后空洞等。另外，还包括施工过程中喷射混凝土的回弹及粉尘检测。

1. 喷射混凝土强度

喷射混凝土抗压强度是喷射混凝土的主要性能指标。喷射混凝土强度包括抗压强度、抗拉强度、抗剪强度、疲劳强度、黏结强度等。由于这些指标之间存在着一定的内在联系，在一般试验检测中，只检测喷射混凝土的抗压强度便可推测出混凝土的其他强度。

2. 初喷

隧道开挖暴露后，需要立即对开挖面进行初喷，这对于保持围岩稳定和施工作业安全是很重要的施工环节，应对喷射混凝土初喷环节进行检测。初喷厚度应不小于 40 mm，初喷范围包括开挖轮廓岩面、超挖面、塌方岩面。

3. 喷射混凝土厚度

喷射混凝土厚度是指混凝土喷层表面与围岩受喷面的距离，是初喷厚度和复喷厚度的总体厚度。喷射混凝土厚度是发挥喷射混凝土支护作用的重要保障。喷射混凝土总体厚度应满足设计要求。

4. 喷射混凝土外观及平整度

喷射混凝土支护外观上应无漏喷、鼓包、开裂、钢筋网(或金属网)外露等现象。喷射混凝土表面要求整体平整、圆顺，不应出现尖角和明显凹坑。

5. 喷射混凝土背后空洞

喷射混凝土必须直接喷射到围岩壁面上，与围岩密贴接触形成组合结构，如图4.3-11所示。但在实际工程中，在设有钢架支护的地段，由于超挖、掉块和塌方的原因，使隧道实际开挖断面形状与事先加工好的钢架支护形状相差较大，容易出现钢架喷射混凝土层与围岩脱离(图4.3-12)，形成空洞。当喷射混凝土衬砌与围岩之间存在空洞时，喷射混凝土层局部会形成孤立的薄壳结构，其结构承载能力和稳定性大为降低；同时，由于喷射混凝土衬砌没有形成对围岩的有效约束，围岩也失去了喷射混凝土结构的支护，围岩压力会进一步增大，导致衬砌开裂，影响隧道的使用安全。因此，喷射混凝土背后不允许存在空洞和不密实现象。

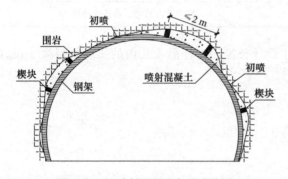

图4.3-11 喷射混凝土与围岩密贴

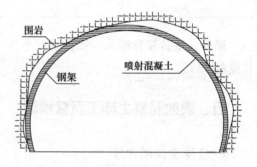

图4.3-12 喷射混凝土与围岩脱离

6. 喷射混凝土回弹率

喷射混凝土在施工过程中，部分喷射混凝土混合料由隧道岩壁跌落到底板的现象称为喷射混凝土的回弹，回弹后的喷射混凝土混合料体积与喷射混凝土总体积之比，称为喷射混凝土的回弹率。

(二)影响喷射混凝土质量的因素

1. 影响喷射混凝土强度的因素

(1)原材料。

①喷射混凝土原材料包括水泥、砂、碎石、速凝剂等。

②对水泥强度、安定性、凝结时间进行抽样检查，不合格不得进入施工现场。

③为保证喷射混凝土强度、减少粉尘和混凝土硬化后的收缩，需要控制混凝土混合料搅拌时水泥的飞扬损失，砂的细度模数、含水率、含泥量及骨料级配、最大粒径等质量指

标必须符合相关规定。

④喷射混凝土用水必须是无杂质的洁净水，污水、pH值小于4的酸性水均不得使用。

⑤为加快喷射混凝土的凝结、硬化，提高其早期强度，减少喷射混凝土施工时因回弹和重力而引起的混凝土脱落，增大一次喷射混凝土厚度和缩短分层喷射的间隔时间，一般需要在喷射混凝土中加入速凝剂。速凝剂对于不同品种的水泥，其作用效果也不同。因此，在使用前应做速凝剂与水泥的相容性试验及水泥净浆凝结效果试验，所采用的速凝剂应保证初凝时间不大于5 min、终凝时间不大于10 min。

(2)施工作业。在原材料合格的前提下，应按设计和试验调整的配合比，准确称量并进行搅拌。喷射混凝土前，必须先冲洗岩面；喷射中，要控制好水胶比、喷射距离、喷射风压，分层喷射；喷射后，注意洒水养护。

2. 影响喷射混凝土厚度的因素

(1)爆破效果。光面爆破效果差，隧道断面成型不好，容易导致超挖处喷射混凝土层过厚，而欠挖处喷层又过薄。有钢架地段，超挖过大时，可能存在喷射混凝土背后不密实、空洞的问题。

(2)回弹率。回弹率过高会造成原材料的极大浪费、施工作业时间延长，增大施工成本，并且使施工现场空气中粉尘含量过高，造成施工环境不达标。

(3)喷射参数。喷射混凝土的风压、水压、喷头与喷面的距离、喷射角度、喷射料的粒径等，不仅会影响喷射混凝土的强度，还会影响对喷层厚度的控制。

(4)施工控制措施。喷射混凝土前如若没有采取埋设厚度标志桩等控制厚度的措施，容易造成喷射混凝土厚度不足。喷射作业完成后没有及时检测，也是喷射混凝土厚度质量失控的一个重要原因。

(三)质量检测方法

1. 喷射混凝土抗压强度

(1)检查试件的制作方法。检查试件制作方法有喷大板切割法、凿方切割法、喷模法、钻芯法。用于检验喷射混凝土抗压强度的试块，应在喷射现场随机制取。

①喷大板切割法。在施工的同时，将混凝土喷射在450 mm×350 mm×120 mm(可制成6块)或450 mm×200 mm×120 mm(可制成3块)的模型内，在现场养护28 d后，用切割机切掉周边，加工成100 mm×100 mm×100 mm的立方体试块，再进行试验。用标准试验方法测得极限抗压强度，并乘以0.95的系数。

②凿方切割法。在已经喷好的喷射混凝土结构物上，养护14 d后用凿岩机打密排钻孔，取出长约为350 mm、宽约为150 mm的混凝土块，用切割机切掉周边，加工成100 mm×100 mm×100 mm的立方体试块。在现场养护28 d后，进行试验。用标准试验方法测得极限抗压强度，并乘以0.95的系数。

③喷模法(预留试块法)。在喷射混凝土施工的同时，将150 mm×150 mm×150 mm标

准试模放在施工现场,待喷枪喷射稳定后将混凝土喷入模内,喷满后将试模内混凝土表面抹平,现场养护 28 d 后,在压力机上进行试验(精确到 0.1 MPa)。

④钻芯法。在已经喷好的喷射混凝土结构物上,养护 28 d 后,直接钻取直径为 50~150 mm、长径比大于 1.0 的芯样,用切割机加工成两端平行的圆柱体试块,在压力机上进行试验(精确到 0.1 MPa)。

(2)现场检测方法。

①拔出法。拔出法可分为预埋和后装两种方法。对喷射混凝土而言适合后装法。通过在实际结构物上钻孔、切槽,安装拉拔件及装置,然后将其拔出。拉拔件锚深一般为 25 mm,过深不宜拔出,过浅则不能反映混凝土的内部情况。可依照《拔出法检测混凝土强度技术规程》(CECS 69—2011)中相关规定进行检测。

②射钉法。射钉法又称为温莎探针法,是用射钉装置将探针打入混凝土内,根据探针打入深度推测混凝土强度,但需要建立混凝土强度相关公式。

(3)检查试件的制取组数。试件 3 件为 1 组。两车道每 10 延米,至少在拱部和边墙各取一组试件。其他工程,每喷射 50~100 m^3 混合料或小于 50 m^2 混合料的独立工程,不得少于 1 组。材料或配合比变更时,应重新制取试件。

(4)喷射混凝土抗压强度的合格标准。

①同批试件组数 $n \geqslant 10$ 时,试件抗压强度平均值不低于设计值,且任一组试件抗压强度不低于 0.85 倍的设计值。

②同批试件组数 $n < 10$ 时,试件抗压强度平均值不低于 1.05 倍的设计值,且任一组试件抗压强度不低于 0.9 倍的设计值。

③实测项目中,喷射混凝土抗压强度评为不合格时相应分项工程为不合格。检查不合格时,应查明原因并采取措施,可采用补喷增加喷层厚度予以补强,或凿除重喷。

2. 喷射混凝土厚度检测

(1)检查方法和数量。

①喷射混凝土厚度可用凿孔法或地质雷达法等方法检查。地质雷达检测方法参考课题五"八、地质雷达法检测混凝土衬砌质量"。

凿孔检查时,宜在混凝土喷后 8 h 以内,可用电钻、风钻钻孔检查,发现厚度不够时可及时补喷。如喷射混凝土与围岩黏结紧密、颜色相近不易分辨时,可用酚酞试液涂抹孔壁,碱性混凝土即呈现红色。

②检查断面数量。凿孔检查时,每 10 m 检查一个断面,每个断面从拱顶中线起,每隔 3 m 凿孔检查一个点。

(2)合格标准。全部检查点喷射混凝土厚度须同时满足如下 3 个条件方视为合格。

①平均厚度≥设计厚度。

②60%检查点厚度≥设计厚度。

③检查点最小厚度≥0.6 倍的设计厚度。

3. 喷射混凝土表面平整度检测

(1)喷射混凝土表面平整度要求。

①喷射混凝土表面平整度应满足：

$$\frac{D}{L}=\frac{1}{6} \qquad (4.3\text{-}1)$$

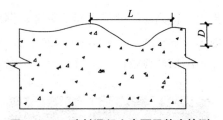

图 4.3-13　喷射混凝土表面平整度检测

式中　L——喷射混凝土相邻两凸面间的距离；

　　　D——喷射混凝土相邻两凸面间下凹的深度(图 4.3-13)。

②隧道断面变化、厚度变化或转折处的阴角 $R \geqslant 5$ cm 的圆弧。

③表面不得有钢筋、凸出的构件等尖锐凸出物。

(2)喷射混凝土表面平整度检测方法。平整度用 1 m 直尺检测，肉眼观察明显凹凸位置、直尺靠在凸出顶端。

4. 喷射混凝土与围岩黏结强度试验

(1)试验方法。

①成型试验法。在模型内放置面积为 100 mm×100 mm×50 mm 且表面粗糙度近似于实际情况的岩块，用喷射混凝土掩埋。在混凝土达到一定强度后，加工成 100 mm×100 mm×100 mm 的立方体试块，在标准条件下养护至 28 d，用劈裂法进行试验。

②直接拉拔法。在围岩表面预先设置带有丝扣和加力板的拉杆，用喷射混凝土将加力板埋入，喷层厚度约为 100 mm，试件面积约为 300 mm×300 mm(周围多余的部分应予清除)。经 28 d 养护，进行拉拔试验。

(2)黏结强度合格标准。喷射混凝土与岩石的黏结强度：Ⅰ、Ⅱ级围岩不应低于 0.8 MPa，Ⅲ级围岩不应低于 0.5 MPa。围岩低于 0.5 MPa 的软岩、破碎围岩、土石围岩、黄土围岩等，不做黏结强度检测。

5. 喷射混凝土支护背后空洞检测

(1)检查方法和数量。

①目前喷射混凝土支护背后空洞检测最常用和有效的方法是地质雷达法、凿孔检查法。凿孔检查法直观、可靠。凿孔检查时，在喷射混凝土层凿孔，用手电、内窥镜、直尺伸入凿孔内检查。

②检查断面数量。凿孔检查时，每 10 m 检查一个断面，每个断面从拱顶中线起每隔 3 m 凿孔检查一个点。

(2)合格标准。喷射混凝土支护背部应无空洞、无回填杂物。如发现空洞和不密实区即为不合格，必须进行注浆填充密实。

6. 其他试验

当有特殊要求时，应做喷射混凝土的抗拉强度、弹性模量等指标试验。

六、钢筋网施工质量检测

在隧道围岩松散破碎地段，经常在初期支护中加挂钢筋网，以减少喷射混凝土的应力集中，提高喷层的强度和抗裂性。钢筋网一般采用直径为 6～8 mm 的钢筋焊接而成，网格为 15 cm×15 cm 或 20 cm×20 cm，如图 4.3-14 所示。钢筋网预先在钢筋加工场加工成型，在现场焊接成整体，尽量与围岩密贴。钢筋网片施工布置示意如图 4.3-15 所示。

图 4.3-14　钢筋网片

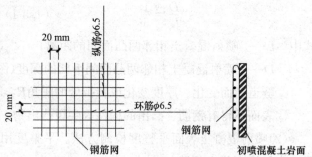
图 4.3-15　钢筋网片安装布置示意

（一）原材料检查

钢筋进场时必须对其质量进行全面检查。按批抽取试件做屈服强度、抗拉强度、伸长率和冷弯等试验，性能指标、规格应符合设计及规范要求。钢筋使用前应先进行调直，并将钢筋表面的油渍、铁锈、泥、灰等污物清除干净。

（二）铺设质量检查

(1) 材料。钢筋网钢筋规格应符合设计要求，使用前应调直、清除锈蚀和油渍，钢筋网环向钢筋每节长度不宜小于 2.0 m。

(2) 铺设。钢筋网应在初喷混凝土后再进行施工。钢筋网钢筋应随初喷面的凹凸起伏进行铺设，与初喷混凝土表面之间的间隙应不大于 30 mm，并与先期施工的锚杆或专为固定钢筋网所用的短锚杆或其他固定装置绑扎或焊接，钢筋网与锚杆或其他固定构件连接不得松脱。采用双层钢筋网时，第二层钢筋网应在第一层钢筋网被喷射混凝土全部覆盖后进行铺设。

(3) 钢筋网格及钢筋搭接。钢筋网格尺寸应符合设计要求，网格尺寸允许偏差为 ±10 mm，每 100 m² 检查 3 个网格。

钢筋网搭接长度不应小于 50 mm，并不小于一个网格长边尺寸。钢筋网每一交点和搭接段应进行绑扎或焊接。

(4) 保护层厚度。喷射混凝土保护层厚度不应小于 20 mm，喷射混凝土完成后即可检测。检测时，沿隧道纵向每 10 延米范围内检查点不少于 5 个，分别在边墙、拱腰、拱顶凿孔检查。

(5) 检查方法及安装偏差应符合表 4.3-4 的规定。

表 4.3-4　钢筋网实测项目

项次	检查项目	规定值或允许偏差	检查方法和频率
1	钢筋网喷射混凝土保护层厚度/mm	≥20	凿孔法：每 10 m 测 5 点
2△	网格尺寸/mm	±10	尺量：每 100 m² 检查 3 个网眼
3	搭接长度/mm	≥50	尺量：每 20 m 测 3 点

七、钢架施工质量检测

当隧道围岩软弱破损严重、自稳性差、开挖后易产生过度变形时，可采用钢架、喷射混凝土、锚杆作为联合支护。钢架具有架设后立即承受荷载、强度和刚度均较大、可承受开挖时引起的松动压力等特点，通常用于Ⅳ～Ⅵ级围岩。

(一)钢架的形式

目前，我国公路隧道施工中常用的钢架有格栅钢架和型钢钢架。其中，型钢钢架根据型材种类的不同又可分为工字钢架、U 型钢钢架和 H 型钢钢架。为了便于施工，每种钢架需分成若干节段制作，现场拼装。节段之间，除 U 型钢钢架外，均应采用钢板用螺栓连接，必要时进行焊接。U 型钢钢架需要加工专用的卡具，将两节段型钢嵌套在一起，形成整幅钢架。

1. 格栅钢架

格栅钢架是目前工程上用量最大的钢架，如图 4.3-16 所示。其是由两种或两种以上直径的钢筋按设计组合排列焊接加工而成的桁架式钢架，钢架截面有矩形和三角形两种。主筋弯曲成与隧道开挖断面相同的形状和尺寸，辅筋作波形弯折焊接在主筋上，并设环形箍筋。主筋材料采用 HRB400、HRB500 钢筋，直径一般为 18～25 mm，辅筋可采用 HPB300 钢筋。格栅钢架的特点是质量轻，具有一定的刚度，喷射混凝土与钢架结合紧密，整体较好，形成钢筋混凝土结构，能充分发挥材料性能作用。

图 4.3-16　格栅钢架

2. 型钢钢架

用于加工钢架的型钢有 H 型钢、工字钢和 U 型钢，如图 4.3-17 所示。一般可以在施工现场或工厂用弯曲机冷弯加工成型。型钢钢架的特点是加工方便、强度高、支撑能力较强，但质量较大、与喷射混凝土结合较差、整体性较差，喷射混凝土与钢架之间容易渗水。U 型钢钢架节段间是嵌套连接，具有可收缩性，能适应围岩较大变形。工字钢和 H 型钢的截面对比如图 4.3-18 所示。

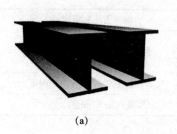 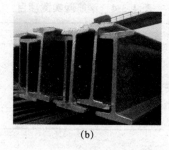 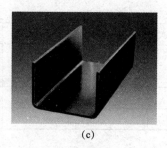

图 4.3-17 型钢钢架

(a)H 型钢；(b)工字钢；(c)U 型钢

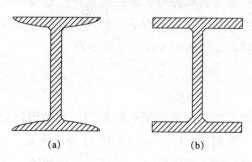

图 4.3-18 工字钢和 H 型钢的截面对比

(a)工字钢；(b)H 型钢

(二)施工质量检测

钢架一般用在围岩条件较差地段，以及围岩可能出现坍塌失稳、冒顶地段。钢架支护一旦安装就位，就具有一定支护能力，能大大提高初期支护的能力。因此，必须重视钢架的加工与安装质量检测，确保施工安全。

1. 材料规格

型钢钢架的型钢型号规格、格栅钢架的钢筋规格应符合设计要求。

2. 加工质量检测

(1)加工尺寸。钢架加工尺寸和形状应符合设计要求，应与隧道的开挖断面相适应。加工尺寸小于设计尺寸，将导致初期支护侵入二次衬砌结构，影响二次衬砌结构厚度。同时，加工尺寸精度将影响安装质量，降低钢架的支护效果。不同规格的首榀钢架加工完成后应在平整地面上试拼，周边拼装允许偏差为±30 mm，平面翘曲应小于 20 mm。

格栅钢架需要检测钢架截面尺寸(宽×高)，对检测的格栅钢架，每节段检测两个截面，截面尺寸不小于设计值。

连接钢板宽和厚度误差≤±5 mm；钻孔直径和孔位误差≤±3 mm。

(2)焊接。钢架加工时采用焊接，焊接质量对钢架的结构作用产生直接影响，包括钢架与连接板的焊接、格栅钢架钢筋节点的焊接。为了保证焊接结构的完整性、可靠性，除对焊接技术和焊接工艺的要求外,还需要对各焊接点进行检测。所有钢筋节点必须采用双面对称焊接,焊接长度应大于20 mm,可通过肉眼检测,敲击听声音检测,抽查是否有假焊、漏焊、焊缝气泡、焊缝裂纹、焊缝长度是否符合要求。格栅钢架与连接钢板的焊接应增加U形钢筋连接焊,如图4.3-19所示。

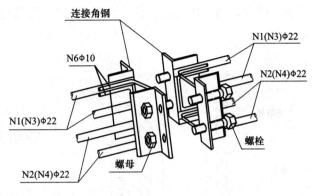

图4.3-19 格栅钢架连接示意

(3)强度和刚度。钢架必须具备足够的强度和刚度,必要时应对钢架的强度和刚度进行抽检,将一定数量的钢架样品放到试验台上进行加载试验。

3. 安装质量检测

(1)安装尺寸。钢架间距是支护设计的重要参数,检测时,在现场用钢卷尺测量,相邻钢架之间距离误差不应超过±50 mm。同时,在同一设计参数地段,钢架榀数不应小于设计值。

(2)倾斜度。钢架安装后的竖直面应垂直于隧道中线,竖向不倾斜,平面不错位、扭曲,上、下、左、右允许偏差为±50 mm,钢架在隧道纵面上的倾斜度小于2°。可用坡度规、全站仪或经纬仪检测。

(3)钢架节段之间的连接。钢架节段之间要求用钢板通过螺栓连接(如同法兰连接),要求上、下两钢板对齐、吻合,螺栓孔对正,螺栓拧紧,使上、下两块连接钢板贴紧,并进行焊接,可通过肉眼抽检(图4.3-20)。

(4)钢架固定。相邻两钢架之间应设纵向连接固定,通常采用HRB400钢筋连接,也有采用短节型钢连接。连接件应与钢架焊接。采用双面焊接,每处焊缝长度不应小于40 mm。可通过肉眼、敲击听声音、卷尺抽检。

(5)钢架与锁脚锚杆固定。钢架与锁脚锚杆固定应连接牢固、传力明确可靠,可增设U形钢筋焊接,如图4.3-21所示。

(6)钢架楔块。钢架应尽量靠近围岩,当钢架与围岩的间隙过大时,

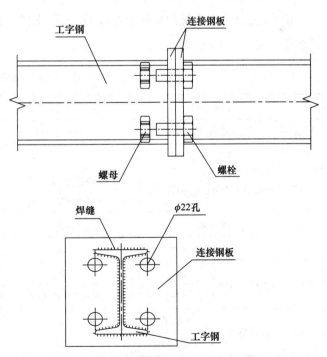

图4.3-20 工字钢钢板连接及焊接示意

应用楔块楔紧,两楔块之间、楔块和钢架与围岩接触点之间距离不宜大于 2 m,如图4.3-22 所示。

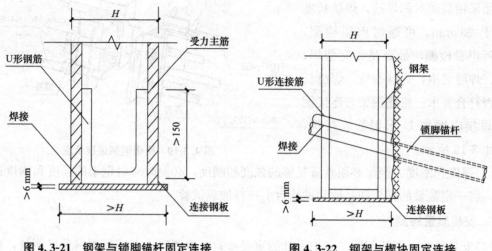

图 4.3-21 钢架与锁脚锚杆固定连接　　　图 4.3-22 钢架与楔块固定连接

(7)保护层厚度。钢架与围岩之间的混凝土保护层厚度不应小于 40 mm,临空一侧的混凝土保护层厚度不应小于 20 mm。凿孔检测时,每榀从拱顶中线向两侧每 3 m 凿孔检查一个点;地质雷达检测时,从拱顶中线起每隔 3 m 各布置一条纵向检测线,进行多榀钢架连续检测。

4. 钢架实测项目相关规定

依据《公路工程质量检验评定标准 第一册 土建工程》(JTG F80/1—2017),钢架实测项目应符合表 4.3-5 的规定。

表 4.3-5　钢架实测项目

项次	检查项目		规定值或允许偏差	检查方法和频率
1△	榀数/榀		不少于设计值	目测或地质雷达法检查;逐榀检查
2△	间距/mm		±50	目测或地质雷达法检查;逐榀检查
3	喷射混凝土保护层厚度/mm		外侧保护层≥40 内侧保护层≥20	凿孔法:每 20 m 测 5 点
4	倾斜度/°		±2	铅锤法:逐榀检查
5	拼装偏差/mm		±3	尺量:逐榀检查
6	安装偏差/mm	横向	±50	尺和水准仪:逐榀检查
		竖向	不低于设计高程	
7	连接钢筋	数量/根	不少于设计值	目测:逐榀检查
		间距/mm	±50	尺量:逐榀检查 3 处

八、喷锚衬砌断面尺寸检测

喷锚衬砌断面尺寸检测是指喷锚衬砌完成后的内净空断面检测。

对只设喷锚衬砌的隧道,检测喷锚衬砌是否有侵入设计内轮廓线的情况;对采用复合式衬砌的隧道,应在防水板铺设前检测喷锚衬砌(初期支护)是否侵入二次衬砌结构以内。

(一)检测方法

目前最常用的检测方法为极坐标法。其代表设备为隧道激光断面仪、全站仪。另外,还有以模筑混凝土衬砌内模为参照物的直接测量法。

1. 激光断面仪检测法

采用隧道激光断面仪检测喷锚衬砌内净空尺寸的所用仪器、测试原理和方法与激光断面仪法检测开挖断面相同,参见课题二"三、隧道断面仪法检测开挖断面"。

2. 直接测量法

以二次模筑混凝土衬砌内模为参照物的直接测量法,是在二次衬砌模板台车就位后,在模板台车端头沿台车内模以不大于2.0 m的间距布置测点,在测点位置以内模法线方向用直尺直接量取模板与初期支护表面的距离,且量测数据不应小于模筑衬砌结构的设计厚度。

(二)检测频率

断面较大的主洞隧道、紧急停车带等宜按每10 m检测一个断面,但每模衬砌段应不少于1个检测断面,断面较小的横通道、风道等宜按每5~8 m检测一个断面。发现有侵入二次模筑混凝土衬砌界线部位时需要对其进行处治,同时,在有侵入衬砌界线断面前后进行加密测量。

课题四 防排水检测

一、隧道防排水系统认识

(一)隧道防排水的必要性

隧道开挖改变了地下水径流途径,隧道可能成为地下水新的排泄通道,地下水渗入隧道,将增大隧道的施工难度,影响施工质量;另一方面,隧道渗漏水的长期作用将影响隧道结构的耐久性,降低隧道内各种设施的使用效率和寿命,给隧道的运营条件带来不良影响。因此,在隧道衬砌结构设计中,均设计了完善的防排水系统,以防止和减少地下水对隧道的危害。良好的防水与排水，是保证隧道衬砌结构耐久性和行车舒适性的重要条件。另外，通过隧道防排水来保护地下水环境也非常重要。

(二)隧道防排水的基本原则及要求

隧道防排水应遵循"防、排、截、堵结合，因地制宜，综合治理"的原则。隧道防排水设计应对地下水进行妥善处理，洞内外应形成一个完整畅通的防排水系统。

(1)高速公路、一级公路和二级公路隧道防排水应满足下列要求：

①拱部、边墙、路面、设备箱洞不渗水。

②有冻害地段隧道衬砌背后不积水，排水沟不冻结。

③车行横通道、人行横通道等服务通道拱部不滴水，边墙不淌水。

(2)三级、四级公路隧道应满足下列要求：

①拱部、边墙不滴水，路面不积水，设备箱洞不渗水。

②有冻害地段隧道衬砌背后不积水，排水沟不冻结。隧道防排水工程应注意保护自然环境。当隧道内渗漏水引起地表水减少，影响居民生产、生活用水时，应对围岩采取堵水措施，减少地下水的渗漏。

(三)隧道防排水系统组成

1. 复合式衬砌防排水

复合式衬砌是目前我国隧道工程中采用最多的一种结构形式，如图 4.4-1 所示。

(1)防水。复合式衬砌结构的防水，是在初期支护与二次衬砌之间铺设防水层，相当于给二次模筑混凝土衬砌"穿上一层雨衣"。防水层材料包括无纺布和防水板。无纺布通常采用土工织物，铺设在初期支护与防水板之间，起缓冲、滤水和导水作用。防水板通常采用高分子防水卷材，包括 EVA、ECB、PE(含 HDPE、LDPE)等。近年来也有采用预铺反粘类(通常称为自粘式)卷材。它具有防止结构与卷材间水窜流等特性。

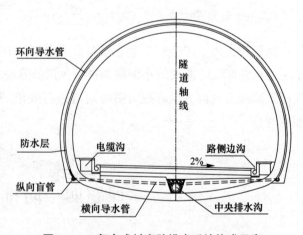

图 4.4-1 复合式衬砌防排水系统构成示意

二次衬砌是隧道防水的最后一道防线。《公路隧道设计细则》(JTG/T D70—2010)对二次衬砌混凝土自身的防水性能作了如下规定，二次衬砌混凝土的抗渗等级在有冻害地段及最冷月份平均气温低于−15 ℃的地区不低于 P8，其余地区不低于 P6。

另外，为防止二次混凝土衬砌施工缝渗水，隧道中采用了中埋式止水带、背贴式止水带等施工缝止水材料。

(2)排水。隧道内通常有围岩中渗出的地下水和隧道使用过程中产生的污水,需要通过完善的排水系统排出洞外。

①围岩体内渗水通过防水板与初期支护之间的土工布(无纺布)及环向排水管,汇入二次衬砌拱脚处沿隧道纵向设置的排水管,再通过与纵向排水管相连的横向导水管,排入路面下方的深埋(中央)水沟排出洞外。

②路基下渗出的地下水通过路面下渗水盲管汇入深埋(中央)水沟或路侧边沟排出洞外。

③隧道内路面污水由路侧边沟排出洞外。

2. 明洞防排水

(1)防水。明洞防水与洞内防水一样,是在衬砌背后铺设防水层,在明洞衬砌混凝土浇筑完成、拆除外模后施作。明洞防水层施工顺序:先用水泥砂浆将衬砌外表面抹平顺,涂上热沥青,铺防水板、无纺布,布设排水盲管,分层进行土石回填(并在靠近防水层 300 mm 范围内用黏土隔水层回填)。要求防水层与拱背粘贴紧密,接头搭接长度不小于100 mm。

(2)排水。明洞衬砌背后排水是在衬砌背后设纵向、横向排水盲沟;明洞槽边坡、仰坡坡面水是在开挖线以外设截水沟;回填顶面设排水沟排水。

3. 连拱隧道中隔墙防排水

连拱隧道中隔墙防排水结构主要与中隔墙的结构有关,主要有以下两种形式。

(1)整体式中隔墙防排水。连拱隧道整体式中隔墙防排水由墙顶排水管、竖向排水管、墙顶防水板及止水带几部分组成,如图 4.4-2 所示。

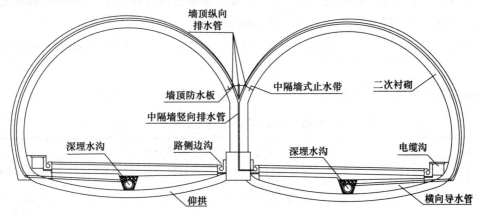

图 4.4-2 连拱隧道整体式中隔墙防排水示意

墙顶排水管沿中隔墙顶部铺设,以一定间隔布设的竖向排水管需要预埋在中隔墙体内,并与墙顶排水管连通,将中隔墙顶部积水引向边墙脚,并引入深埋水沟或路侧边沟。中隔墙顶面铺设的墙顶防水板与拱墙防水板进行焊接,同时,注意纵向排水管穿透防水板的位置需做密封处理,在中隔墙顶与拱墙连接的施工缝需设中埋式止水带,形成防排水系统。由于整体式中隔墙结构构造特殊,施作空间小,现实中很难实现。所以,一般情况下不采用整体式中隔墙。

(2) 复合式中隔墙防排水。连拱隧道复合式中隔墙防排水与复合式衬砌完全相同，不需要对中隔墙防排水做特殊处理，如图4.4-3所示。

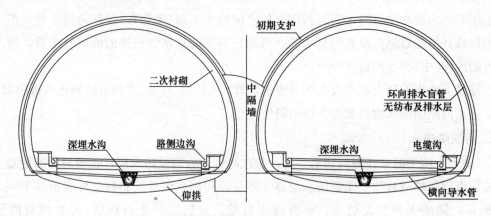

图 4.4-3　连拱隧道复合式中隔墙防排水示意

二、混凝土抗渗性能试验

（一）防水混凝土种类

防水混凝土是以水泥、砂、石子为原料或掺入外加剂、高分子聚合物等，以调整配合比，减小孔隙率，增加各原材料界面之间的密实性或使混凝土产生补偿收缩作用，从而使水泥砂浆或混凝土具有一定抗裂、防渗能力，使其满足抗渗等级大于0.6 MPa的不透水性混凝土，也就是自身抗渗性能高于0.6 MPa的混凝土。

防水混凝土一般可分为普通水泥防水混凝土、外加剂防水混凝土和膨胀水泥防水混凝土。

隧道工程常用防水混凝土的种类及其特性见表4.4-1。

表 4.4-1　隧道工程常用防水混凝土的种类及其特性

种类	普通防水混凝土	防水混凝土外加剂类型				
		引气剂	减水剂	三乙醇胺	氯化铁	明矾石膨胀剂
抗渗压力	≥3.0 MPa	≥2.2 MPa	≥2.2 MPa	≥3.8 MPa	≥3.8 MPa	≥3.8 MPa
主要技术要求	水灰比0.5～0.6；坍落度30～50 mm；水泥用量≥320 kg/m²；粗集料粒径≤40 mm	含气量3%～6%；水泥用量250～300 kg/m²	加气型减水剂，可以为缓解、促凝和普通型的减水剂	可单独掺用三乙醇胺，也可以与氯化钠、亚硝酸钠配合	液体中氯化铁含量≥0.4 kg/L，掺量一般为水泥质量的3%	必须掺入42.5级以上的普通矿渣、火山灰质和粉煤灰水泥，不得单独代替水泥，外掺量为水泥质量的20%
适用范围	一般地下防水工程	抗冻性能要求高	含筋率高或薄壁结构	要求早强及抗渗要求高	水中结构	有后浇缝

(二)隧道工程防水混凝土的一般要求

(1)隧道模筑混凝土衬砌应满足抗渗要求,混凝土的抗渗等级一般不小于P8。

(2)当衬砌处于侵蚀性地下水环境中,混凝土的耐侵蚀系数不应小于0.8。混凝土的耐侵蚀系数按式(4.4-1)计算:

$$N_s = \frac{R_{ws}}{R_{wy}} \tag{4.4-1}$$

式中 N_s——混凝土的耐侵蚀系数;

R_{ws}——在侵蚀性水中养护6个月的混凝土试块抗折强度;

R_{wy}——在饮用水中养护6个月的混凝土试块抗折强度。

(3)当受冻融作用时,不宜采用火山灰质硅酸盐水泥和粉煤灰硅酸盐水泥。

(4)隧道工程防水混凝土的水泥用量不得少于320 kg/m³,水泥强度等级不低于42.5,水胶比不大于0.50。当掺入活性细粉时,不得少于280 kg/m³。

(5)防水混凝土结构应满足以下要求:

①裂缝宽度应不大于0.2 mm,且不贯通。

②迎水面主钢筋保护层厚度不应小于50 mm。

③衬砌厚度不应小于30 cm。

(6)试件的抗渗等级应比设计要求提高0.2 MPa。

(7)当采用防水混凝土时,应对衬砌的各种缝隙采取有效的防水措施,以使衬砌获得整体防水效果。

(8)防水混凝土的实际坍落度与要求坍落度之间的偏差一般不得超过要求值的30%。

(三)混凝土抗渗性试验

1. 目的和适用范围

主要用于检测混凝土硬化后的防水性能,以测定其抗渗等级。

防水混凝土的抗渗等级可分为以下三种:

(1)设计抗渗等级。它是根据地下工程的埋深及水力梯度(最大作用水头与建筑物最小壁厚之比)综合考虑而确定的,由勘测设计确定。

(2)试验抗渗等级。用于确定防水混凝土施工配合比时测定的抗渗等级。最终的抗渗等级以在设计抗渗等级的基础上提高0.2 MPa来确定。

(3)检验抗渗等级。它是对防水混凝土抗渗试块进行抗渗试验所测定的抗渗等级。检验抗渗等级不得低于设计抗渗等级。

混凝土抗渗性试验应遵照《普通混凝土长期性能和耐久性能试验方法标准》(GB/T 50082—2009)执行,试验方法有渗水高度法与逐级加压法两种,下面以逐级加压法为例进行介绍。

2. 试件制备

(1)试件每组 6 个,试件试作时,混凝土拌合物应分两层装入试模内,每层的装料厚度大致相等,如采用人工插捣成型时,插捣应按螺旋方向从边缘向中心均匀进行。在插捣底层混凝土时,捣棒应达到试模底部,插捣上层时,捣棒应贯穿上层后插入下层 20~30 mm。插捣时捣棒应保持垂直不得倾斜,然后应用抹刀沿试模内壁插拔数次。每层插捣次数不得少于 29 次,插捣后应用橡皮锤轻轻敲击试模四周直至插捣棒留下的空洞消失为止。

根据《公路隧道施工技术规范》(JTG/T 3660—2020),对于采用防水混凝土的衬砌,每 200 m 需要做 1 组(6 个)抗渗试件。

(2)试件形状为圆台体:上底直径为 175 mm,下底直径为 185 mm,高度为 150 mm。

(3)试件成型后 24 h 拆模用钢丝刷刷净两端面水泥浆膜,标准养护龄期为 28 d。

3. 仪器设备

(1)混凝土抗渗仪。应符合行业标准《混凝土抗渗仪》(JG/T 249—2009)的规定,应能使水压按规定稳定地作用在试件上。常用的有 TH4-HP-4.0 型自动调压混凝土抗渗仪、HS-4 型混凝土抗渗仪、ZKS 微机控制高精度抗渗仪、HS-40 型混凝土抗渗仪等(图 4.4-4)。抗渗仪施加水压力范围为 0.1~2 MPa。

(2)成型试模。上口直径为 175 mm,下口直径为 185 mm,高度为 150 mm 或上、下直径与高度均为 150 mm。

图 4.4-4 HS-40 型混凝土抗渗仪

(3)螺旋加压器、烘箱、电炉、浅盘、铁锅、钢丝刷等。

(4)密封材料。如石蜡,内掺约 2% 的松香。

4. 试验步骤

(1)密封与安装。试件到期前一天,将试件从养护室取出,擦干表面,用钢丝刷刷净两端面。待表面干燥后,在试件侧面滚涂一层熔化的内加少量松香的石蜡,然后用螺旋加压器将试件压入经过烘箱或电炉预热过的试模中,使试件和试模底平齐,待试模变冷后解除压力。试模的预热温度,应以石蜡接触试模即缓慢熔化,但不流淌为准。

试件密封也可以采用其他更可靠的密封方式。

(2)试验。水压从 0.1 MPa 开始,每隔 8 h 增加水压 0.1 MPa,并随时注意观察试件端面渗水情况。当 6 个试件中有 3 个试件表面发现渗水时,记下此时的水压力,即可停止试验。

当加压至设计抗渗等级规定压力,经 8 h 后第三个试件仍不渗水,表明混凝土已满足设计要求,即可停止试验。

如在试验过程中,水从试件周边渗出,则说明密封不好,要重新密封。

5. 试验结果计算

混凝土的抗渗等级以每组 6 个试件中有 4 个未发现有渗水现象时的最大水压力乘以 10

米确定。抗渗等级按式(4.4-2)计算：

$$P = 10H - 1 \tag{4.4-2}$$

式中　P——混凝土抗渗等级；

　　　H——6个试件中有3个试件渗水时的水压力(MPa)。

三、防水层施工质量检测

(一)防水层材料基本要求

防水卷材及无纺布的材料品种、规格、性能必须符合设计要求和有关标准，材质均匀、无破损。

(二)防水卷材施工工艺

1. 防水层铺设的基面要求

(1)隧道开挖并进行初期支护后，喷射混凝土基面可能存在粗糙，局部凹凸不平，并可能有锚杆头外露的现象，影响防水层铺设，损伤防水层。因此，在防水卷材铺设前，应对喷射混凝土基面进行检测，保证喷射混凝土基面平顺，无凹凸不平现象。基面平整度需满足的要求详见课题三第五节。

(2)铺设基面不得有锚杆露头和钢筋断头外露。

(3)在防水施工前，如拱墙有渗流、涌水，应用不透水薄膜隔离，铺排水管，引至边墙脚。

(4)明洞衬砌拱背混凝土应平整，不得有钢筋露头。如有不平整现象，则可用砂浆抹平。

2. 防水层铺设

防水卷材的铺设宜采用无钉热合铺设法，如图4.4-5所示。

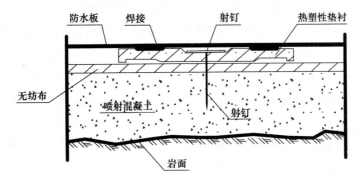

图4.4-5　无钉热合铺设法示意

无钉热合铺设法是指先将能与防水卷材热熔黏合的垫衬用机械方法固定在喷射混凝土基面上，然后用"热合"方法将防水卷材粘贴在固定垫衬上，保证防水卷材无机械损伤。防水板的铺挂施工程序如下：

(1)防水卷材垫衬的施工。在隧道拱顶喷射混凝土表面上标出隧道纵向中心线，先用射钉枪将塑料垫片沿隧道拱顶中线固定一排，间距为 500 mm，然后向两侧按梅花形固定塑料垫片，拱部间距为 500～700 mm、侧墙间距为 100～120 mm。在固定塑料垫衬的同时将无纺布固定在喷射混凝土基面上。

(2)防水卷材的铺设。先将防水卷材裁断，裁剪长度要考虑搭接，并有一定富余，找出裁下的防水卷材中线，使防水卷材中线与隧道中线重合，从拱顶开始向两侧下垂铺设，边铺边与垫片热熔焊接。铺挂时松弛适当(松弛系数为 1.1～1.2)，以保证防水层在浇筑衬砌混凝土时与初期支护表面密贴，不产生弦绷和褶皱现象(图 4.4-6)。

图 4.4-6　防水板铺设效果图

在铺设防水卷材时，应为下一环预留不少于 50 cm 的搭接余量。

3. 防水卷材的焊接

(1)自动爬焊机焊接。相邻两块防水卷材接缝一般采用自动爬焊机双缝焊接[图 4.4-7(a)、图 4.4-7(d)]。其工艺及质量要求如下：

①焊接前，应在小块塑料片上试温。

②焊接温度应控制为 200 ℃～270 ℃，焊接爬行速度宜控制为 0.1～0.15 m/min。焊接速度太快则焊缝不牢固，太慢则易焊穿、烤焦。在焊接过程中要根据焊缝的热熔情况随时调节温度，直至焊缝熔接达到最佳效果，两条焊缝同时完成，每条焊缝的有效焊接宽度不应小于 12.5 mm。

③每次焊接过程尽可能一次完成，尽量减少间断和停机次数，如有间断或停机，应及时对其进行修补。

(2)交叉焊缝焊接。防水卷材的纵向焊缝与横向焊缝重叠时，需要先将焊好的焊缝边缘部位剪平约 10 cm，再进行另一条焊缝的焊接。然后用热风枪将两条焊缝的重叠部位焊接，并滚压密实[图 4.4-7(b)]。

(3)薄型的防水卷材焊接。用塑料热合机焊接材质较薄的防水卷材时，可采用反弯法进行施工，即首先将两层膜折起来焊接，然后将其弯向一侧点焊在卷材上，避免 180°剥离[图 4.4-7(c)、(e)]。

(4)防水卷材与固定垫片的焊接。EVA 或 LDPE 防水卷材在与固定垫片用压焊器进行热合时，压焊时间一般为 10 s。

(5)防水卷材缺陷修补焊接。

①焊缝若有漏焊、假焊，应采用热熔滚压进行补焊[图 4.4-7(a)]。

②防水卷材出现破损、烤焦、焊穿及固定点外露等现象时须立即修补，修补材料与防水板相同，修补片尺寸要求大于破坏边缘 70 mm。修补片宜裁剪成圆角，不宜裁剪成有正

方形、长方形、三角形等的尖角，应采用热熔滚压焊接[图4.4-7(a)]。

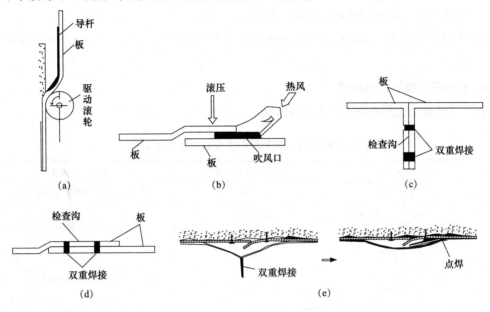

图 4.4-7 防水板焊接过程示意

(三)防水层质量检查

1. 外观检查

检查方式：肉眼观察。

(1)防水层表面平顺，无褶皱、无气泡、无破损，与洞壁密贴，松弛适度，无紧绷现象。

(2)焊接应无脱焊、漏焊、假焊、焊焦、焊穿，粘接应无脱粘、漏粘。

(3)明洞防水层施工前，明洞混凝土外部应平整圆顺，不得有钢筋露出和其他尖锐物。

2. 充气检查

(1)检查方法。采用双缝焊接的焊缝可用充气法检查防水板焊缝，检查方法如图4.4-8所示。将5号注射针与压力表相接，用打气筒充气，当压力表达到0.25 MPa时，保持15 min，如压力下降在10%以内，焊缝质量合格。如压力下降超过10%，证明焊缝有假焊、漏焊。用肥皂水涂在焊接缝上，找出

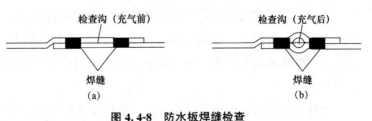

图 4.4-8 防水板焊缝检查
(a)防水板充气法检查；(b)防水板焊缝检查示意

产生气泡的地方重新补焊,直到不漏气为止。

(2)检查数量。每条焊缝均应做充气检查。

(3)焊缝强度检查。焊缝拉伸强度不得小于防水板强度的70%,焊缝抗剥离强度不小于70 N/cm。

3. 复合式衬砌防水层检查

复合式衬砌防水层检查项目见表4.4-2。

表4.4-2 复合式衬砌防水层实测项目及要求

项次	检查项目		规定值或允许偏差	检查方法和频率
1	搭接长度/mm		≥100	尺量:每5环搭接抽查3处
2	缝宽/mm	焊接	焊缝宽≥10	尺量:每5环搭接抽查3处
		粘接	粘缝宽≥50	
3	固定点间距/m		满足设计	尺量:每20 m检查3处
4	焊缝密实性		压力下降在10%以内	充气法:压力达到0.25 MPa时停止充气,保持15 min;每20 m检查1处焊缝

4. 明洞防水层检查

明洞防水层实测项目见表4.4-3。

表4.4-3 明洞防水层实测项目及要求

项次	检查项目		规定值或允许偏差	检查方法和频率
1	搭接长度/mm		≥100	尺量:每环搭接测3点
2	卷材向隧道暗洞延伸长度/mm		≥500	尺量:测3点
3	卷材向基底的横向延伸长度/mm		≥500	尺量:测3点
4	缝宽/mm	焊接	焊缝宽≥10	尺量:每衬砌台车抽查1环,每环搭接测5点
		粘接	粘缝宽≥50	
5	焊缝密实性		同表4.4-2	充气法(同表4.4-2):每10 m检查1处焊缝

(四)施工缝止水带施工工艺与检查方法

1. 止水带类型

止水带按材质可分为橡胶止水带、塑料止水带、金属止水带等;按用途可分为变形缝用止水带、施工缝用止水带、有特殊耐老化要求的接缝用止水带等;按设置位置可分为中埋式止水带、背贴式止水带;按形状可分为平板型止水带、变形型止水带等,品种很多。另外,一些新式的止水带,如可排水止水带、可注浆止水带等在工程实践中也取得了良好应用效果。

中埋式止水带,因构造简单、施工简便及质量可靠,在隧道中使用较为普遍。

背贴式塑料止水带一般与防水板组合使用(图4.4-9)。

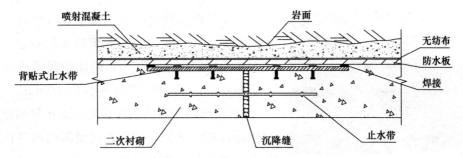

图 4.4-9 背贴式塑料止水带与防水板组合使用示意

止水带的物理力学性能应满足《地下工程防水技术规范》(GB 50108—2008)及设计文件的相关要求。

2. 止水带检查内容

(1)止水带材料规格、品种、形状、尺寸必须符合设计要求和有关标准,如《高分子防水材料 第2部分:止水带》(GB 18173.2—2014)的规定。

(2)止水带与衬砌端头模板应正交。

止水带实测项目见表4.4-4。

表 4.4-4 止水带实测项目及要求

项次	检查项目	规定值或允许偏差	检查方法和频率
1	纵向偏离/mm	±50	尺量:每衬砌台车检查1环,每环测3点
2	偏离衬砌中线/mm	≤30	尺量:每衬砌台车检查1环,每环测3点
3	固定点间距/mm	±50	尺量:每衬砌台车每环止水带检查3点

注:1. 纵向偏离指止水带横向中线在隧道纵向方向上与施工缝的偏位。
　　2. 偏离衬砌中线指止水带安设位置与衬砌截面中线的偏位,仅对于中埋式止水带检测此项。

3. 止水带外观鉴定要求

(1)止水带应无松脱、扭曲。

(2)止水带连接缝应无裂口、脱胶。

4. 中埋式止水带施工质量检查

中埋式止水带施工质量检查主要是预埋位置检查和止水带接头的黏结检查。现以图4.4-10为例予以说明。中埋式橡胶止水带如图4.4-11所示。

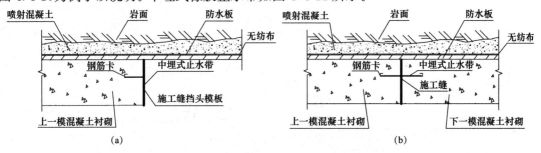

图 4.4-10 中埋式止水带安装示意

图 4.4-11 中埋式橡胶止水带

二次衬砌浇筑是一环一环地逐段推进。止水带通常在先浇的一环衬砌端头用挡头板固定。止水带出现转角时应做成圆弧形，转角半径橡胶止水带不小于 200 mm，钢边止水带不小于 300 mm。

(1)止水带安装的横向位置。止水带预埋于设计衬砌厚度的 1/2 处，用钢卷尺量测内模到止水带的距离，偏差不应超过 30 mm。

(2)止水带安装的纵向位置。止水带以施工缝或伸缩缝为中心两边对称(图 4.4-10)，即埋在相邻两衬砌环节内的宽度是相等的。用钢卷尺检查，要求止水带偏离中心不能超过 5 cm。

(3)止水带应与衬砌端头模板正交。浇筑混凝土前应用角尺检查，否则会降低止水带在两边埋入混凝土的有效长度，并有可能影响混凝土的密实性。

(4)根据止水带材质和止水部位可采用不同的接头方法。每环中的接头不宜多于 1 处，且不得设在结构转角处。对于橡胶止水带，其接头形式应采用搭接或复合接；对于塑料止水带，其接头形式应采用搭接或对接。止水带的搭接宽度可取 10 cm，冷黏或焊接的缝宽不小于 5 cm。

(5)止水带每隔 0.3~0.5 m 预埋钢筋卡，在浇筑下一模衬砌混凝土时将露出的另一半止水带卡紧固定，使止水带垂直施工缝浇筑在混凝土内，如图 4.4-10 所示。

四、排水系统施工质量检查

(一)排水系统组成

排水系统包括排水盲管、横向导水管、路侧边沟、深埋水沟、防寒泄水洞等。

(1)排水盲管又称排水盲沟，包括环(竖)向排水盲管、纵向排水盲管、横向排水盲管。排水盲管属渗水盲管，地下水可以进入管内也能从管内渗出。环(竖)向排水盲管、纵向排水盲管布置在隧道衬砌背后；横向排水盲管布置在路面结构层以下，可以起到疏导和防止衬砌背后及路面下积水，减少静水压力的作用，如图 4.4-12 所示。排水盲管主要为以合成纤维、塑料、钢丝弹簧等为原料，经不同的方法制成的土工产品，种类较多。

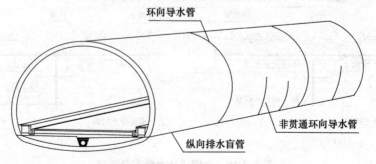

图 4.4-12 公路隧道排水系统

(2)横向导水管不同于排水盲管,是连接衬砌背后的纵向盲管与深埋水沟或边沟的封闭管,主要作用是将衬砌背后的地下水直接排入深埋水沟或边沟,不允许管内水渗出。通常采用塑料圆管,管壁不打孔。引排至路侧边沟的横向导水管有时只在衬砌边墙内预埋或衬砌浇筑完成后打孔,称为泄水孔。

(3)路侧边沟主要用于排出运营期间隧道内的污水,包括隧道清洁用水、消防用水、车轮带入的雨水、衬砌结构的局部渗水等。

(4)深埋水沟,一般设置在隧道中部路面结构下方,又称为中心(排)水沟,也有的设置在隧道路面两侧下方。为了便于施工及运营期间对深埋水沟排水状况的检查、疏通,深埋水沟每隔一段距离还要设检查井。

(5)防寒泄水洞仅在严寒地区的富水隧道设置,一般设置于隧道的正下方,以排出隧道围岩中的地下水,减小隧道周边地下水聚集。

(二)环向盲管、竖向盲管

1. 环(竖)向排水盲管作用

环(竖)向排水盲管的主要作用是将隧道衬砌背后渗水引排到隧道边墙脚的纵向排水盲管,通过横向导水管或泄水孔排出,减少衬砌背后积水。

2. 环(竖)向排水盲管安设

在无纺布与防水板铺设前,按设计要求的间距,将环向、竖向排水管布设在喷射混凝土表面,用铆钉或膨胀螺钉、铁丝、塑料片、无纺布片等固定。当渗漏水较多时,根据渗漏水量及部位增加环向、竖向排水盲管。环向、竖向排水盲管多采用圆形弹簧排水管、打孔透水塑料管[图4.4-13(a)]、半圆形弹簧排水管[图4.4-13(b)],有的也采用排水板或塑料乱丝盲沟。

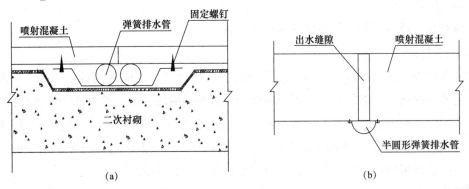

图4.4-13 环(竖)向排水盲管安设示意

3. 环(竖)向排水盲管安装检查

检查方法:目测检查、直尺或卡尺(钢尺)测量。

环(竖)向排水盲管布置在防水层与初期支护间,首先应检查其布设间距是否符合设计要求。局部涌水量大时应增加盲管。盲管尽量与岩壁或初期支护紧贴,与初期支护的最大间距不得大于5 cm。环向盲管的底部与墙脚纵向排水管通过三通接头连接,接头要牢固。

(三)纵向排水盲管

1. 纵向排水盲管作用

纵向排水盲管设置于隧道模筑混凝土衬砌两侧墙脚背后,其作用首先是收集环(竖)向排水盲管排至边墙脚的水;其次是收集被防水卷材阻挡经无纺布导流或自重淌流至边墙脚的水;最后将衬砌背后汇入边墙脚的地下水通过横向导水管、泄水孔引入深埋水沟或路侧边沟。

2. 纵向排水盲管的基本要求

(1)具有较高的透水性能。

(2)具有一定的强度,在混凝土浇筑过程中,不能被混凝土混合料压瘪。

(3)纵向排水盲管布设高度和坡度应符合设计要求。

(4)安设位置不能侵占模筑混凝土衬砌空间。

(5)需用无纺布将盲管包裹,防止泥沙和混凝土浇筑时浆液进入,堵塞盲管。

(6)连续铺设,不得断开。

3. 纵向排水盲管检查

(1)检测方法。用肉眼观测,直尺或钢尺测量,水准仪、坡度尺测量等。

(2)外观检查。

①纵向排水盲管材质及规格检查。塑料制品若保存不当,极易发生老化,可目测管材的色泽和管身的变形;轻轻敲击,观察管体是否变脆;用卡尺或钢尺量管径与管壁,检查其是否与设计要求相符。

②管身透水孔检查。纵向排水盲管壁必须有一定规格和数量的透水孔,用直尺检查钻孔直径和孔间距。

③检查纵向排水盲管是否被无纺布包裹严密。

(3)安装检查。

①坡度检查。纵向排水盲管易出现管身高低起伏现象,造成纵向排水不畅。因此,施工中一定要为纵向盲管做好基础,保证坡度与设计路线纵坡一致,并用坡度尺进行检查。

②平面位置检查。纵向排水盲管平面上常会出现忽内忽外的现象,严重时会侵占模筑混凝土衬砌空间,造成衬砌结构厚度不足。这种情况通常是由于边墙脚欠挖造成的,必须先进行欠挖处理再铺设。纵向排水管安设示意如图 4.4-14 所示。

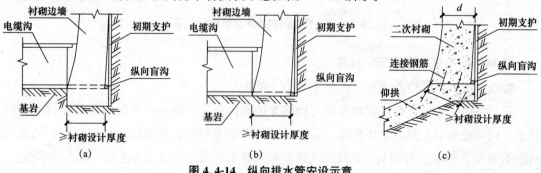

图 4.4-14 纵向排水管安设示意

③连接检查。施工中应注意检查纵向排水盲管与环(竖)向排水盲管及横向导水管的连接,一般采用三通管连接。纵向排水盲管管节之间应用直通导管连接,所有接头应牢靠,并用无纺布及扎丝包裹,防止松动脱落。三通管连接示意如图4.4-15所示。

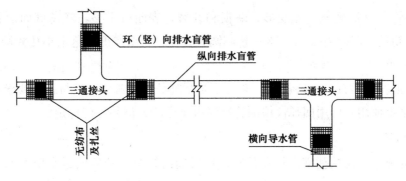

图4.4-15 三通管连接示意

(四)横向导水管

横向导水管起点位于衬砌背后的边墙脚,通过三通管与纵向排水盲管相连,垂直于隧道轴线布设,先穿过边墙衬砌,在有深埋水沟的隧道,一部分横向导水管横向埋设在路面结构以下与深埋水沟连通;无深埋水沟地段可直接接入边沟。横向导水管通常为硬质塑料管。

对横向导水管的检查,一是检查接头是否牢靠,对接有无错位;二是检查是否连通,需做灌水试验检测。

(五)深埋水沟

深埋水沟断面形状通常有圆形和矩形两种。圆形沟多采用预制混凝土圆管,圆管上部半圆钻有一系列透水小孔,孔径约为12 mm,安放在预设的沟槽内;矩形沟有预制钢筋混凝土矩形沟和现浇钢筋混凝土矩形沟之分。矩形沟盖板一般单独预制(盖板可钻透水小孔)。路面下积水、地下渗水可通过盖板接缝、透水小孔流入深埋水沟。深埋水沟构造如图4.4-16所示。

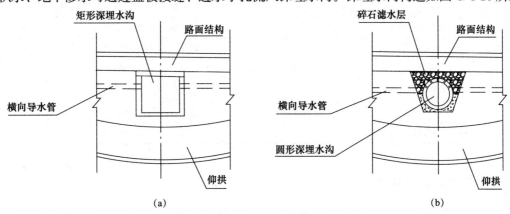

图4.4-16 深埋水沟构造

根据深埋水沟形式的不同,检查内容也有区别。下面以预制混凝土圆管沟为例说明其质量要求与检测方法。

1. 外观检查

(1)预制管节外形规整,无变形、缺损和开裂,表面应平整,蜂窝麻面面积不得超过1‰,深度不超过1 cm。用钢尺、卡尺量测圆管直径、管壁厚度,透水小孔数量、间距、直径符合设计要求。

(2)管壁强度。用石块轻敲管壁,检查混凝土强度是否满足设计与施工要求。若出现疏松掉块,则不得使用。可用回弹仪检测管壁混凝土强度,但须专门标定。

2. 施工检查

深埋水沟施工时先挖基槽,整平基底,然后铺设管节,最后用透水碎石回填夯实。在软岩或断层破碎带的管段基础,应将不良岩(土)体用强度较高的碎石替换,并用素混凝土找平基础,使基础平整、密实。

(1)管沟基础检查。基槽平面位置、槽底高程、宽度、排水坡度应符合设计要求,基底应平整。

(2)管节铺设检查。

①管节铺设有透水孔的一面朝上,安放平稳,接头无错位,接头处流水面高差不得大于5 mm,管底坡度不得出现反坡。

②管内不得有泥土、碎石等杂物。

③管节之间的接缝和管壁透水孔用无纺布包裹。

④透水碎石回填密实,不得使管节移位。

⑤横向导水管出口接入碎石层。

隧道内排水沟(管)应满足表4.4-5的要求。

表4.4-5 排水沟(管)实测项目及要求

项次	检查项目	规定值或允许偏差	检查方法和频率
1△	混凝土强度/MPa	在合格标准内	按《公路工程质量检验评定标准 第一册 土建工程》(JTG F80/1—2017)附录D检查
2	轴线偏位/mm	15	全站仪:每10 m测1处
3	断面尺寸或管径/mm	±10	尺量:每10 m测1处
4△	壁厚/mm	不小于设计值	尺量:每10 m测1处
5	沟底高程/mm	±20	水准仪:每10 m测1处
6△	纵坡	满足设计要求	水准仪:每10 m测1处
7	基础厚度/mm	不小于设计值	尺量:每10 m测1处

(六)深埋水沟检查井

检查井是深埋水沟的一部分,主要用于深埋水沟检查作业。深埋水沟根据需要设置检查井,检查井的位置、构造不得影响行车安全,并应便于清理和检查,如图 4.4-17 所示。

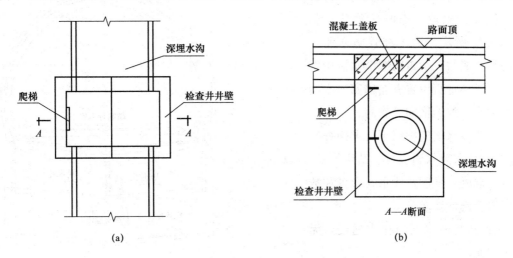

图 4.4-17 检查井与深埋水沟位置关系图

1. 外观检查

检查方式:观察检查、钢尺测量。

(1)井身尺寸与设计要求相符。

(2)井内砂浆抹面密实光洁,无裂缝;井内平整圆滑。

(3)圆形检查井内壁应圆顺。

2. 施工检查

检查方式:观察检查;钢尺、水准仪、经纬仪测量。

检查井砌筑检测项目及要求见表 4.4-6。

表 4.4-6 检查井砌筑检测项目及要求

项次	检查项目	规定值或允许偏差	检查方法和频率
1	砂浆或混凝土强度/MPa	在合格标准内	按《公路工程质量检验评定标准 第一册 土建工程》(JTG F80/1—2017) 要求
2	中心点位/mm	50	全站仪:逐井检查
3	圆井直径或方井长、宽/mm	±20	尺量:逐井检查,每井测2点
4	壁厚/mm	−10,0	尺量:逐井检查,每井测2点
5	井底高程/mm	±20	水准仪:逐井检查
6	井盖与相邻路面高差/mm	+4,0	水准仪、水平尺:逐井检查

(七)防寒泄水洞

水是严寒地区隧道产生各种病害的重要因素。在严寒地区,为了最大程度减轻隧道的冻害影响,建立合理有效的防排水系统至关重要。防寒泄水洞是隧道排除地下水的主要措施之一,其形状类似一个带孔的小隧道,位于隧道正下方的冻结线以下。防寒泄水洞能够在很大程度上减少或消除隧道内部冒水、挂冰、积冰、冻胀等病害,如图 4.4-18 所示。为了加强防寒泄水洞的泄水能力,通常防寒泄水洞中每隔一段距离垂直设置有与防寒泄水洞断面大小一致的横向导水洞。

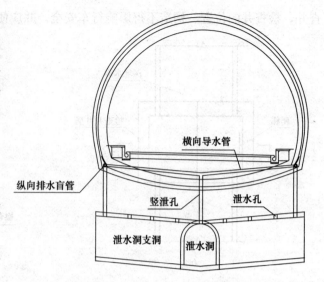

图 4.4-18 防寒泄水洞布设横断面示意

防寒泄水洞应按以下要求检查:

(1)防寒泄水洞位置、结构形式、纵坡、混凝土强度及泄水孔布置和数量应符合设计要求。

(2)防寒泄水洞应排水通畅,无淤积堵塞。

(3)防寒泄水洞的断面尺寸、高程、平面位置应符合表 4.4-7 的规定。

表 4.4-7 防寒泄水洞检查标准

序号	项目	规定值或允许偏差	检查方法和频率
1	断面尺寸/mm	±50	尺量:每 10 m 量一次
2	高程/mm	±20	水准仪、全站仪:每 10 m 测量高程及位置
3	平面位置/mm	±50	

课题五 混凝土衬砌施工质量检测

一、混凝土衬砌施工质量检测要点认识

混凝土衬砌是隧道结构的重要组成部分,是隧道防水工程的最后一道防线,也是隧道外观美的直接体现。隧道混凝土衬砌质量的好坏对隧道长期稳定、使用功能的正常发挥有很大影响。采用钻爆法开挖的隧道,混凝土衬砌通常采用现浇,也称为模筑混凝土衬砌,在整体式衬砌、复合式衬砌中的二次衬砌及明洞衬砌中大量采用。根据结构内是否配有钢筋,又可细分为素混凝土衬砌和钢筋混凝土衬砌。设有仰拱的隧道,仰拱衬砌是混凝土衬砌的一部分。

公路隧道目前多采用复合式衬砌,隧道开挖后,先进行喷锚衬砌(初期支护)施工,铺设防水层,然后进行模筑混凝土衬砌。隧道混凝土衬砌质量检测内容包括衬砌模板、混凝土强度衬砌厚度、衬砌钢筋、衬砌背后空洞、外观及整体几何尺寸等。

二、混凝土衬砌施工检查

衬砌混凝土前,应完成初期支护及防排水系统的相关检查,合格后方可进行混凝土衬砌施工。

(一)衬砌基坑开挖检查

混凝土衬砌施工前,需要对衬砌边墙基础开挖(包括与仰拱座连接)的基本尺寸进行检测,基底高程应符合设计要求,基坑尺寸应大于或等于设计尺寸,严禁欠挖。可采用水准仪检测高程、经纬仪检测位置或用全站仪检测高程和位置、钢尺检测几何尺寸。

基坑开挖应严格控制一次开挖长度,减少基坑暴露时间,如遇初期支护拱脚悬空,应及时用喷射混凝土填实或采取增加锁脚锚杆等措施。混凝土浇筑前,应清理基坑内的浮渣,抽干基坑内的积水,基坑及边墙存在的超挖部分必须采用同级混凝土回填。

(二)模板检查

衬砌模板质量在一定程度上决定着隧道混凝土衬砌的外观质量,并影响衬砌的内在质量,因此,在施工前和施工过程中都应进行严格的质量检查。

1. 拼装模板

(1)模板及支架应有足够的刚度、强度和稳定性。拱架是模板的依托,一般来说,其强度不会存在大的问题,但其整体刚度不足可能引起模板沉降、移位和变形,影响混凝土衬砌成型质量。拱架的刚度可由计算或试验方法来检验,拱架的整体刚度通过增加拱架之间的纵向联系、增加横撑、加强横向斜撑等措施进行调整。

(2)模板拱架应有规整的外形。拱架在使用前应先在样台上试拼,拱架外缘轮廓曲线半径加上模板厚度后不应小于衬砌内轮廓曲线半径。考虑到混凝土浇筑可能引起的变形,拱架曲线半径宜预留 50~80 mm 的富余量;每一施工循环的前后两端拱架,外形尺寸最大误差不大于 5 mm,以免相邻两环衬砌之间出现错台。

(3)模板长度和宽度均不宜过大,模板长度过大容易造成刚度不足、模板宽度过大,不利于衬砌内表面曲线过渡,其长度一般可取 100 cm,最大不应超过 150 cm;其宽度一般为 50 cm,并配若干块较窄的(如宽度为 30 cm)模板。

(4)拱架和模板设置位置应准确,架设时应按隧道中线和高程就位,反复校核,施工误差应控制在允许范围内,拱架高程应预留沉落量。施工中应随时测量、调整。

(5)挡头模板安装要稳定可靠,封堵严实。挡头模板应与衬砌断面相适应,方便止水带固定。安装时要注意与初期支护或岩壁间嵌堵密实。

(6)浇筑混凝土前,应清除模板内的杂物、钢筋上的油污,抽干积水,钢模板应涂脱模剂,木模板应用水湿润,模板接缝不应漏浆。在涂刷模板脱模剂时,不得污染钢筋。

2. 模板台车

(1)隧道主洞模筑混凝土衬砌施工应采用全断面衬砌模板台车。

(2)全断面衬砌模板台车模板应留振捣窗,振捣窗的纵向间距不宜大于3 m,横向间距不宜大于2.5 m,振捣窗尺寸不宜小于45 cm×45 cm。

(3)边墙模板应连续支模到达基础,保证边墙基础与拱墙混凝土一次连续浇筑。

(4)全断面衬砌模板台车就位应以隧道中线为准,按线路方向垂直架设。

(5)模板安装前,应检查隧道中线、高程、断面净空尺寸,检查防水板、排水盲管、预埋件等隐蔽工程,做好记录。

3. 隧道衬砌模板安装质量要求

隧道衬砌模板安装应满足施工规范要求,见表4.5-1。

表4.5-1 隧道衬砌模板安装质量要求

项次	检查项目	规定值或允许偏差	检查方法和频率
1	平面位置及高程/mm	±15	尺量:全部
2	起拱线高程/mm	±10	水准仪测量:全部
3	拱顶高程/mm	+10	水准仪测量:全部
4	模板平整度/mm	5	2 m靠尺和塞尺:每3 m测5点
5	相邻浇筑段表面错台/mm	±10	尺量:全部

(三)衬砌钢筋检查

1. 钢筋加工

钢筋加工一般应采用冷加工,加工前应调直,清除表面污渍及锈迹。钢筋加工后表面不应有削弱钢筋截面的伤痕。当采用冷拉方法矫直钢筋时,矫直伸长率应满足:HPB级钢筋不超过2%,HRB级钢筋不超过1%。

2. 钢筋绑扎、连接

横向受力主筋与纵向分布筋的每个节点必须进行绑扎或焊接(图4.5-1);受力主筋的搭接应采用焊接或机械连接;相邻主筋搭接位置应错开,错开距离应不小于1 m;同一受力钢筋的两处搭接距离应不小于1.5 m;箍筋和限位钢筋应布置在纵向筋与横向筋的交叉连接处,必须进行绑扎或焊接,以保证衬砌内外两层主筋之间的间距。

钢筋的绑扎、间距、数量和位置必须满足设计和施工规范要求(表4.5-2)。

图4.5-1 二衬钢筋绑扎完成效果

表4.5-2 衬砌钢筋实测项目及要求

项次	检查项目	规定值或允许偏差	检查方法和频率
1	主筋间距/mm	±10	尺量或地质雷达法:每模板测3点
2	两层钢筋间距/mm	±5	尺量:每模板测3点

续表

项次	检查项目	规定值或允许偏差	检查方法和频率
3	箍筋间距/mm	±20	尺量：每模板测3点
4	钢筋长度/mm	满足设计要求	尺量：每模板检查2根
5	钢筋保护层厚度/mm	+10，-5	尺量：每模板检查3点

3. 钢筋保护层厚度

钢筋保护层的厚度应满足设计要求，偏差应满足表4.5-2的要求。

4. 加工后钢筋直径和位置的检测方法

加工后钢筋直径和位置的检测方法有电磁感应法、电磁波反射法等。

(四)拱墙衬砌混凝土浇筑

(1)混凝土应采用混凝土搅拌运输车运输，应确保混凝土在运送中不产生离析、撒落及混入杂物。

(2)应采用混凝土输送泵泵送入模，并在混凝土初凝前浇筑完毕，混凝土的入模温度应控制在5℃～32℃范围内。

(3)混凝土浇筑前，与混凝土直接接触的喷射混凝土或防水层表面应洒水润湿。

(4)浇筑混凝土时，基础、拱、墙应一次连续浇筑，不得先浇基础和矮边墙。

(5)采用拼装模板施工时，不得采用先拱后墙浇筑。

(6)混凝土浇筑应振捣密实，特别要注意折角部位、钢筋密度大的部位和拱顶部位的振捣，混凝土振捣时不得损坏防水层。

(7)拱部混凝土封顶工艺要求。拱部混凝土浇筑时如出现拱部混凝土供料不够的情况，将导致拱部混凝土结构厚度不足、钢筋外露、衬砌背后形成空洞等严重质量问题，埋下严重安全隐患。因此，必须保证拱部混凝土供料充足、振捣密实、与围岩紧密接触。为此，拱顶混凝土浇筑时，应通过顶部挡头模板与防水板缝隙观察拱部混凝土是否浇满，在缝隙有混凝土浆液溢出后，再封堵密实。当拱部混凝土振捣后的厚度已达到设计要求但仍有空洞时，可继续灌注混凝土，或在拱顶进行注浆回填。必须指出：当混凝土衬砌厚度不够时，通过注浆不能弥补衬砌厚度不足的缺陷，对结构强度没有帮助，只能改善结构受力条件。

(8)衬砌混凝土的施工质量应满足表4.5-3要求。

表4.5-3 衬砌混凝土施工实测项目及要求

项次	检查项目	规定值或允许偏差	检查方法和频率
1	混凝土强度/MPa	在合格标准内	按《公路工程质量检验评定标准 第一册 土建工程》(JTG F80/1—2017)附录D检查
2	衬砌厚度/mm	90%的检查点的厚度≥设计厚度，且最小厚度≥0.5倍的设计厚度	尺量：每20 m检查1个断面，每个断面测5点；或地质雷达法：沿隧道纵向分别在拱顶、两侧拱腰、两侧边墙连续测试5条测线，每20 m检查1个断面，每个断面测5点

续表

项次	检查项目	规定值或允许偏差	检查方法和频率
3	墙面平整度/mm	施工缝、变形缝处≤20 其他部位≤5	2 m直尺：每20 m每侧连续检查5尺，每尺测最大间隙
4	衬砌背部密实状况	无空洞，无杂物	地质雷达法：沿隧道纵向分别在拱顶、两侧拱腰、两侧边墙连续测试共5条测线

(五)仰拱衬砌、填充和垫层混凝土浇筑

仰拱衬砌习惯上简称仰拱，垫层是指无仰拱地段隧道底部找平层。仰拱、仰拱填充、垫层混凝土施工应符合下列要求：

(1)仰拱、垫层施工前，必须将隧底虚渣、杂物、积水等清除干净，对允许范围内的超挖应采用与衬砌同级的混凝土浇筑，超挖大于规定时，应按设计要求回填。

(2)仰拱应超前拱墙衬砌施工，其超前距离宜保持3倍以上拱墙衬砌循环作业长度。

(3)仰拱混凝土应整幅一次浇筑，不得左右半幅分次浇筑。

(4)仰拱填充应在仰拱混凝土达到设计强度的70%后施工，不得与仰拱混凝土一次浇筑。

(5)仰拱填充采用片石混凝土时，片石应距离模板50 mm以上，片石间距应大于粗集料的最大粒径，并应分层摆放。

(6)仰拱填充、垫层顶面应平顺，坡度符合设计要求。

(7)仰拱填充和垫层混凝土强度达到设计强度100%后方可允许车辆通行。

(8)仰拱实测项目及要求见表4.5-4，仰拱回填实测项目及要求见表4.5-5。

表4.5-4 仰拱实测项目及要求

项次	检查项目	规定值或允许偏差	检查方法和频率
1	混凝土强度/MPa	在合格标准内	按《公路工程质量检验评定标准 第一册 土建工程》(JTG F80/1—2017)附录D检查
2	厚度/mm	不小于设计值	尺量：每20 m检查1个断面，每个断面测5点
3	钢筋保护层厚度/mm	+10，-5	尺量：每20 m测5点
4	底面高程/mm	±15	水准仪：每20 m测5点

表4.5-5 仰拱回填实测项目及要求

项次	检查项目	规定值或允许偏差	检查方法和频率
1	混凝土强度/MPa	在合格标准内	按《公路工程质量检验评定标准 第一册 土建工程》(JTG F80/1—2017)附录D检查
2	顶面高程/mm	±10	水准仪：每20 m测5点

(六)明洞检查

1. 明洞浇筑

(1)明洞仰拱、明洞边墙基础必须置于稳固的地基上，混凝土浇筑前必须将虚渣、杂

物、风化软层、淤泥清除干净,抽干积水,基底超挖应按设计要求处理,严禁用虚渣回填。

(2)明洞基础或仰拱混凝土应先于拱墙混凝土施工。

(3)边墙基础浇筑完成后应及时进行周边回填。

(4)明洞外模、支架应安装牢固、定位准确,模板接缝应紧密、不漏浆。

(5)混凝土入模温度不应低于5℃,在气温低于5℃时,应采取保温措施。

(6)明洞浇筑实测项目及要求见表4.5-6。

表4.5-6 明洞浇筑实测项目及要求

项次	检查项目	规定值或允许偏差	检查方法和频率
1	混凝土强度/MPa	在合格标准内	按《公路工程质量检验评定标准 第一册 土建工程》(JTG F80/1—2017)附录D检查
2△	混凝土厚度/mm	不小于设计值	尺量或地质雷达法:每10 m检查1个断面,每个断面测拱顶、两侧拱腰和两侧边墙共5点
3	墙面平整度/mm	施工缝、变形缝处≤20 其他部位≤5	2 m直尺:每10 m每侧连续检查2尺,测最大间隙

(7)外观鉴定内容:混凝土表面密实,每延米的隧道面积中,蜂窝麻面和气泡面积不超过0.5%,深度超过10 mm时应处理;结构轮廓线条顺直美观,混凝土颜色均匀,施工缝平顺无错台,混凝土裂缝宽度不超过0.2 mm。

2. 明洞回填

明洞衬砌完成后,应及时进行明洞拱背回填,并应符合下列要求:

(1)明洞拱背回填应在外模拆除、防水层施工完成后进行。

(2)人工回填时,拱圈混凝土的强度应达到设计强度的75%。机械回填时,拱圈混凝土的强度应达到设计强度且拱圈外人工夯填厚度不小于1.0 m。

(3)拱背回填必须对称分层夯实,分层厚度不宜大于0.3 m,其两侧回填面高差不得大于0.5 m。

(4)拱背排水设施应与回填同时施工,并应符合本模块课题四的有关内容规定。

(5)明洞回填实测项目及要求见表4.5-7。

(6)明洞回填坡面应平顺、密实,排水通畅。

表4.5-7 明洞回填实测项目及要求

项次	检查项目	规定值或允许偏差	检查方法和频率
1	回填压实	符合设计要求	尺量:厚度及碾压遍数
2	每层回填层厚/mm	≤300	尺量:每层每测5点
3	两侧回填高差/mm	≤500	水准仪:每层每侧测3处
4	坡度	满足设计要求	尺量:检查3处
5	回填厚度/mm	不小于设计值	水准仪:回填层顶面测5处

(七)洞门检查

1. 洞门墙浇筑

(1)隧道洞门应在隧道进洞开挖初期完成。

(2)洞门墙浇筑不得对衬砌产生偏压。

(3)洞门墙基础、混凝土模板、入模温度要求与明洞相同。

(4)洞门墙混凝土的施工质量应满足表 4.5-8 的要求。

表 4.5-8 洞门墙混凝土实测项目及要求

项次	检查项目	规定值或允许偏差	检查方法和频率
1	混凝土强度/MPa	在合格标准内	同衬砌混凝土
2	平面位置/mm	≤50	水准仪及直尺量测:每边不少于 4 处
3	断面尺寸/mm	不小于设计值	
4	顶部高程/mm	±20	
5	底部高程/mm	+50	
6	表面平整度/mm	≤5	2 m 靠尺量测:拱部不少于 2 处,边墙不少于 4 处
7	端墙竖直度或坡度/‰	0.3	吊锤线:每边不少于 4 处

2. 洞门墙墙背回填

(1)当墙背垂直开挖,超挖数量较小时,应采用与墙体相同的材料同时砌筑;超挖数量较大时,应采用浆砌片石回填。

(2)墙后排水设施与回填同时施工,并保证渗水能顺畅排出。

(八)拆模板检查

在衬砌混凝土达到一定强度后才能拆除衬砌模板。为加快工程进度而提前拆模,会造成低强度混凝土过早承载,致使衬砌出现裂缝。适宜的拆模时间应根据实际采用的混凝土强度—时间(龄期)关系曲线确定。

《公路隧道施工技术规范》(JTG/T 3360—2020)规定拆除拱架、墙架和模板,应符合以下要求:

(1)不承受外荷载的拱、墙,混凝土强度应达到 5.0 MPa。

(2)承受围岩压力的拱、墙及封顶和封口的混凝土应达到设计强度,满足设计要求。

(九)养护要求

(1)混凝土拆模后应立即养护。普通混凝土养护时间不得少于 7 d,掺外加剂时不得少于 14 d。采用硅酸盐水泥、普通硅酸盐水泥或矿渣硅酸盐水泥拌制的混凝土养护时间不得少于 7 d,有抗渗要求的混凝土养护时间不得少于 14 d。

(2)隧道内空气湿度＞90%时，可不进行洒水养护。

(3)明洞衬砌应采用覆盖或洒水养护。

(4)在寒冷地区，应做好衬砌保温工作。混凝土内部温度与环境温度差不得超过20 ℃；混凝土的降温速率最大不应超过3 ℃/d。

三、模筑混凝土衬砌质量检测

(一)质量检测指标

模筑混凝土衬砌结构是目前隧道衬砌工程中最主要的结构形式，与喷射混凝土的质量检验指标一样，除对原材料进行检测外，主要包括混凝土强度、混凝土衬砌结构厚度、混凝土密实度、混凝土外观及表面平整度和混凝土衬砌背后空洞。

1. 混凝土强度

混凝土强度包括抗压强度、抗拉强度、抗剪强度、疲劳强度等。由于这些指标之间存在一定的内在联系，在一般试验检测中，只检测混凝土的抗压强度便能由此推测出混凝土的其他强度。

混凝土抗压强度是其物理力学性能及耐久性的一个综合指标，工程中将它作为检测混凝土强度的主要指标。强度指标应满足设计要求。

2. 混凝土衬砌结构厚度

混凝土衬砌结构厚度是发挥混凝土衬砌结构支护作用的重要保障。混凝土衬砌结构厚度检测是控制混凝土施工质量的重要环节。在《公路工程质量检验评定标准 第一册 土建工程》(JTG F80/1—2017)中，混凝土衬砌结构厚度检测被列为质量等级评定的基本项目，也是保证工程质量的主要检验项目。衬砌结构厚度指标须满足设计要求。

3. 混凝土密实度

混凝土密实度是指混凝土固体物质部分的体积占总体积的比例，说明混凝土体积内被固体物质所充填的程度，即反映了混凝土的致密程度。因为混凝土衬砌结构密实度对混凝土强度和耐久性影响较大，所以，在实际检测中通常以混凝土密实度作定性描述。

4. 混凝土衬砌外观

混凝土衬砌外观检测包括蜂窝麻面、裂缝、平整度和几何轮廓、钢筋外露等，混凝土衬砌表面轮廓线应顺直、规整、光滑、色泽一致。每平方米的面积中，蜂窝、麻面和气泡面积不应超过0.5%。蜂窝、麻面深度不应超过5 mm。

5. 混凝土衬砌背后空洞

混凝土衬砌是隧道围岩的支护结构和维护结构，只有与初期支护密贴接触，才能对围岩起到支护作用。但在实际工程中，由于超挖、混凝土收缩或混凝土供料不足等，使混凝土衬砌与围岩脱离，形成空洞。混凝土衬砌与围岩(初期支护)之间存在空洞时，由于空洞处失去对围岩的约束、混凝土衬砌的受力条件与计算假定条件出现偏差，结构承载能力会受到一定影响,同时,也会影响隧道围岩的稳定。因此,混凝土衬砌结构背后空洞检测是控制混凝土施工质量的重要环节。衬砌背后空洞合格标准与喷射混凝土有所不同,一般情况下需要满足下列要求:

(1)衬砌背后应无空洞、无回填杂物,超挖部分按设计要求处理。

(2)《公路工程竣(交)工验收办法实施细则》(交公路发〔2010〕65号)规定,空洞累计长度不大于隧道总长的3%,单个空洞面积不大于3 m²。

(二)混凝土抗压强度试验

混凝土抗压强度是隧道衬砌混凝土的主要性能指标,质量检查有以下几种方法:

(1)混凝土抗压强度试验:标准试件法、凿芯法。

(2)现场检测混凝土强度:超声回弹综合法、回弹法。

标准试件法,在模筑混凝土浇筑现场,取混凝土料将 150 mm×150 mm×150 mm 标准试模填满,检查试件的制取组数,按混凝土抗压强度标准试件方法制作,在标准养护条件下养护 28 d,按照标准试验方法测得。

凿芯法、超声回弹综合法,检查试件的制取组数和抗压强度的合格标准与喷射混凝土强度检测方法相同,详见模块四课题三"五、喷射混凝土施工质量检测"。

回弹法、超声法、超声回弹综合法、钻芯法分别见本课题标题四至标题七内容。

(三)混凝土衬砌结构厚度检测方法

1. 凿芯法和冲击钻打孔量测法

凿芯法和冲击钻打孔量测法检查是现场检测的主要方法,是最直观、最可靠和最准确的检测方法。凿芯法和冲击钻打孔量测法的不足之处在于此方法具有破坏性,需要将衬砌凿穿,容易凿穿防水层。此方法仅针对衬砌厚度个别"点"的测量,在实测过程中,隧道衬砌厚度值变化较大时,并不能依靠此方法全面反映厚度情况。

(1)凿芯法。凿芯法(即钻孔取芯量测法)通过量测混凝土芯样的长度便可以准确地获得该处衬砌混凝土的厚度。钻孔取芯的设备与钻芯法检测混凝土强度一样,但多选用小直径钻头。

(2)冲击钻打孔量测法。对于普查性检测,采用凿芯法成本高,且费时、费力。这时,便可选用冲击钻打孔量测法。具体做法是先在待检测部位用普通冲击钻打孔,然后量测孔深。为提高量测精度,可以采用已知长度为 L_0 的带直角钩的高强度铁丝深入钻孔中至孔底,平移铁丝并缓慢向孔壁移动,使直角钩挂在衬砌混凝土外表面。量测铁丝衬砌厚度为

$$L=L_0-L_i \tag{4.5-1}$$

式中 L_0——铁丝的直段长度;

L_i——量测铁丝外露部分长度。

如果铁丝直钩不能挂在衬砌混凝土外表面,则表明衬砌背后无孔洞或较大离缝,直接量测铁丝外露部分即可。

2. 激光断面仪检测法

激光断面仪检测法是在同一断面位置，将隧道激光断面仪检测的喷锚衬砌内轮廓线与二次模筑混凝土衬砌内轮廓线进行对比，即可得出模筑混凝土衬砌的厚度尺寸。利用该方法必须满足以下条件：

(1)衬砌浇筑前已有初期支护内轮廓线的实测结果。

(2)衬砌背后不存在空洞或间隙。

(3)初期支护内轮廓线的实测结果与二次模筑混凝土衬砌内轮廓线的测试结果在同一坐标系中的同一断面位置。

激光断面仪法所用仪器、测试原理和方法，详见模块四课题二"三、隧道断面仪法检测开挖断面"。

3. 直接测量法

直接测量法是以二次模筑混凝土衬砌内模为参照物，直接测量。二次衬砌模板台车就位后，在模板台车端头沿台车内模以不大于2.0 m的间距布置测点，以内模法线方向用直尺直接量取模板距初期支护表面的距离，可得到二次模筑混凝土衬砌厚度，详见模块四中课题三"八、喷锚衬砌断面尺寸检测"。

4. 地质雷达法

地质雷达法在混凝土衬砌表面布置纵向连续测线，采用地质雷达设备配合高频天线对衬砌结构进行扫描，得到衬砌结构厚度数据。其检测方法与喷射混凝土厚度的检测方法相同，具体参见本课题"八、地质雷达法检测混凝土衬砌质量"。

(四)混凝土衬砌结构背后空洞检测

1. 钻孔取芯量测法

可在凿芯法检测混凝土衬砌厚度同时进行，取芯后，在孔内可用直尺量取数据，或用内窥镜观察空洞情况。

2. 冲击钻打孔量测法

在采用已知长度为L_0的用带直角钩的高强度铁丝量测衬砌混凝土厚度的同时，将铁丝直接插入底部，量取外露长度L_i，将测得的衬砌厚度L扣除，即为空洞高度(厚度)L_k，即

$$L_k = L_0 - L_i - L \tag{4.5-2}$$

如果铁丝直钩不能够挂在衬砌混凝土外表面，则表明衬砌背后无孔洞或较大离缝。

3. 地质雷达法

地质雷达法的检测方法与衬砌厚度检测方法相同，具体方法参见本课题"八、地质雷达法检测混凝土衬砌质量"。

(五)外观缺陷检测

隧道混凝土衬砌外观缺陷检测包括裂缝、蜂窝麻面、平整度和几何轮廓等。外部缺陷检

测可用人眼观察，用有刻度的放大镜、塞尺、皮尺等量测，并采用手绘记录、拍照记录。近年来逐步采用了红外成像法连续扫描记录，快速、直观、准确。衬砌平整度和内轮廓线检测的基本要求及检测方法前已述及，这里仅介绍采用刻度放大镜或塞尺检测衬砌混凝土裂缝。

1. 刻度放大镜

刻度放大镜也称为裂缝显微镜。操作方法是将物镜对准待观测裂缝，通过旋转显微镜侧面的旋钮可将图像调整清晰，并可直接从目镜读出裂缝的宽度数值。

部分裂缝显微镜具有自动测读裂缝宽度的功能，具有很高的分辨率，显微镜连有一个在任何工作条件下都能提供清晰图像的可调光源。如 Wexham 裂缝显微镜是一种性能优越的产品，用来测试混凝土和其他材料中的裂缝宽度；目镜分度镜可以 360°旋转，以达到与所测裂缝平行。裂缝显微镜的量程为 4 mm，被 0.2 mm 的刻度格分割，0.2 mm 刻度格又被 0.02 mm 的小刻度格分割。

2. 塞尺

塞尺由标有厚度的数个薄钢片组成，可以量测裂缝的宽度和深度。根据插入裂缝的钢片厚度和深度，得出宽度较大的裂缝的宽度和深度。

3. 合格标准

衬砌混凝土轮廓线顺直、规整，衬砌表面应密实、无裂缝，颜色应均匀一致。混凝土表面每隧道延米中，蜂窝麻面和气泡面积不应超过 0.5%，蜂窝麻面深度不应超过 5 mm。

(六)仰拱衬砌及仰拱填充检测

仰拱衬砌及仰拱填充属隐蔽工程，需要在施工过程中进行检测。施工完成后检测方法多用钻孔取芯法、地质雷达法检测仰拱混凝土衬砌及仰拱填充混凝土的强度、厚度、深度。采用钻孔取芯法检测仰拱断面形状时，每个检测断面应分别在断面的左、中、右钻孔，钻孔总数应不少于 5 个点。

(七)隧道衬砌整体检测

衬砌混凝土完成后还应对隧道整体情况进行检测，包括隧道中线，路线中线，衬砌偏位，隧道净高、净宽，车道宽度等。主要实测项目及检测控制指标见表 4.5-9。

表 4.5-9 隧道总体实测项目及要求

项次	检查项目	规定值或允许偏差	检查方法和频率
1	行车道宽度/mm	±10	尺量或激光断面仪法：曲线每 20 m、直线每 40 m 检查 1 个断面
2	内轮廓宽度/mm	不小于设计值	
3	内轮廓高度/mm	不小于设计值	激光测距仪或激光断面仪法：曲线每 20 m、直线每 40 m 检查 1 个断面，每个断面测拱顶和两侧拱腰共 3 点
4	隧道偏位/mm	20	全站仪：曲线每 20 m、直线每 40 m 测 1 处
5	边坡或仰坡坡度	不大于设计值	尺量：每洞口检查 10 处

四、回弹法检测混凝土强度

现场检测混凝土强度的方法有很多,如钻芯法、拔出法、回弹法、超声波法、超声回弹综合法等。回弹法、超声回弹综合法是应用最广的无损检测方法。混凝土试块的抗压强度与无损检测的参数(超声声速值、回弹值、拔出力等)之间建立起来的关系曲线,称为测强曲线。它是无损检测推定混凝土强度的基础。测强曲线根据来源不同,可分为全国统一测强曲线、地区测强曲线及专用测强曲线三种。

(一)检测原理及特点

1. 原理

回弹法是用弹簧驱动重锤,通过弹击杆弹击混凝土表面,并测出重锤被反弹回来的距离,以回弹值(反弹距离与弹簧初始长度之比)作为与强度相关的指标,来推定混凝土强度的一种方法。其测量是在混凝土表面进行的,故应属于表面硬度法的一种。

图 4.5-2 所示为回弹法原理示意。当重锤被拉到冲击前的起始状态时,若重锤的质量等于 1,则此时重锤所具有的势能 e 为

$$e=\frac{1}{2}kl^2 \tag{4.5-3}$$

式中 k——拉力弹簧的刚度系数;
   l——拉力弹簧起始拉伸长度(m)。

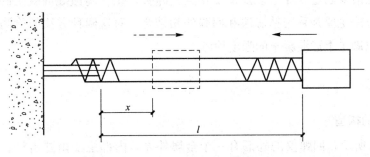

图 4.5-2 回弹法原理示意

混凝土受冲击后将会产生瞬时弹性变形,其恢复力使重锤弹回,当重锤被弹回到 x 位置时所具有的势能 e_x 为

$$e_x=\frac{1}{2}kx^2 \tag{4.5-4}$$

式中 x——重锤反弹位置或重锤弹回时弹簧的拉伸长度(m)。

所以重锤在弹击过程中,所消耗的能量 Δe 为

$$\Delta e=e-e_x=\frac{1}{2}k(l^2-x^2)=e\left[1-\left(\frac{x}{l}\right)^2\right] \tag{4.5-5}$$

令:$R=\dfrac{x}{l}$

在回弹仪中，l 为定值，所以 R 与 x 成正比，称 R 为回弹值。将 R 代入式(4.5-5)中，可得：

$$R=\sqrt{1-\frac{\Delta e}{e}}=\sqrt{\frac{e_x}{e}} \tag{4.5-6}$$

由式(4.5-6)可知，回弹值只等于重锤冲击混凝土表面后剩余势能与原有势能之比的平方根。简而言之，回弹值的大小，取决于与冲击能量有关的回弹能量，而回弹能量主要取决于被测混凝土的弹塑性性能，即混凝土塑性变形越大，消耗于产生塑性变形的功越大，弹击锤所获得的回弹功能就越小，回弹距离相应也越小，从而回弹值就越小，反之亦然。而塑性变形越大，混凝土强度则越小。据此，可由实验方法建立"混凝土抗压强度—回弹值"的相关曲线，通过衬砌施工质量检测与验收回弹仪对混凝土表面弹击后的回弹值来推算混凝土的强度值。

2. 特点

用回弹法检测混凝土抗压强度，虽然检测精度不高，但是设备简单、操作方便、测试迅速、检测费用低廉，且不破坏混凝土的正常使用，故在现场直接测定中使用较多。但该方法影响因素较多，如操作方法、仪器性能、气候条件等都会影响测定结果，产生较大误差。在《回弹法检测混凝土抗压强度技术规程》(JGJ/T 23—2011)中规定，回弹法检测混凝土的龄期为 7~1 000 d，不适用于表层及内部质量有明显差异或内部存在缺陷的混凝土构件和特种成型工艺制作的混凝土的检测。这大大限制了回弹法的检测范围，如不适用于既有建筑中混凝土龄期超过 3 年，以及遭受水灾、冻害、化学腐蚀等混凝土的强度检测。解决这些问题的方法主要是采用钻芯法和回弹法相结合，对这两种方法的检测数据进行适当处理，基本可以满足上述混凝土的强度检测。

(二)仪器

1. 回弹仪的构造

如图 4.5-3 所示，回弹仪的外部有一个金属外壳，内部主要由弹击杆、缓冲弹簧、拉力弹簧弹击锤、导向杆等构成。工作时，随着对回弹仪施压，弹击杆徐徐向机壳内推进，拉力弹簧被拉伸，使连接拉力弹簧的弹击锤获得恒定的冲击能量 e，当仪器水平状态工作时，其冲击能量 e 可由式(4.5-3)计算，其能量大小为 2.207 J(标准规定拉力弹簧的刚度为 785.0 N/m，单击弹簧工作时拉伸长度 0.075 m)。当挂钩与顶杆互相挤压时，使弹击锤脱钩，于是弹击锤的冲击面与弹击杆的后端平面相碰撞。此时，弹击锤释放出来的能量借助弹击杆传递给混凝土构件，混凝土弹性反应的能量又通过弹击杆传递给弹击锤，使弹击锤获得回弹的能量向后弹回，计算弹击锤回弹的距离和弹击锤脱钩前距弹击杆后端平面的距离之比，即得回弹值，它由仪器外壳上的刻度尺示出。

2. 类型

国内回弹仪的构造及零部件和装配质量必须符合《回弹仪检定规程》(JJG 817—2011)的

要求。回弹仪按回弹冲击能量大小可分为重型、中型和轻型。普通混凝土抗压强度不大于C50时，通常采用中型回弹仪；混凝土抗压强度不小于C60时，宜采用重型回弹仪。传统的回弹仪检测是直接读取回弹仪指针所在位置的读数——直读式。目前，已有的新产品有自记式、带微型工控机的自动记录及处理数据等功能的回弹仪。如Digi-Schmidt 2000混凝土数显式回弹仪，它是通过液晶显示屏显示，自动删除最大值、最小值，直接读取混凝土强度值f，不仅智能、便捷，还可与计算机连接进行存取数据和打印。

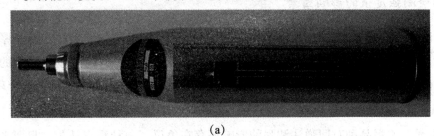

(a)

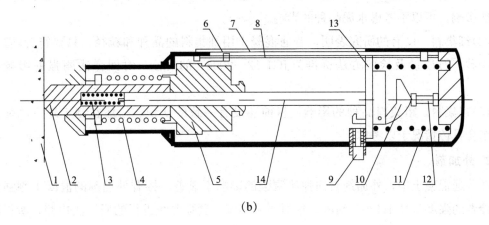

(b)

图 4.5-3 回弹仪

(a)回弹仪外形；(b)回弹构造

1—结构混凝土表面；2—弹击杆；3—缓冲弹簧；4—拉力弹簧；5—弹击锤；6—指针；7—刻度尺；
8—指针导杆；9—按钮；10—挂钩；11—压力弹簧；12—顶杆；13—导向法兰；14—导向杆

3. 检测性能影响因素

影响回弹仪检测性能的主要因素有以下几项：

(1) 回弹仪机芯主要零件的装配尺寸，包括弹簧的工作长度、弹击锤的冲击长度及弹击锤的起跳位置等。

(2) 主要零件的位置，包括弹簧刚度、弹击杆前端的球面半径、指针长度和摩擦力、影响击锤起跳的有关零件。

(3) 机芯装配质量，如调零螺钉、固定弹簧和机芯同轴度等。

4. 钢砧的作用

我国传统的回弹仪率定方法是：在符合标准的钢砧上，将仪器垂直向下率定，其平均值应为80±2，以此作为出厂合格检验及使用中是否需要调整的依据。

由上述影响回弹仪检测性能的主要因素可知，仅以钢砧率定方法作为检验合格与否往往是欠妥的。只有在仪器3个装配尺寸和主要零件质量合格的前提下，钢砧率定值才能够作为检验合格与否的一项标准。

我国规定，如率定试验不在80±2范围内，应对仪器进行保养后再率定，如仍不合格，应送检定单位检定。率定试验不在80±2范围内的仪器，不得用于测试。

(三)检测强度值的影响因素

回弹法是表面硬度法的一种，其基本原理是根据混凝土结构表面约6 mm厚度范围的弹性性能，间接推定混凝土的表面强度，并认为在一般情况下，构件竖向侧面的混凝土表面强度与内部一致，因此，混凝土构件的表面状态直接影响推定值的准确性和合理性。

1. 原材料

(1)水泥。水泥品种对回弹法测强的影响还存在争议。一种观点认为，只要考虑了碳化深度的影响，可以不考虑水泥品种的影响。

(2)细集料。已有的研究表明，普通混凝土用细集料的品种和粒径，只要符合《普通混凝土用砂、石质量及检验方法标准》(JGJ 52—2006)的规定，对回弹法测强的影响就不显著。

(3)粗集料。粗集料品种的影响，目前还没有一致的认识。一般在制定地方测强曲线时，结合具体情况予以考虑。

2. 外加剂

在普通混凝土中，外加剂对回弹法测强的影响不显著。掺有外加剂的混凝土测强曲线比不掺者的强度偏高1.5～5 MPa。这对于采用统一测强曲线进行的回弹法检测，所得混凝土强度的安全性是可以接受的。

3. 成型方法

总体上，不同强度等级、不同用途的混凝土混合物，应有各自相应的最佳成型工艺。但是，只要混凝土密实，其影响一般较小。但是喷射混凝土和表面通过特殊处理、化学方法成型的混凝土，统一测强曲线的应用要慎重。

4. 养护方法及湿度

混凝土在潮湿的环境或水中养护时，由于水化作用较好，早期和后期强度均比在干燥条件下养护的高，但表面硬度由于被水软化而降低。不同的养护方法产生不同的湿度，对混凝土强度及回弹值都具有很大的影响。

5. 碳化及龄期

水泥已经水化游离出大约35%的氢氧化钙，它对混凝土的硬化起了重大作用。已经硬化的混凝土表面受到二氧化碳作用，使氢氧化钙逐渐变化，生成硬度较高的碳酸钙，即发生混凝土的碳化现象，它对回弹法测强有显著影响。碳化使混凝土表面硬度增加、回弹值R增大，但对混凝土强度f_{cu}影响不大，从而影响"$f_{cu}-R$"的相关关系。不同的碳化深度对其影响不同,对不同强度等级的混凝土,同一碳化深度的影响也有差异。消除碳化影响的方法国内外各有不同。国外的做法是磨去混凝土碳化层或不允许对龄期较长的混凝土进行测试。我国的研究表明,用碳化深度作为一个测强参数来反映碳化的影响,虽然回弹值随碳化深度增大,但当碳化深度达到 6 mm 后,这种影响基本不再增长。

6. 泵送混凝土

根据福建建筑研究院的试验研究,对于泵送混凝土用测区混凝土强度换算得出的换算强度值,普遍低于混凝土的实际抗压强度(试件强度)值,f_{cu}换算强度值 f_{cu}^c 越低,误差越大,且正偏差居多。当 f_{cu} 在 50 MPa 以上时,影响减小。误差修正值可以按表 4.5-10 执行。

表 4.5-10 泵送混凝土误差影响值 K

碳化深度		换算强度值/MPa			
$d_m=0$ $d_m=0.5$ $d_m=1.0$	f_{cu}^c	≤40.0	45.0	50.0	55.0
	K	+4.5	+3.0	+1.5	0.0
$d_m=1.5$ $d_m=2.0$	f_{cu}^c	≤30.0	35.0	40.0~60.0	
	K	+3.0	+1.5	0.0	

7. 混凝土表面缺陷

根据检测经验,构件混凝土局部表面偶尔会出现异常状态,强度异常低,在分析排除施工或材料异常的情况下,应考虑存在混凝土表面与内部强度差异较大的可能。造成表面强度局部异常的原因有施工振捣过甚、表面离析、砂浆层太厚、局部混凝土表面潮湿软化、构件表面粗糙,以及检测前未按要求认真打磨等操作失误或测区划分错误。混凝土表面强度几乎不影响构件的承载力和刚度,因此,若仍按规程以测区强度最小值推定,必然过于保守,可能导致错误决策,故有必要先进行异常值的判断。当断定属于数据异常时,有条件的可采取钻芯法进一步检测。

8. 混凝土结构中表层钢筋对回弹值的影响

采用回弹仪所测得的回弹值只代表混凝土表面层 2~3 cm 的质量。因此,在实际工作中,钢筋对回弹值的影响要视钢筋混凝土保护层厚度、钢筋直径及疏密程度而定。如果在工程施工中,按规定,混凝土中钢筋保护层厚度普遍大于 20 mm,用回弹仪进行对比回弹,混凝土回弹值波动幅度不大,可视为没有影响。通常情况下,混凝土保护层厚度基本上大于规范规定值,其波动幅度不大,钢筋的影响可忽略不计。

(四)检测方法

1. 收集基本资料

(1)工程名称及设计、施工、监理(或监督)和建设单位名称。

(2)结构或构件名称、外形尺寸、数量及混凝土强度等级。

(3)水泥品种、强度等级、安定性、厂名;砂石种类、粒径;外加剂或掺合料品种、掺量；混凝土配合比等。

(4)施工时材料计量情况，模板、浇筑、养护情况及成型日期等。

(5)必要的设计图纸和施工记录。

(6)检测原因。

2. 选择测区

测区选择应遵循以下原则：

(1)按单个构件检测时，应在构件上均匀布置测区，每一构件上测区数应不少于10个；同批构件按批抽样检测时，构件抽样数应不少于构件总数的30%，且应不少于10件；对某一方向上结构尺寸小于4.5 m且另一方向尺寸小于0.3 m的构件，其测区数可适当减少，但应不少于5个。

(2)相邻两测区的间距应控制在2 m以内，测区离构件端部或施工缝边缘的距离不宜大于0.5 m，且不宜小于0.2 m。

(3)测区应选择在回弹仪处于水平方向时检测混凝土浇筑侧面。当不能满足这一要求时，可使回弹仪处于非水平方向检测混凝土构件的浇筑侧面、表面或底面。

(4)测区宜选在构件的两个对称可测面上，也可选择在一个可测面上，且应均匀分布。在构件的重要部位及薄弱部位必须布置测区，并应避开预埋件。

(5)测区尺寸宜为200 mm×200 mm，采用平测时宜为400 mm×400 mm。

(6)检测面应为原状混凝土表面，并应清洁、平整，不应有疏松层、浮浆、油垢、涂层及蜂窝、麻面，必要时可用砂轮清除疏松层和杂物，且不应有残留的粉末或碎屑。

(7)对弹击时产生颤动的薄壁、小型构件应进行固定。

(8)结构或构件的测区应标有清晰的编号，必要时，应在记录纸上描述测区布置示意图和外观质量情况。

3. 回弹值测量

(1)回弹仪的操作。将弹击杆顶住混凝土的表面，轻压仪器，松开按钮，弹击杆徐徐伸出，使仪器对混凝土表面缓慢均匀施压，待弹击锤脱钩冲击弹击杆后即回弹，带动指针向后移动并停留在某一位置上，即回弹值。继续顶住混凝土表面并在读取和记录回弹值后，逐渐对仪器减压，使弹击杆自仪器内伸出，重复进行上述操作，即可测得被测构件或结构的回弹值。在操作中，注意仪器的轴线应始终垂直于混凝土构件的检测面，缓慢施压，准确读数，快速复位(图4.5-4)。

(2)测点宜在测区范围内均匀分布，相邻两测点的净距不宜小于20 mm；测点与外露钢筋、预埋件的距离不宜小于30 mm。测点不应在气孔或外露石子上，同一测点只能弹击一次。每一测区

图4.5-4　回弹法检测

应记取 16 个回弹值，每一测点的回弹值读数估读至 1。

4. 碳化深度值测量

回弹值测量完毕后，应在有代表性的位置上测量碳化深度值，测点数应不少于构件测区数的 30%，取其平均值为该构件每测区的碳化深度值。当碳化深度值大于 2.0 mm 时，应在每一测区测量碳化深度值。碳化深度值测量方法：采用适当的工具在测区表面形成直径约为 15 mm 的孔洞，其深度应大于混凝土的碳化深度。孔洞中的粉末和碎屑应除净，并不得用水擦洗。同时，采用浓度为 3% 的酚酞酒精溶液滴在孔洞内壁的边缘处，当已碳化与未碳化界线清楚时，用深度测量工具测量已碳化与未碳化的混凝土交界面到混凝土表面的垂直距离，测量应不少于 3 次，取其平均值。每次读数精确至 0.5 mm。

(五) 混凝土强度计算

1. 回弹代表值计算

从每一个测区所得的 10 个回弹值中，剔除 1 个最大值和 1 个最小值后，将余下的 8 个有效回弹值按式(4.5-7)计算回弹代表值：

$$R = \frac{\sum_{i=1}^{8} R_i}{8} \tag{4.5-7}$$

式中　R——测区回弹代表值，精确至 0.1；

　　　R_i——第 i 个测点的有效回弹值。

2. 回弹值修正

(1) 非水平状态下测得的回弹值，按式(4.5-8)修正：

$$R_a = R + R_{a\alpha} \tag{4.5-8}$$

式中　R_a——修正后的测区回弹代表值，精确至 0.1；

　　　$R_{a\alpha}$——测试角度为 α 时的测区回弹值修正值，按表 4.5-11 取值。

表 4.5-11　非水平状态检测时的回弹值修正值 $R_{a\alpha}$

R	测试角度/(°) 回弹仪向上				测试角度/(°) 回弹仪向下			
	+90	+60	+45	+30	−30	−45	−60	−90
20	−6.0	−5.0	−4.0	−3.0	+2.5	+3.0	+3.5	+4.0
21	−5.9	−4.9	−4.0	−3.0	+2.5	+3.0	+3.5	+4.0
22	−5.8	−4.8	−3.9	−2.9	+2.4	+2.9	+3.4	+3.9
23	−5.7	−4.7	−3.9	−2.9	+2.4	+2.9	+3.4	+3.9
24	−5.6	−4.6	−3.8	−2.8	+2.3	+2.8	+3.3	+3.8
25	−5.5	−4.5	−3.8	−2.8	+2.3	+2.8	+3.3	+3.8

续表

R	测试角度/(°) 回弹仪向上				测试角度/(°) 回弹仪向下			
	+90	+60	+45	+30	−30	−45	−60	−90
26	−5.4	−4.4	−3.7	−2.7	+2.2	+2.7	+3.2	+3.7
27	−5.3	−4.3	−3.7	−2.7	+2.2	+2.7	+3.2	+3.7
28	−5.2	−4.2	−3.6	−2.6	+2.1	+2.6	+3.1	+3.6
29	−5.1	−4.1	−3.6	−2.6	+2.1	+2.6	+3.1	+3.6
30	−5.0	−4.0	−3.5	−2.5	+2.0	+2.5	+3.0	+3.5
31	−4.9	−4.0	−3.5	−2.5	+2.0	+2.5	+3.0	+3.5
32	−4.8	−3.9	−3.4	−2.4	+1.9	+2.4	+2.9	+3.4
33	−4.7	−3.9	−3.4	−2.4	+1.9	+2.4	+2.9	+3.4
34	−4.6	−3.8	−3.3	−2.3	+1.8	+2.3	+2.8	+3.3
35	−4.5	−3.8	−3.3	−2.3	+1.8	+2.3	+2.8	+3.3
36	−4.4	−3.7	−3.2	−2.2	+1.7	+2.2	+2.7	+3.2
37	−4.3	−3.7	−3.2	−2.2	+1.7	+2.2	+2.7	+3.2
38	−4.2	−3.6	−3.1	−2.1	+1.6	+2.1	+2.6	+3.1
39	−4.1	−3.6	−3.1	−2.1	+1.6	+2.1	+2.6	+3.1
40	−4.0	−3.5	−3.0	−2.0	+1.5	+2.0	+2.5	+3.0
41	−4.0	−3.5	−3.0	−2.0	+1.5	+2.0	+2.5	+3.0
42	−3.9	−3.4	−2.9	−1.9	+1.4	+1.9	+2.4	+2.9
43	−3.9	−3.4	−2.9	−1.9	+1.4	+1.9	+2.4	+2.9
44	−3.8	−3.3	−2.8	−1.8	+1.3	+1.8	+2.3	+2.8
45	−3.8	−3.3	−2.8	−1.8	+1.3	+1.8	+2.3	+2.8
46	−3.7	−3.2	−2.7	−1.7	+1.2	+1.7	+2.2	+2.7
47	−3.7	−3.2	−2.7	−1.7	+1.2	+1.7	+2.2	+2.7
48	−3.6	−3.1	−2.6	−1.6	+1.1	+1.6	+2.1	+2.6
49	−3.6	−3.1	−2.6	−1.6	+1.1	+1.6	+2.1	+2.6
50	−3.5	−3.0	−2.5	−1.5	+1.0	+1.5	+2.0	+2.5

注：1. 当测试角度等于0时，修正值为0；R 小于20或大于50时，分别按20或50查表；
  2. 表中未列数值，可采用内插法求得，精确至0.1。

(2)在混凝土浇筑顶面或底面测得的回弹值，应按下列公式修正：

$$R_a = R + R_a^t \tag{4.5-9}$$

$$R_a = R + R_a^b \tag{4.5-10}$$

式中 R_a^t——测量混凝土浇筑表面时的测区回弹修正值，可按表4.5-12采用；

   R_a^b——测量混凝土浇筑底面时的测区回弹修正值，可按表4.5-12采用。

表 4.5-12 浇筑面的回弹值修正值

R	测试面	
	表面 R_a^t	底面 R_a^b
20	+2.5	−3.0
21	+2.4	−2.9
22	+2.3	−2.8
23	+2.2	−2.7
24	+2.1	−2.6
25	+2.0	−2.5
26	+1.9	−2.4
27	+1.8	−2.3
28	+1.7	−2.2
29	+1.6	−2.1
30	+1.5	−2.0
31	+1.4	−1.9
32	+1.3	−1.8
33	+1.2	−1.7
34	+1.1	−1.6
35	+1.0	−1.5
36	+0.9	−1.4
37	+0.8	−1.3
38	+0.7	−1.2
39	+0.6	−1.1
40	+0.5	−1.0
41	+0.4	−0.9
42	+0.3	−0.8
43	+0.2	−0.7
44	+0.1	−0.6
45	0	−0.5
46	0	−0.4
47	0	−0.3
48	0	−0.2
49	0	−0.1
50	0	0

注：1. 在侧面测试时，修正值为 0；R 小于 20 或大于 50 时，分别按 20 或 50 查表；
  2. 当先进行角度修正时，采用修正后的回弹代表值 R_a 作为 R 查表；
  3. 表中未列数值，可采用内插法求得，精确至 0.1。

若测试时回弹仪处于非水平状态,同时测试面又是非混凝土浇筑方向的侧面,测得的回弹值应先进行角度修正,然后对角度修正后的值再进行表面或底面修正。

3. 碳化深度计算

对于抽检碳化深度的计算,用数理统计方法计算,以平均值作为测区碳化深度。

4. 测强曲线应用

结构或构件第 i 个测区混凝土强度换算值,根据每一测区的回弹平均值及碳化深度值,查阅全国统一测强曲线得出,当有地区测强曲线或专用测强曲线时,混凝土强度换算值应按地区测强曲线或专用测强曲线换算得出。对于泵送混凝土还应符合下列规定:

(1)当碳化深度值不大于 2.0 mm 时,每一测区混凝土强度换算值应按表 4.5-13 修正。

表 4.5-13 泵送混凝土测区混凝土强度换算值的修正值

碳化深度		抗压强度值/MPa			
0.0、0.5、1.0	f_{cu}^c	≤40.0	45.0	50.0	55.0~60.0
	K	+4.5	+3.0	+1.5	0.0
1.5、2.0	f_{cu}^c	≤30.0	35.0	40.0~60.0	
	K	+3.0	+1.5	0.0	

(2)当碳化深度值大于 2.0 mm 时,可采用同条件试件或钻取混凝土芯样进行修正。

5. 混凝土强度计算

对于没有可以利用的地区和专用混凝土回弹测强曲线,测区混凝土强度的求取,可以按《回弹法检测混凝土抗压强度技术规程》(JGJ/T 23—2011)附录中所提供的"测区混凝土强度换算表"换算。当测区数为 10 个及以上时,应计算强度标准差。

混凝土强度平均值和标准差按式(4.5-11)和式(4.5-12)计算:

$$m_{f_{cu}^c} = \frac{1}{n}\sum_{i=1}^{n} f_{cu,i}^c \tag{4.5-11}$$

$$S_{f_{cu}^c} = \sqrt{\frac{\sum_{i=1}^{n}(f_{cu,i}^c)^2 - n(m_{f_{cu}^c})^2}{n-1}} \tag{4.5-12}$$

式中 $f_{cu,i}^c$——构件强度平均值(MPa),精确至 0.1 MPa;

$m_{f_{cu}^c}$——混凝土强度的平均值(MPa),精确至 0.1 MPa;

n——被抽取构件测区之和;

$S_{f_{cu}^c}$——构件混凝土强度标准差(MPa),精确至 0.1 MPa。

6. 异常数据分析

混凝土强度不是定值,它服从正态分布。混凝土强度无损检测属于多次测量的试验,可能会遇到个别误差不合理的可疑数据,应予以剔除。根据统计理论,绝对值越大的误差,出现的概率越小,当划定了超越概率或保证率时,其数据合理范围也相应确定。因此，可以选择一个"判定值"去和测量数据比较，超出判定值者即被认定为包含过失而应剔除。

7. 混凝土强度值推定

(1)构件的现龄期混凝土强度推定值($f_{cu,e}$)应符合下列规定：

1)当构件测区数少于10个时，应按式(4.5-13)计算：

$$f_{cu,e} = f_{cu,min}^c \tag{4.5-13}$$

式中 $f_{cu,min}^c$——构件中最小的测区混凝土强度换算值。

2)当构件的测区强度值中出现小于10.0 MPa的时，应按式(4.5-14)确定：

$$f_{cu,e} < 10.0 \text{ MPa} \tag{4.5-14}$$

3)当构件测区数不少于10个时，应按式(4.5-15)计算：

$$f_{cu,e} = m_{f_{cu}} - 1.645 S_{f_{cu}} \tag{4.5-15}$$

4)当批量检测时，应按式(4.5-16)计算：

$$f_{cu,e} = m_{f_{cu}} - k S_{f_{cu}} \tag{4.5-16}$$

式中 k——推定系数，宜取1.645，当需要进行推定强度区间时，可按国家现行有关标准的规定取值。

注：构件的混凝土强度推定值是指相应于强度换算值总体分布中保证率不低于95%的构件中的混凝土抗压强度值。

(2)对按批量检测的构件，当该批构件混凝土强度标准差出现下列情况之一时，该批构件应全部按单个构件检测：

1)当该批构件混凝土强度平均值小于25 MPa、$S_{f_{cu}}$大于4.5 MPa时；

2)当该批构件混凝土强度平均值不小于25 MPa且不大于60 MPa、$S_{f_{cu}}$大于5.5 MPa时。

五、超声波法检测混凝土强度

超声波法属无损检测技术，它既可以检测混凝土的强度，又可以检测混凝土裂缝、混凝土均匀性、混凝土结合面质量、混凝土中不密实区和空洞、混凝土破坏层厚度和混凝土弹性参数等，是一种极具生命力的检测方法。

(一)检测原理及特点

超声波法就是利用超声波的传播特性来评定混凝土的抗压强度。

1. 原理

超声波检测原理：在混凝土中传播的超声波，其速度和频率与混凝土的弹性模量和密实度有关，即混凝土密实度越高，弹性模量越大，超声波传播速度越高。因此，可以通过测定混凝土声速来确定其弹性模量与强度。

混凝土是由固相、液相和气相随机地交织在一起的非均匀的各向异性材料。通过大量的研究可知，当超声波在混凝土中传播时，其纵波速度的平方与混凝土的弹性模量成正比，与混凝土的密度成反比，而混凝土强度等级的高低又与其密度相关。因此，根据超声波传播速度即可推定混凝土的强度。一般来说，混凝土传声速度越大，其强度越高。

国内外采用统计方法建立超声波测强的经验公式。国内 $v-f_{cu}^c$ 相关曲线一般采用 $f_{cu}^c=Av^B$ 和 $f_{cu}^c=Ae^{Bv}$ 两种非线性的数学表达式，其中 A 和 B 为经验参数。如陕西省建筑科学院混凝土推定强度 f_{cu}^c(MPa)与砂浆换算声速 v_m(km/s)的回归方程为

$$f_{cu}^c=0.958\ v_m^{2.88} \tag{4.5-17}$$

2. 特点

超声波检测可以利用单一声速参数推定混凝土的强度，具有重复性好的优点。在混凝土中，水泥石的强度及其与集料的黏结能力对混凝土强度起决定作用。但是水泥石所占比例不占绝对优势，导致原料及配合比不同时，声速与强度关系发生明显变化，制约其普遍应用。

(二)仪器

1. 概况

超声波检测法基本设备包括超声波仪及发射与接收两个换能器，如图 4.5-5 所示。

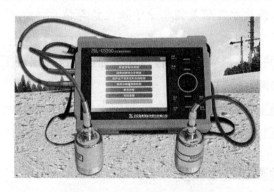

图 4.5-5 超声波仪及换能器

超声波仪是超声波检测的基本装置，其作用是产生重复的电脉冲去激励发射换能器，发射换能器发射的超声波经耦合进入混凝土，在混凝土中传播后被接收换能器所接收并转换成电信号，电信号被送至超声波仪，经放大后显示在示波屏上。超声波仪除产生电脉冲、接收、显示超声波外，还具有测量超声波有关参数(如声传播时间，接收波振幅、频率等)的功能。

超声波换能器是混凝土超声波检测设备的重要组成部分，因为超声波的产生与接收是通过它来实现的。超声波换能器的原理是通过声能与电能的相互转换产生和接收超声波的。发射换能器是将电能转化成声能，即产生并发射超声波，超声波在混凝土中传播后，被接收换能器接收并将超声能量转换为电能，将转换后的电信号送到主机进行处理。混凝土的超声波换能器一般应用压电体材料的压电效应实现电能与声能的相互转换，因此，常被称为压电换能器。

目前，应用于混凝土的超声波检测仪有模拟式和数字式两类。前者接收信号为连续模拟量，可由时域波形信号测读声时参数；数字式接收信号转化为离散数字量，具有采集、存储数字信号，测读声学参数和对数字信号进行处理的智能化功能。

2. 技术要求

超声波检测仪技术要求如下：

(1)超声波检测仪应通过技术鉴定，并必须具有产品合格证。

(2)仪器的声时范围应为 0.5~9 999 μs，测读精度为 0.1 μs。

(3)仪器应具有良好的稳定性，声时显示，调节在 20~30 μs 范围内时，2 h 内声时显示的漂移不得大于±0.2 μs。

(4)仪器的放大器频率响应宜分为 10~200 kHz 和 200~500 kHz 两种频率。

(5)仪器宜具有示波屏显示及游标测读功能，显示应清晰稳定。若采用整形自动测读，则混凝土超声测距不得超过 1 m。

(6)仪器应能适用于温度为 -10 ℃~+40 ℃ 的环境。

(7)换能器宜采用厚度振动形式压电材料，换能器的频率宜为 50~100 kHz，换能器实测频率与标称频率相差应不大于±10%。

(三)影响因素

超声波检测混凝土的强度主要是通过测量在一定测距内超声波传播的平均速度来推定的。

影响声速的因素主要有以下 7 个方面。

1. 横向尺寸效应

通常，纵波速度是指在无限大介质中测得，随着试件横向尺寸的减小，纵波速度可能向杆、板的声速或表面波速转变，即声速降低，如图 4.5-6 所示，表示在不同横向尺寸的试件上测得声速的变化情况。

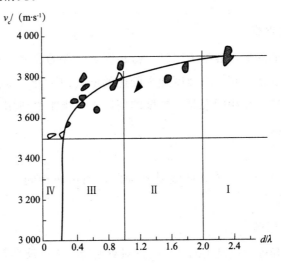

图 4.5-6 声波随试件横向尺寸变化

当横向最小尺寸 $d \geqslant 2\lambda$（λ 为波长）时，传播速度与大块体中纵波速度值相当（Ⅰ区）；当 $\lambda > d > 2\lambda$ 时，传播速度降低 2.5%～3%（Ⅱ区）；当 $0.2\lambda > d > \lambda$ 时，传播速度变化较大，降低 6%～7%，在这个区间（Ⅲ区）测量时，强度误差可能达到 30%～40%。

2. 温度和湿度

(1) 温度。混凝土环境温度处于 5 ℃～30 ℃时，温度影响不明显；环境温度处于 40 ℃～60 ℃时，声速值约降低 5%；温度为 0 ℃以下，由于冰的声速为 3.5 km/s，大于自由水的声速 1.45 km/s，使脉冲波速增加。对于温度为 −4 ℃～+60 ℃时，温度影响可以用有关数据修正。

(2) 湿度。由于超声波在水中的传播速度为 1.45 km/s，而在空气中仅为 0.34 km/s，因此，在水中养护的混凝土得到比空气中养护高的强度。饱水混凝土含水率比一般混凝土增高约 4%，声波在饱水混凝土中的传播速度比在一般混凝土中增高约 6%。

3. 混凝土结构中钢筋对超声波法测强的影响

钢筋中超声波传播速度 v 为普通混凝土中的超声波传播速度 v_s 的 1.2～1.9 倍，在检测钢筋混凝土结构时，会遇到钢筋对声波的影响，从而影响到所测混凝土结构的强度。

(1) 钢筋垂直于声波脉冲传播方向时，在一般配筋情况下，当混凝土体积较大时，这种影响很小，且往往被测量误差掩盖，可以忽略。

(2) 钢筋平行于声脉冲传播方向时，如果能使探头与钢筋的间距增大，则钢筋对混凝土声速的影响逐渐减小。当探头离开钢筋的距离大于探头距离的 1/8～1/6 时，就足以避免钢筋的影响。

4. 粗集料品种、粒径和含量

每立方米混凝土中集料用量的变化、颗粒组成的改变对混凝土强度的影响要比水胶比、水泥用量及强度等级的影响小得多，但是粗集料的数量、品种及颗粒组成对超声波速度的影响却十分显著。比较水泥石、砂浆和混凝土 3 种试体的超声波波速，在强度相同的条件下，混凝土声速最高，砂浆次之，水泥石最低，这是因为声波在粗集料中的传播速度较混凝土高。

5. 水胶比和水泥用量

随混凝土水胶比的降低，混凝土强度、密实度及弹性的提高，超声波在混凝土中的传播速度也相应提高；反之，超声波速度随水胶比的增大而降低。水泥用量的变化，实际上改变了混凝土的骨灰比，在相同混凝土强度的情况下，当粗集料用量不变时，水泥用量越低，超声波的速度越高。

6. 混凝土龄期

不同龄期混凝土的 f_{cu}-v 关系曲线是不同的，当声速相同时，长龄期混凝土的强度较高。

7. 混凝土缺陷及损伤

采用超声波检测和推测混凝土的强度时，只有混凝土强度波动符合正太分布的条件下，才能进行混凝土强度推定。

(四)检测方法

1. 测区选择

在构件上划出 10 个 200 mm×200 mm 的方格,即 10 个测区。测区应在构件混凝土浇筑方向的侧面,测区表面应清洁平整。

2. 换能器布置

为使混凝土测试条件、方法尽可能与率定曲线时一致,在每个测区内布置 3 对测点。同时,选择合适的换能器布置方式。常用的换能器布置方式有 3 种,如图 4.5-7 所示。

(1)对测法:最敏感,换能器直接在两个平行的测试面上相对布置。

(2)角测法:两个换能器布置在相互垂直的测试面上,用直角三角形斜边为测距,需要通过变化测距获取稳定的声速。

(3)平测法:最不敏感,两个换能器布置在同一测试面上,一般采用变动测距求出基本的声速。应尽可能将换能器布置在脱模混凝土表面,并尽量采用对布式。

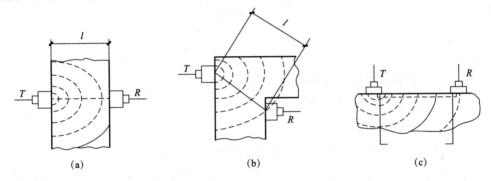

图 4.5-7 换能器布设方法
(a)对测法;(b)角测法;(c)平测法

3. 数据采集

量测每对测点之间的直线距离,即声程,采集记录对应声时。目前,仪器一般可以自动计算出砂浆换算声速 v_m(km/s)。当同一测区中布置多个测点时,测区声速应按式(4.5-18)计算:

$$v = \frac{l}{t_m} \tag{4.5-18}$$

式中 v——测区声速(km/s),精确至 0.01;

l——测距(mm);

t_m——测区内 3 对测点的声时平均值(μs),$t_m = (t_1 + t_2 + t_3)/3$。

为对声波仪检测结果进行校验,可在现场取样,到实验室内进行试验,并可对各种力学参数进行全面测定。

4. 声速修正

(1)对测修正。在顶面和底面测试时,声速按 $v_a = \beta v$,一般 β 取 1.034。

(2)平测修正。顶面平测时,β 取 1.05;底面平测时,β 取 0.95。

(3)角测修正。没有统一的修正系数,一般通过现场测试得出对测与角测的校正系数: $v_{对}/v_{角}$。

(五)强度推定

根据各测区超声波声速检测值,采用专用或地区测强曲线推定测区混凝土强度值。混凝土强度推定如下:

(1)当按单个构件检测时,单个构件的混凝土强度推定值,取该构件各测区中最小的混凝土强度换算值。

(2)当按批抽样检测时,该批构件的混凝土强度推定值应按下列公式计算:

$$f_{cu} = m_{f_{cu}^c} - 1.645 S_{f_{cu}^c} \tag{4.5-19}$$

$$m_{f_{cu}^c} = \frac{1}{n}\sum_{i=1}^{n} f_{cu}^c \tag{4.5-20}$$

$$S_{f_{cu}^c} = \sqrt{\frac{1}{n-1}\left[\sum_{i=1}^{n}(f_{cu}^c)^2 - n(m_{f_{cu}^c})^2\right]} \tag{4.5-21}$$

式中 f_{cu}——该批构件混凝土强度推定值(MPa);

f_{cu}^c——各测区混凝土强度换算值(MPa);

n——测区数;

$m_{f_{cu}^c}, S_{f_{cu}^c}$——各测区混凝土强度换算的平均值和标准差。

(3)当同批测区混凝土强度换算值标准差过大时,该批构件的混凝土强度推定值可按式(4.5-22)计算:

$$f_{cu} = m_{f_{cu},min} = \frac{1}{m}\sum_{i=1}^{n} f_{cu,min}^c \tag{4.5-22}$$

式中 $m_{f_{cu},min}$——该批每个构件中最小的测区混凝土强度换算值的平均值(MPa);

$f_{cu,min}^c$——第 i 个构件中的最小测区混凝土强度换算值(MPa);

m——该批中抽取的构件数。

(4)当同批构件按批抽样检测时,若全部测区强度的标准差出现下列情况,则该批构件应全部按单个构件检测:当混凝土强度等级低于或等于 C20 时,$S_{f_{cu}^c} > 2.45$ MPa;当混凝土强度等级高于 C20 时,$S_{f_{cu}^c} > 5.4$ MPa。

六、超声回弹综合法检测混凝土强度

(一)简介

所谓综合法,就是采用两种或两种以上的测试方法得到两组测值,分别同混凝土强度建立关系，超声回弹综合法就是其中的一种。其是根据实测声速值和回弹值综合推定混凝土抗压强度的方法，由罗马尼亚建筑及建筑经济科学院于 1966 年首先提出。我国于 1988 年实施《超声回弹综合法检测混凝土强度技术规程》(CECS 02—1998)[①]。

超声法和回弹法，是根据混凝土的两个不同性质来检测混凝土强度的。前者是依据混凝土的密度，后者是依据混凝土的表面硬度。回弹值只反映混凝土表层的情况，而超声测强也有一定的局限性，其声速只反映材料的弹性性质，不能全面反映混凝土强度涉及的多种材料的指标。有资料表明，若以 95% 可信度水平来衡量现场混凝土预测的最大精度，则超声法误差约为 20%。

超声回弹综合法建立在回弹值和超声波传播速度与混凝土的抗压强度之间相互联系的基础之上，即用回弹值和声波的传播速度综合反应混凝土的抗压强度。综合法可以减弱或消除单一方法使用时的某些影响。例如，龄期和湿度，随着混凝土龄期的增长其表面会硬化，加上混凝土表面碳化结硬，使回弹值偏高；对于湿混凝土，则表面硬度降低，回弹值偏低。而对于超声法来讲，情况则相反，随着龄期的增长，混凝土内部趋于干燥，传播速度偏低；对于湿混凝土，声波的传播速度要比在干燥混凝土中快得多。采用综合法后，混凝土龄期和湿度的影响可以减弱，因此，对于已失去混凝土组成原始资料的长龄期混凝土构件，采用综合法评定其抗压强度有较好效果。

(二)影响因素分析

超声回弹综合法的影响因素比声速或回弹单一参数法少。各因素的影响见表 4.5-14。

表 4.5-14　超声回弹综合法的影响因素

因素	试验验证范围	影响程度	修正方法
水泥品种及用量	普通水泥、矿渣水泥、粉煤灰水泥；200～450 kg/m³	不显著	不修正
细集料(砂子)品种及用量	山砂、特细砂、中砂；28%～40%	不显著	不修正
粗集料(砂子)品种及用量	卵石、碎石、骨灰比；1：4.5～1：5.5	显著	必须修正或指定不同的测强曲线
粗集料粒径	0.5～2 cm；0.5～4 cm；0.5～3.2 cm	不显著	>4 cm 应修正
外加剂	木钙减水剂、硫酸钠、三乙醇胺	不显著	不修正
碳化深度	—	不显著	不修正
含水率	—	有影响	尽可能在干燥状态
测试面	浇筑侧面与浇筑上表面及底面比较	有影响	对声速值和回弹值分别进行修正

---

① 现被《超声回弹综合法检测混凝土抗压强度技术规程》(T/CECS 02—2020)替代。

(三)检测

1. 仪器选择

采用低频超声波检测仪,配置50~100 kHz的换能器,测量混凝土中的超声波声速值;采用弹击锤冲击能量为2.207 J的混凝土回弹仪,测量混凝土回弹值。

2. 测点布置

回弹值测试测区与测点布置同回弹检测法。

超声测点应布置在回弹检测同一测区内,每一测区布置3个测点。超声测试宜优先选用对测或角测,当不具备对测与角测条件时,可选用单面平测。

3. 测试

超声测试时,换能器辐射面应通过耦合剂与混凝土测试面良好耦合。声时测试应精确至0.1 μs,测距应精确至1.0 mm。

具体方法同前。

(四)混凝土强度推定

1. 声速值的修正

当在混凝土浇筑方向的侧面对测时,测区混凝土声速代表值应根据该测区中3个测点的混凝土声速值,按式(4.5-23)修正:

$$v_d = \frac{1}{3}\sum_{i=1}^{3}\frac{l_i}{t_i - t_0} \tag{4.5-23}$$

式中 v_d——对测测区混凝土中声速代表值(km/s);

l_i——第i个测点的超声测距(mm);

t_i——第i个测点的声时读数(μs);

t_0——声时初读数(μs)。

当在混凝土浇筑的表面或底面测试时,测区声速代表值应按式(4.5-24)修正:

$$v_a = \beta \cdot v_d \tag{4.5-24}$$

式中 v_a——修正后的测区混凝土中声速代表值(km/s);

β——超声测试面的声速修正系数,取1.034。

2. 测区强度计算

(1)测强曲线。混凝土抗压强度换算值可采用专用测强曲线、地区测强曲线或全国测强曲线计算。使用超声—回弹综合法检测混凝土抗压强度的地区和部门,宜制定专用测强曲线或地区测强曲线,经审定和批准后实施。各检测单位应按专用测强曲线、地区测强曲线、全国测强曲线的次序选用测强曲线。

(2)全国统一测区混凝土抗压强度换算可按下式计算:

$$f_{cu,i}^c = v_{ai}^{1.999} R_{ai}^{1.155} \tag{4.5-25}$$

式中 $f_{cu,i}^c$——第i个测区的混凝土抗压强度换算值(MPa),精确至0.1 MPa;

R_{ai}——第i个测区修正后的测区回弹代表值；

v_{ai}——第i个测区修正后的测区声速代表值。

当无专用测强曲线或地区测强曲线时，按《超声回弹综合法检测混凝土抗压强度技术规程》(T/CECS 02—2020)附录 E 的有关规定通过验证后，可按该规程附录 F 的有关规定对测区混凝土抗压强度进行换算，也可按该规程第 6.2.1 条的规定进行计算。

(3)专用测强曲线或地区测强曲线。

1)专用测强曲线或地区测强曲线应按《超声回弹综合法检测混凝土抗压强度技术规程》(T/CECS 02—2020)附录 G 的有关规定制定。

2)专用测强曲线或地区测强曲线的抗压强度平均相对误差(δ)、相对标准差(e_r)应符合下列规定：

①专用测强曲线的平均相对误差(δ)不应大于 10%，相对标准差(e_r)不应大于 12%；

②地区测强曲线的平均相对误差(δ)不应大于 11%，相对标准差(e_r)不应大于 14%；

③平均相对误差(δ)、相对标准差(e_r)应按式(4.5-26)、式(4.5-27)计算。

$$\delta = \frac{1}{n} \sum_{i=1}^{n} \left| \frac{f_{cu,i}^c}{f_{cu,i}^0} - 1 \right| \times 100\% \qquad (4.5\text{-}26)$$

$$e_r = \sqrt{\frac{1}{n-1} \sum_{i=1}^{n} \left(\frac{f_{cu,i}^c}{f_{cu,i}^0} - 1 \right)^2} \times 100\% \qquad (4.5\text{-}27)$$

式中 δ——平均相对误差(%)，精确至 0.1%；

e_r——相对标准差(%)，精确至 0.1%；

$f_{cu,i}^c$——第i个立方体试件的混凝土抗压强度换算值(MPa)，精确至 0.1MPa；

$f_{cu,i}^0$——第i个立方体试件的混凝土抗压强度实测值(MPa)，精确至 0.1MPa；

n——制定回归方程式的试件数。

3)专用测强曲线或地区测强曲线应与制定测强曲线相同的混凝土相适应，不得超出测强曲线的适用范围。

3. 混凝土强度推定

混凝土强度推定同超声波法。

七、钻芯法检测混凝土强度

钻芯法是利用钻机和人造金刚石空心薄壁钻头，从结构混凝土中钻取芯样以检测混凝土强度和混凝土内部缺陷的方法，是一种直观、可靠、准确的方法，但会对结构造成一定的损伤。

(一)取芯机

1. 类型

混凝土取芯机分轻便型、轻型、重型和超重型四类，主要技术参数见表 4.5-15。

表 4.5-15　不同类型混凝土取芯机主要技术参数

取芯机类型	钻孔直径/mm	转速/(r·min^{-1})	功率/kW	机重/kg	取芯机高度/mm
轻便型	12～75	600～2 000	1.1	25	1 040
轻型	25～200	300～900	2.2	89	1 190
重型	200～450	250～500	4.0	120	1 800
超重型	330～700	200	7.5	300	2 400

2. 取芯机组成

取芯机如图 4.5-8 所示。混凝土钻孔取芯机应满足《钻芯法检测混凝土强度技术规程》(CECS 03—2007) 的要求。钻机主要由底座、立柱、减速箱、输出轴、进给手柄、电动机(汽油机)和冷却系统组成。配套设备一般有冲击钻、钢筋定位仪和芯样端部处理设备等。工作时，须将人造金刚石空心薄壁钻头安装在钻机输出轴上。

3. 取芯机的固定方式

钻芯取样时固定取芯机的方法有配重法、真空吸附法、顶杆支撑法和膨胀锚栓法，但是从经济适用的角度，隧道混凝土取芯一般采用膨胀锚栓法。

图 4.5-8　取芯机

(二)检测

检测按《钻芯法检测混凝土强度技术规程》(CECS 03—2007) 执行。

1. 钻机选取

钻芯法检测混凝土强度具有直观、准确的特性，因而成为其他检测方法的校验依据。但钻芯法对构件的损伤较大，检测成本高，因而难以大量使用。为了克服这些缺点，采用小直径芯样进行检测成为发展方向。目前，最小的芯样直径可以达到 25 mm。但小直径芯样的强度试验数据离散较大，需要通过增加检测数量才能达到标准芯样的检验效果。目前，常用的小直径芯样一般为 50～75 mm，同时，要求芯样直径为粗集料直径的 3 倍。

2. 钻芯数量

取芯属半破损检测法，对结构的完整性有一定的影响，尤其对已经有一定破损的结构来说，取芯数量更应加以控制。《钻芯法检测混凝土强度技术规程》(CECS 03—2007) 规定，取芯数量同一批构件不得少于 3 个。根据以往的研究，最小样数 n 与推定的最大误差有密切关系，一般以 $n \geqslant 5$ 为宜，取芯位置应在整个结构上均匀布置。

3. 芯样加工及测量

钻孔取出的芯样试件尺寸一般不满足尺寸要求，必须进行切割加工和端面修补后，才能够进行抗压强度试验。

芯样试件尺寸要求为：用直径和高度均为 100 mm 的圆柱体标准试件。水泥砂浆找平层厚度不宜大于 5 mm。其他控制指标有端面平整度、垂直度、直径偏差等。

4. 影响因素

由于钻芯法的测定值就是圆柱状芯样的抗压强度,即参考强度或现场强度。所以,钻芯法的关键问题是如何用适当的机具钻取合格的芯样。

混凝土芯样的抗压强度除受到钻机、锯切机等设备的质量和操作工艺的影响外,还受到芯样本身各种条件的影响,如芯样直径的大小、高径比、端面平整度、端面与轴线之间的垂直度、芯样的湿度等。

另外,还有一个不可忽略的因素,即芯样中钢筋对抗压强度的影响。芯样在进行抗压试验时,其轴线方向承受压力,因此,不允许存在与轴线相互平行的钢筋,这一点在《钻芯法检测混凝土强度技术规程》(CECS 03—2007)中作了明确规定。但对于与轴线垂直的钢筋,各国有各自的标准规定。有关试验表明,当难以避开钢筋时,芯样最多只允许有两根直径小于 10 mm 的钢筋存在;否则,将会影响到抗压强度。

由于钢筋直径小且数量少,影响程度被强度本身的变异性所掩盖。含有钢筋的芯样强度比不含钢筋的芯样强度稍高一点,影响并不显著。但当芯样中部存在钢筋,影响就会大一些。另外,当芯样周边存在一小段钢筋时,因为钢筋与砂浆之间的黏结力不如砂浆和粗集料之间的黏结力强,所以会降低芯样强度。

5. 抗压强度试验

芯样试件抗压强度试验可分为潮湿状态和干燥状态两种。压力机精度不低于±2%。试件的破坏荷载为压力机全程的 20%~80%。加载速率一般控制为 0.3~0.8 MPa/s。

(三)强度计算及推定

1. 试件抗压强度计算

芯样试件抗压强度为试件破坏时的最大压力除以截面面积。芯样试件的混凝土换算强度 $f_{\text{cor},i}^v$(MPa) 按式(4.5-28)计算:

$$f_{\text{cor},i}^v = \alpha \cdot \frac{4F}{\pi d^2} \tag{4.5-28}$$

式中 α, F, d——不同高(h)径芯样试件混凝土换算强度的修正系数、芯样试件抗压试验最大压力(N)、芯样试件的平均直径(mm)。修正系数为 $\alpha = \dfrac{x}{ax+b}$,其中 $x = \dfrac{h}{d}$,$a = 0.61749$,$b = 0.37967$。

2. 混凝土抗压强度推定

(1)单个构件。单个构件取标准芯样试验抗压强度换算值的最小值为芯样抗压强度推定值。

(2)检验批混凝土抗压强度的推定。强度推定应给出抗压强度推定区间,一般应以抗压强度推定区间的上限作为推定值。推定区间的上、下限 $f_{\text{cu},e1}$、$f_{\text{cu},e2}$ 分别按下式计算:

$$f_{cu,e1} = f_{cor,m} - k_1 S \qquad (4.5\text{-}29)$$

$$f_{cu,e2} = f_{cor,m} - k_2 S \qquad (4.5\text{-}30)$$

式中 $f_{cor,m}$——芯样试件强度换算算术平均值(MPa);

K_1,K_2——检验混凝土强度上、下限推定系数(按规程附录取值);

S——芯样试件强度换算值的标准差(MPa)。

当推定区间的置信度为 0.85 时,上、下限之差不宜大于 5.0 MPa 和 $0.1f_{cor,m}$ 中的较大值。

八、地质雷达法检测混凝土衬砌质量

地质雷达技术是一种先进的无损检测技术,其特点是快速、无损、连续检测,并以实时成像方式显示地下结构剖面,探测结果一目了然,分析、判读直观方便。其探测精度高、样点密、工作效率高,因而,在隧道工程质量检测中得到推广应用。地质雷达法适用于探测隧道喷锚衬砌和模筑衬砌厚度、密实性、背后空洞、内部钢架、钢筋分布等。

(一) 地质雷达法的原理

地质雷达法是一种用于确定地下介质分布的光谱(频率为 1 MHz~2 GHz)电磁技术,在隧道内通过电磁波发射器向隧道衬砌发射高频宽频带短脉冲。电磁波经衬砌界面或空洞的反射,再返回到接收天线。电磁波在介质中传播时,其路径、电磁场强度与波形将随所通过介质的电性质及几何形态而变化,根据接收到的电磁波传播时间(也称双程走时)、幅度与波形资料推断介质的结构,即可求得反射界面的深度。

实测时,将雷达的发射天线和接收天线密贴于衬砌表面,雷达波通过天线进入混凝土衬砌中,遇到钢筋、钢拱架、材质有差别的混凝土、混凝土中间的不连续面、混凝土与空气分界面、混凝土与岩石分界面、岩石中的裂面等产生反射,接收天线接收到反射波,测出反射波的入射、反射双向旅行时,就可计算出反射波走过的路程长度,从而求出天线与反射面的距离(图 4.5-9)。

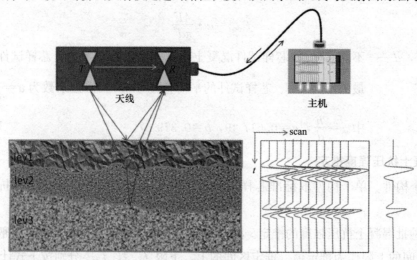

图 4.5-9 地质雷达的测试原理及其探测

(二)地质雷达探测系统组成

地质雷达探测系统由地质雷达主机、天线、笔记本电脑、数据采集软件、数据分析处理软件等组成。地质雷达天线可采用不同频率的天线组合，低频天线探测距离长、精度低；高频天线探测距离短、精度高。天线频率有 50 MHz、100 MHz、500 MHz、800 MHz、1 GHz、1.2 GHz 等(图 4.5-10)。

 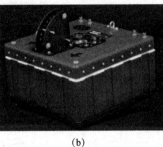 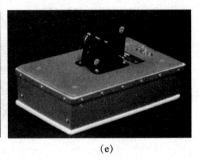

(a)　　　　　　　　　　(b)　　　　　　　　　　(c)

图 4.5-10　劳雷地质雷达主机及天线
(a)劳雷 SIR-4000 主机；(b)劳雷 400 MHz 天线；(c)劳雷 900 MHz 天线

(三)地质雷达主机的技术指标

(1)系统增益不低于 150 dB。

(2)信噪比不低于 60 dB。

(3)模/数转换不低于 16 位。

(4)采样间隔不大于 0.2 ns。

(5)信号叠加次数可选择或自动叠加。

(6)数据的触发和采集模式为距离、时间、手动。

(7)具有点测与连续测量功能。

(8)具有手动或自动位置标记功能。

(9)具有现场数据处理功能。

(四)地质雷达天线的选择

根据探测对象和目的不同、探测深度和分辨率要求综合选择。

(1)所选天线应为屏蔽天线。

(2)天线应根据探测目标体的深度及水平尺寸进行选择，可参考下列选择：

①初支厚度及背后的空洞宜选择 800 MHz、900 MHz 等主频天线。

②二次衬砌厚度及背后空洞宜选择 400~900 MHz 等主频天线。

③二次衬砌内部钢筋分布及数量可选择 800 MHz、900 MHz 等分辨率较高的主频天线。

④仰拱厚度及密实性宜选择 200 MHz、270 MHz、400 MHz 等主频天线，可组合使用。

(五)现场检测

喷射混凝土厚度、二次衬砌混凝土厚度、仰拱深度、混凝土衬砌内部情况及空洞等均可采用地质雷达法检测。其检测和数据处理方法均相同,差别在于各自的反射图像特征不同。现场检测流程如图4.5-11所示。

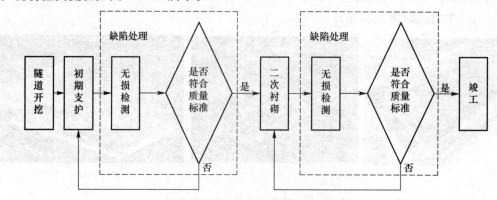

图4.5-11 地质雷达法检测流程图

1. 测线布置

隧道施工过程中质量检测以纵向布线为主、环向(横向)布线为辅。两车道纵向测线应分别在隧道拱顶、左右拱腰、左右边墙布置测线,根据检测需要可布置5～7条测线;三车道、四车道隧道应在隧道的拱腰部位增加两条测线,遇到衬砌有缺陷的地方应加密;隧底测线根据现场情况布置,一般为1～3条,有特殊要求的地段可布置网格状测线,主要是探测密实情况或岩溶发育情况,宜在施作完成路基或路基调平层后进行。为将测线名称和编号与隧道实体对应和统一,建议面向隧道出口方向(里程增大方向),各测线从左到右依次编号,并标注各测线高度及其在纵向上的起伏变化(图4.5-12)。路面中心测线应避开中央排水管及其影响。

图4.5-12 地质雷达测线布置图(以二次衬砌为例)

1—拱顶测线;2、3—拱腰测线;4、5—边墙测线;6—环向测线

环向测线实施较困难,可按检测内容和要求布设测线,一般环向测线沿隧道纵向的布置距离为 8~12 m。若检测中发现不合格地段,则应加密测线或测点(图 4.5-12)。

2. 检测方式

(1)纵向布线采用连续测量方式,特殊地段或条件不允许时,可采用点测方式,测量点的间距不宜大于 200 mm,测线每 5~10 m 应有里程标记。

(2)环向测线尽量采用连续方式检测;也可采用点测方式,每道测线应有不少于 20 个测点。

天线的定位方法可采用常用的手动打标定位法和测量轮测距定位法。测量轮定位法一般用在表面平整的二次衬砌地段,且应加强定位的误差标定或实施分段标定。

3. 现场准备

(1)清理障碍,包括施工障碍、交通车辆或机具、材料堆放等。

(2)确定适当的测线高度,且测线应顺直,高度应统一。

(3)在隧道的同一侧边墙上按 5 m 或 10 m 间距标出里程桩号。

(4)高空作业台架或高空作业车,应安全可靠,使用方便,能使天线密贴衬砌表面。

(5)现场照明、通风、排水应良好。

(6)排除安全隐患,包括未完工的排水检查井、通行车辆等。

4. 主要参数设置方法

(1)介质常数标定。

①检测前应对喷射混凝土或二次衬砌的相对介电常数或电磁波速做现场标定,且每座隧道应不少于 1 处,每处实测不少于 3 次,取平均值,即该隧道的相对介电常数或电磁波速。当隧道长度大于 3 km、衬砌材料或含水率变化较大时,应增加标定数(图 4.5-13)。

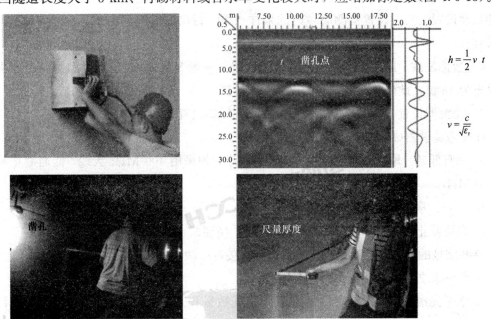

图 4.5-13 二次衬砌介电常数标定(钻孔实测)

②标定方法:

a. 钻孔实测。

b. 在已知厚度部位或材料与隧道相同的其他预制件上测量。

c. 在洞内、洞口或洞内横洞位置使用双天线直达波法测量。

③求取参数时应具备以下条件:

a. 标定目标体的厚度一般不小于 150 mm,且厚度已知。

b. 标定记录中界面反射信号应清晰、准确。

④标定结果按本节式(4.5-32)～式(4.5-34)计算。

(2)时窗长度确定。应根据探测深度和介质速度估算时窗长度,包括理论计算法、实用经验法。

①理论计算法。时窗长度按式(4.5-31)计算:

$$\Delta t = \frac{2h\sqrt{\varepsilon_r}}{0.3}k \tag{4.5-31}$$

式中 Δt——时窗长度(ns);

k——时窗长度调整系数,一般取 1.5 左右;

h——目标体估计深度;

ε_r——相对介电常数。

按式(4.5-25)计算时窗长度,除满足理论时窗长度需要外,还宜适当考虑视觉习惯、数据处理、分析过程的方便和精度。

②实用经验法。对拱墙衬砌混凝土时窗长度一般控制在 30～60 ns;对仰拱衬砌混凝土时窗长度一般控制在 60～100 ns。

(3)采样率或采样间隔。应根据仪器性能和要求设置,某些型号仪器无须设置,而是由仪器自动设置或按需设置检测时域内的采样点数,衬砌厚度检测时单道信号不宜少于 512 个采样点。

(4)数据位数。应根据仪器性能和要求设置。一般 8 位或 16 位即可满足精度要求,但宜设置为 16 位。此外,某些型号的仪器无须设置。

(5)滤波器设置。在频域上,宜按中心工作频率设置如下:

①垂直滤波器(IR、FIR 滤波器)。

a. 垂直低通:取 2～3 倍的中心(天线)频率,如采用 400 MHz 天线,低通截止频率宜为 800 MHz。

b. 高通:取 1/6～1/4 中心(天线)频率。

c. 高通截止频率:如采用 400 MHz 天线,高通截止频率宜为 100 MHz。

某些型号的仪器在设置天线频率后,可直接自动调试,无须人工设置滤波器。

②水平滤波器(IIR 滤波器)。

a. 水平光滑滤波:一般宜设置为 3(扫描线数量)。此值增加则光滑度增加,小目标从记录中被滤掉,如果是检测钢筋或管道,则此值不应大于 5。若检测浅表非常细小的目标

(如混凝土中的细钢筋、电线、铁丝),就不应使用该滤波器,而应将此值设为0。若寻找地基层位,此值宜适当提高,但不得超过20。

b. 水平背景去除滤波:数据采集时,该滤波器一般不宜使用,所以应将此值设为0。

(6)数字叠加。叠加次数不宜过大,太大不仅探测运行速率慢,而且抑制噪声的效果也不太明显,一般以4~32次为宜。

(7)探测扫描速率。探测扫描速率与车辆行驶速率(天线移动速率)是相对应的。探测扫描速率一般宜设置为50~100 scans/s(扫描线/秒),其对应的车辆行驶速率不宜大于5 km/h,以易于目标识别、分析,在视觉上单位纵向长度内的图像展布不宜过长或过短。

(8)首波或直达波调试。分自动和手动调试,也包含自动调试找不到信号时的手动调试。现场检测时必须找到直达波而作为深度起点。

(9)显示增益设置和调试。最大正负波形幅度宜占调试框宽度的50%~70%,避免反射信号微弱或饱和失真。如在彩色显示方式下,数据采集时若能在屏幕上辨认出实时显示的较微弱的反射信号,在后处理软件中一般可通过增益放大(GAINS)使反射信号变得更清晰可分辨,更易于处理和异常判定。某些仪器需要设置检测时窗内的增益点数(1~8个),进行自动调试、分点或段手动调试。在50 ns时窗长度时宜设为5个增益点。

5. 检测工作注意事项

(1)测量人员必须先经过培训,了解仪器性能及工作原理,并且具备一定的图像识别经验后,才可以进行仪器操作。

(2)正确连接雷达系统,在检测前进行试运行,确保主机、天线及输入、输出设备运行正常。

(3)必须保持天线与被测衬砌表面密贴(空气耦合天线除外),天线不能脱离结构物表面或任何一端翘起。天线未密贴的允许程度以能够较清晰分辨反射目标为基本要求,否则应及时对已检测段落重新检测。

(4)天线应能灵活调整高度,使天线与测线位置准确对应。

(5)天线应移动平衡、速度均匀,移动速度宜为3~5 km/h。

(6)当需要分段测量时,相邻测量段接头重复长度不应小于1 m。

(7)记录测线位置和编号、天线移动方向、标记间隔等。

(8)在衬砌表面准确标记隧道里程桩号,严格控制误差。

(9)应随时记录可能对测量产生电磁影响的物体(如渗水、电缆、铁架、埋管件等)及其位置。

(10)应边检测、边记录、边注意浏览实时回波图像、边观察现场环境和安全状况,对有较大可疑的反射异常应及时记录和复检。当发现因参数设置不当或受到障碍影响,或天线没有密贴,或受到较强电磁场干扰,或遇到紧急情况等而导致检测图像数据质量较差时,应立即停止数据采集,重新设置和重新检测。

(六)数据处理与解释

1. 数据处理

数据处理或称后处理,主要包括滤波处理、增益调整、色彩变换、显示方式(灰度图、单点方式)变换、复杂情况下的速度分段处理和折算处理等(图 4.5-14)。

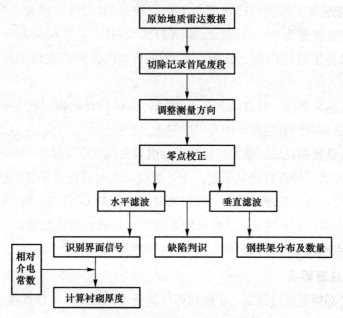

图 4.5-14 数据处理及解释流程

(1)处理步骤。

①应首先确定混凝土的电磁波速度。

②混凝土的雷达波相对介电常数和速度若需进行现场标定,则分别按下式计算:

对于收发一体的天线,可按式(4.5-25)、式(4.5-26)计算标定:

$$\varepsilon_r = \frac{c^2}{v^2} = \frac{c^2}{\left(\frac{2d}{t}\right)^2} = \frac{t^2 c^2}{4d^2} = \left(\frac{3 \times 10^8 t}{2d}\right)^2 \quad (4.5\text{-}32)$$

$$v = \frac{2d}{t} \quad (4.5\text{-}33)$$

对于收发分离的天线,可按式(4.5-26)计算标定:

$$\varepsilon_r = \frac{c^2}{v^2} = \frac{c^2}{\left(\frac{2d}{t}\right)^2} = \frac{t^2 c^2}{4 d^2 + x^2} \quad (4.5\text{-}34)$$

式中 ε_r——相对介电常数,量纲为 1;

v——雷达波速度(m/s);

c——真空(空气)中的雷达波速度(光速),3×10^8 m/s;

d——已知目标深度(厚度)(m);

t——雷达波在已知厚度的目标中传播的往返旅行时间(s);

x——发射天线与接收天线之间的距离(m)。

③回波起始点(零点)的确定方法。根据已在现场采用的探测方式和拟判定的目标性质,可采用彩色灰度图或黑白灰度图、wiggle方式进行处理,或以其混合方式进行数据分析,但建议起始零点宜选定在直达波正波的中心位置。

④数据距离归一化处理。距离归一化处理是按处理者要求的标记间扫描数对整个数据文件每一个标记间扫描数做等间距的处理方式,通俗理解是使每个距离标记间的数据长度相同。

⑤滤波处理。在反射波图像不够清晰、有明显干扰时须进行滤波,常用的有效方法有水平光滑滤波、水平背景去除滤波、对采集窗口段的波形降低显示增益,应根据需要选择。

a. 水平光滑滤波:即水平道间叠加,用于压制水平方向上的随机干扰,光滑记录,增强层位的连续性。

b. 水平背景去除滤波:用于改善识别小目标和消除水平干扰(水平干扰条带、强反射条带),如处理后可分辨出被"背景淹没"的钢筋、钢拱架、反射界面等。

c. 对采集窗口段的波形降低显示增益,可有效减小干扰或信号幅度过大对波形的影响。

(2)注意事项。

①原始数据处理前应回放检验,数据记录应完整,信号清晰,里程标记准确。不合格的原始数据不得进行处理与解释。

②数据处理与解释软件应使用正式认证的软件或经鉴定合格的软件。

③应结合现场检测时对所注意到的检测环境和条件变化情况进行解释。

④应清晰地看到直达波和反射波,并根据直达波和反射波特征能够分辨出反射波真假异常,提取有效异常,剔除干扰异常或由障碍、天线未密贴或操作不当、天线或仪器缺陷等造成的异常。

⑤分析可能存在干扰的预埋管件等刚性构件的位置,准确地区分衬砌内部缺陷异常与预埋管件异常。

⑥数据处理过程中应选择正确的滤波方式,从而根据数据图像对隧道衬砌质量做出正确的分析与解释。

⑦雷达数据解释完后,若有不确定的疑问应及时进行复检或调查,必要时应进行现场钻孔验证。

2. 混凝土结构厚度分析

雷达数据反映的混凝土厚度界面为反射波同相轴连续的强反射界面(图4.5-15),在确认目标界面后,可借助后处理软件的厚度追踪功能或专用后处理追踪软件,得到间隔一定距离的对应桩号的厚度数据,并按要求绘制出厚度图。需要注意的是,点测方式确定厚度位置对数据解释者的能力要求较高,在数据量较小的情况下,不易确定目标位置。

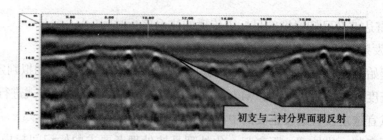

图 4.5-15　衬砌厚度分析图

3. 混凝土结构背后回填密实性分析

地质雷达法检测混凝土结构背后回填的密实性(密实、不密实、空洞),可进行定性判定,主要判定特征如下:

(1)密实:反射信号弱,图像均一且反射界面不明显。

(2)不密实:反射信号强,信号同相轴呈绕射弧形,不连续且分散、杂乱(图 4.5-16)。

图 4.5-16　衬砌不密实雷达图

(3)空洞:反射信号强,反射界面明显,下部有多次反射信号,两组信号的时程差较大(图 4.5-17)。

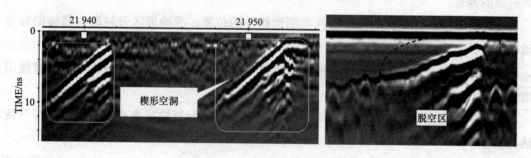

图 4.5-17　衬砌内部空洞雷达图

4. 混凝土内部钢架、钢筋、预埋管件判定

地质雷达法检测衬砌钢架、钢筋、预埋管件主要判定特征如下:

(1)钢架、预埋管件:反射信号强,图像呈分散的月牙状(图 4.5-18)。

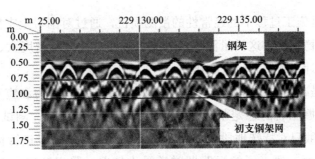

图 4.5-18　初支钢架及钢筋信号雷达图

(2)钢筋：反射信号强，图像呈连续的小双曲线形(图 4.5-19)。

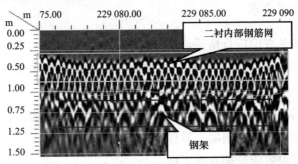

图 4.5-19　二衬内部钢筋及钢筋网下面的钢架信号雷达图

课题六　施工监控量测

一、简介

隧道施工监控量测是指在隧道施工过程中使用仪器和工具，对围岩和支护衬砌变形、受力状态的监测。通过施工监控量测可达到以下目的：

(1)确保安全：根据量测信息，预警险情，以便及时采取措施，避免事故。

(2)指导施工：了解隧道围岩及支护变形发展趋势，对围岩稳定性作出判断，预测隧道围岩最终稳定时间，以安排合理的施工顺序和二次衬砌施作时机。

(3)修正设计：检验施工预设计，调整支护参数和施工方法，使设计和施工更经济、合理。

(4)积累资料：已有工程的量测结果可以直接应用到后续同类围岩中，同时也为其他类似工程积累参考资料。

二、施工监控量测内容及要求

案例：隧道监控量测实例分析

(一)施工监控量测内容

施工监控量测的内容通常可分为必测项目和选测项目两类。

(1)必测项目是施工过程中的经常性的量测项目,通过对围岩及支护状态的观察、变形观测,判断围岩的稳定性。这类量测项目量测方法简单、量测密度大、可靠性高,对监视围岩稳定,指导设计、施工有巨大的作用。

(2)选测项目是必测项目的补充。通过对围岩及支护结构应力和应变、围岩内部位移等进行监测,深入掌握围岩的稳定状态与支护效果。选测项目多、测试元件埋设难度较大,费用较高,所以一般只对特殊地段、危险地段或有代表性的地段进行量测。多数选测项目竣工后可以长期量测,便于了解运营期隧道受力情况。限于篇幅,该部分内容不做详细介绍。

(二)仪器及传感器要求

(1)仪器及传感器具有出厂合格证,重复使用仪器须按规定时期标定,使用频率高的仪器在两次标定时间中需要进行期间核查,核查仪器的性能和精度等是否满足要求,一次性传感器须有出厂标定。

(2)量测元件应具有良好的防水、防腐蚀、防振、防冲击波能力。

(3)量测仪器、元件的量测精度、量程满足工程要求。

(4)量测元件在埋设后能长期有效工作。

(5)量测基点应长期稳定、不受干扰,满足测量精度要求,需定期核查,可利用施工测量基点。

(三)测点保护

隧道监控量测过程中测点及测桩、传感器导线保护完好是连续采集量测数据的基本保障,必须严格保护。

(1)测点及测桩埋设不要过多地暴露在喷射混凝土外,能进行正常测试即可。最好添加保护套,防止爆破飞石、机械设备损坏。一旦发现测点损坏,要尽快重新埋设,并读取补埋后的初始读数。

(2)测点及测桩应牢固可靠、不松动、不移位,测桩锚固深度不小于 20 cm。

(3)测点及测桩不得悬挂任何物体,不得触磁和敲击,不得随意撤换,遭破坏后应及时恢复。

(4)测点周边应有红油漆或警示标识牌,易于识别。

(5)传感器线缆埋入衬砌部分应穿管保护,防止在喷射混凝土或混凝土施工过程中损坏。

(6)传感器导线末的端头应装入预留保护盒内。

(7)支护结构施工时要注意保护测点。

三、必测项目

必测项目包括地质支护观察、拱顶下沉量测、周边收敛量测、地表沉降观测,见表 4.6-1。

表 4.6-1　监控量测实施项目表

序号	监测项目	方法及工具	测点布置	监测间隔时间			
				1~15 d	16~30 d	30~90 d	大于 90 d
1	地质支护观察	地质素描、地质罗盘、地质锤，相机等	开挖后及初期支护后进行	每天观察一次			
2	周边收敛	水准仪、收敛计等	设计洞跨为 B，埋深为 h，当 $2B<h$ 时，量测断面间距为 20~50 m；当 $B<h<2B$ 时，量测截面间距为 10~20 m；当 $h<B$ 时，量测间距为 5~10 m	1~2 次/d	1 次/2 天	1~2 次/周	1~3 次/月
3	拱顶下沉	水准仪、水平仪、高精度全站仪等	设计洞跨为 B，埋深为 h，当 $2B<h$ 时，量测断面间距为 20~50 m，当 $B<h<2B$ 时，量测截面间距为 10~20 m；当 $h<B$，量测间距为 5~10 m。				
4	地表下沉	水平仪、水准尺等	距离按 2~5 m 布置，宽度范围为：$W=B$(开挖宽度)$+H/2$（两侧埋深的一半）；	开挖面距监测断面前后$<2B$ 时，1~2 次/d；开挖面距监测断面前后$<5B$ 时，1 次/2d；开挖面距监测断面前后$>5B$ 时，1 次/周；开挖面距监测断面前后>500 m 时，1 次/月			

注：B 为隧道开挖宽度；h 为隧道覆盖层厚度；d 是天数单位。

(一)洞内外观察

1. 观察目的

为了解开挖过程中揭露的地质情况，认知隧道变形表征情况，需要在施工过程中对隧道围岩开挖揭露的地质情况、地下水出露情况、支护工作状态进行观察并描述，同时，还需要对隧道开挖影响范围的地表及周边地段情况进行观察、观测，了解并预测其变化。

2. 观察内容

观察内容包括洞内掌子面，隧道已施工区间的支护状态及施工状态，洞外地表及周边建筑变形。

(1)掌子面观察。

①岩性、岩层产状。

②地层结构面(节理、裂隙)形态、规模、产状及充填物。

③不良地质(溶洞、断层、采空区、有害气体等)揭露情况。

④地下水类型、涌水量、涌水位置、涌水压力等。

⑤开挖工作面的稳定状态、坍塌、掉块、明显变形、挤出等。

(2)支护状态及施工状态观察。

①开挖方法,台阶长度、高度、宽度。
②初期支护、二次衬砌、仰拱衬砌施作时机、一次开挖长度、与开挖面的距离。
③初期支护、二次衬砌开裂及渗水情况(位置、状态、水量等)。
④钢拱架有无悬空及悬空长度、钢拱压曲、歪斜。
⑤仰拱衬砌底鼓、开裂、渗水现象。
⑥施工中存在的其他缺陷。
(3)洞外观察。
①地表开裂、滑移、沉陷。
②边坡仰坡开裂、滑塌、碎落、渗水。
③地面植物、树木倾斜和移动。
④地表水水流变化。

3. 观察方法

观察方法主要为目视调查,借助地质罗盘、地质锤、手电、放大镜、卷尺、秒表、相机等工具和设备进行,并详细记录和描绘。

4. 观察频率

隧道洞内掌子面一般每开挖一循环观察一次;初期支护、二次衬砌巡查一般每天一次;洞外观察与地表沉降观测一致,当遇天气变化特别是极端天气情况时应实时观察。

(二)周边收敛量测

周边收敛是指隧道两侧壁面测点之间连线的相对位移。

1. 量测仪器

隧道周边收敛量测是在隧道两侧壁面对称埋设测桩,用收敛计进行量测,如图4.6-1所示。目前隧道施工中常用的收敛计为数显式收敛计。

2. 测点布置

周边位移量测沿隧道纵向每5~100 m布置一个量测断面。对于洞口段、浅埋地段、软弱地层段、大变形段,断面布置间距一般为5~10 m。

图4.6-1 收敛计

周边收敛量测断面和拱顶下沉量测断面应布置在同一断面(桩号)(图4.6-2)。具体布设要求如下:

(1)全断面法宜设置1条水平测线。
(2)台阶法每个台阶宜设置1条水平测线。
(3)中隔壁法或交叉中隔壁法等分部开挖法,每开挖分部宜设置1条水平测线。
(4)双侧壁导洞法,每开挖分部宜设置1条水平测线。
(5)偏压隧道或者小净距隧道可加设斜向测线。

(6)同一断面测点宜对称布置。

(7)不同断面测点应布置在相同部位。

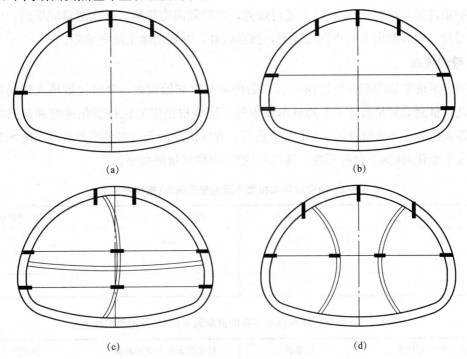

图 4.6-2 周边收敛和拱顶沉降测点布置示意图
(a)全断面法；(b)台阶法；(c)中隔壁法或交叉中隔壁法；(d)双侧壁导洞法

3. 测点埋设

隧道开挖初期数据变化较大，测点要及时埋设，要求在距离开挖面 2 m 范围内、开挖后 24 h 内埋设，在下一循环开挖或爆破前能读取初始读数。隧道开挖初喷后，在测线布置位置钻直径为 42 mm、深为 300 mm 的孔，埋入测桩，测桩杆长≥300 mm，用锚固剂将测桩锚固在钻孔内（测桩不能焊在钢拱架上），测桩外露头需加保护套，如图 4.6-3 所示。喷射混凝土复喷时不要将保护套覆盖，可在喷射混凝

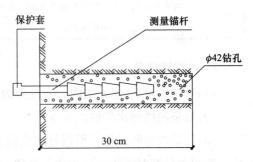

图 4.6-3 周边收敛测桩埋设图

土前用易凿除的填充物保护测头，待喷射混凝土复喷完成后，凿除覆盖喷层和保护填充物，露出测头，并用红色油漆做好标记。记录测点埋设桩号、测点编号和埋设时间。

4. 测取读数方法

测试前，将收敛计读数预调在 25～30 mm 的位置。将收敛计钢尺挂钩分别挂在两个测点上，然后收紧钢尺，将销钉插入钢尺上适当的小孔内，并用卡钩将钢尺固定。收敛计观测窗面板上有一个黑点，收敛观测时，转动调节螺母使钢尺收紧到观测窗内红色直线与面板上的黑点重合时读取测值。读取钢尺及百分表中的数值，两者相加即可得到测点距离。

每个测点应连续读数 3 次,取平均值作为本次测试读数。若两台以上收敛计互相使用,则应先作比较修正后方可进行正式使用。当洞内、外温度较大时,到达测试现场后,应将收敛计保护箱打开,放置 15 min 以上进行观测,以消除温度影响。每次测量完毕后,应先松开调节螺母,然后退出卡钩将钢尺取下,擦净收好,并定期涂上防锈油脂。

5. 量测频率

待固定测桩的锚固剂强度达到 70%以后即可测取初始读数,并将读数填入现场量测记录表。此后量测除满足表 4.6-1 的基本要求外,还应根据围岩位移变化速度和量测断面与开挖面距离按表 4.6-2 和表 4.6-3 的要求进行,并应满足最低量测频率要求。当量测断面施工状况发生变化时(如下台阶开挖、仰拱开挖),应增加量测频率。

表 4.6-2 净空位移和拱顶下沉的量测频率(按位移速度)

位移速度/(mm·d^{-1})	量测频率	位移速度/(mm·d^{-1})	量测频率
≥5	2~3 次/d	0.2~0.5	1 次/3 d
1~5	1 次/d	<0.2	1 次/3~7 d
0.5~1	1 次/2~3 d		

表 4.6-3 净空位移和拱顶下沉的量测频率(按与开挖面的距离)

量测断面距开挖面距离/m	量测频率	量测断面距开挖面距离/m	量测频率
(0~1)b	2 次/d	(2~5)b	1 次/2~3 d
(1~2)b	1 次/d	>5b	1 次/3~7 d

注:1. b 为隧道开挖宽度。
2. 变形速率突然变大,喷射混凝土表面、地面有裂缝出现并持续发展时应加大量测频率。
3. 上下台阶开挖工序转换或拆除临时支撑时,应加大量测频率。

6. 数据整理及计算

(1)每次测量后 12 h 之内,应在室内对所量测的数据进行整理和分析。

(2)每条测线每次测取的 3 组读数,计算平均值作为本条测线本次的净空值。

(3)计算周边收敛值。根据每次测得净空与上次测得净空值的差,得到两次净空值的变化,即两次量测时间段内的周边收敛值,按式(4.6-1)计算:

$$\Delta d = d_i - d_{i-1} \tag{4.6-1}$$

式中 Δd——收敛值;

d_i——本次测取读数;

d_{i-1}——上次测取读数。

(4)温度修正。当隧道内温度变化较大时应对钢尺进行温度修正,按式(4.6-2)计算:

$$\varepsilon_t = \alpha(T_0 - T)L \tag{4.6-2}$$

式中 ε_t——温度修正值;

α——钢尺线膨胀系数;

T_0——鉴定钢尺的标准温度，$T_0=20$ ℃，也可以是洞内常温下的鉴定钢尺温度；

T——每次量测时的平均气温；

L——钢尺长度。

(5)绘制时间—变形曲线图。根据计算结果，绘制时间与周边收敛曲线。计算过程使用计算机自动计算并自动生成时间与周边收敛曲线图。

(三)拱顶下沉量测

隧道拱顶下沉量测是为了解隧道拱顶下沉变化情况。

1. 量测仪器

精密水准仪、塔尺，量测精度为±0.5 mm。

2. 测点布置

拱顶下沉量测断面布置与周边收敛量测断面布置相同。在每个量测断面的隧道拱顶布设1~3个测点，测点横向间距为2~3 m，如图4.6-4所示。

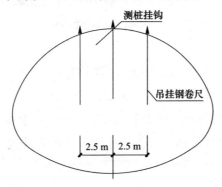

图 4.6-4　单洞隧道拱顶下沉测线布置图

3. 测点埋设

与周边收敛量测一样，测点要及时埋设，要求在距离开挖面2 m范围内、开挖后24 h内埋设，在下一循环开挖或爆破前读取初始读数。隧道围岩开挖初喷后，在测点位置垂直向上钻孔，孔深为300 mm、孔径为42 mm。用锚固剂将带挂钩的测桩锚在钻孔内，挂钩向下外露，如图4.6-5所示。挂钩可用φ8钢筋，弯成圆形或三角形，并用红色油漆做好标记。记录测点埋设桩号、测点编号和埋设时间。

4. 基点埋设

用水准仪量测拱顶下沉时，需要另外埋设稳定的观测基点，基点埋设时间应在测点埋设之前完成。基点应选择通视条件好、地基稳定不变形、监

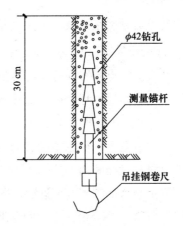

图 4.6-5　隧道拱顶下沉测桩埋设图

测期间不被扰动和破坏的坚硬岩石或构造物上，一般选在与被测断面以外 20 m 远的距离。基点应打孔埋设测桩。孔深为 100～200 mm、孔径为 38～42 mm。测桩钢筋的直径为 18～22 mm，竖向埋设，上端露头小于 50 mm，外露头磨圆。记录测点埋设时间。洞内基点可设置在已完成的稳定的衬砌边墙或基础上。

5. 测取读数方法

每次量测时在后方基点立铟钢尺（或塔尺），读取基点（后视）读数，再将铟钢尺（或塔尺）吊挂在拱顶挂钩上，在铟钢尺（或塔尺）基本不摆动的状态下通过精密水准仪测取（前视）读数。每次测取读数填入记录表，多个拱顶测点尽可能使用同一基点，并一站完成。

6. 量测频率

拱顶下沉量测频率与周边收敛量测频率相同。

7. 数据整理及计算

(1) 每次测量后 12 h 之内，应在室内对所量测的数据进行整理和分析。

(2) 计算拱顶下沉值。设基点高程为 h_0，前一次后视点（基点）读数为 A_1、前视点（拱顶测点）读数为 B_1，当次后视点读数为 A_2、前视点读数为 B_2。前一次拱顶高程为

$$h_1 = h_0 + A_1 + B_1 \qquad (4.6\text{-}3)$$

当次拱顶高程为

$$h_2 = h_0 + A_2 + B_2 \qquad (4.6\text{-}4)$$

拱顶位移值：

$$\Delta h = h_2 - h_1 = (A_2 + B_2) - (A_1 + B_1) \qquad (4.6\text{-}5)$$

计算结果：若 $\Delta h < 0$，则拱顶下沉；若 $\Delta h > 0$，则拱顶上移。

(3) 绘制时间—拱顶下沉曲线图。根据计算结果，绘制时间—拱顶下沉曲线。计算过程可编程用计算机完成，并自动生成时间—拱顶下沉曲线图。

(四) 地表沉降量测

地表沉降量测是为了观测隧道通过地段的地表下沉量和下沉范围；地表有建筑物时还包括观测建筑物下沉变形情况，同时，了解随隧道开挖掘进与地表下沉的动态关系。

1. 量测仪器

水准仪或精密水准仪、塔尺，量测精度为 ±1 mm。

2. 测点布置

地面观测测点布置在隧道上方隧道开挖可能引起地表沉降的区域。量测断面尽可能与隧道轴线垂直，根据地表纵向坡度确定地表量测断面数量，一般不少于 3 个，断面间距为 5～10 m。地表纵向坡度较陡时，断面布置间距小、数量少；地表纵向坡度较缓时，断面布置间距大、数量多。量测断面宜与洞内周边收敛和拱顶沉降量测布置在同一个断面（桩号）。单洞隧道每个量测断面的测点不少于 5 个，连拱隧道每个量测断面的测点不少于 7 个，量测断面测点布置如图 4.6-6 所示。横向布置间距为 2～5 m，一般布置 7～11 个测点，隧道中线附近较密。小净距隧道、四车道大断面隧道，根据情况适当加密。当地表有建筑物时，应在建筑物周围增设地表沉降观测点。

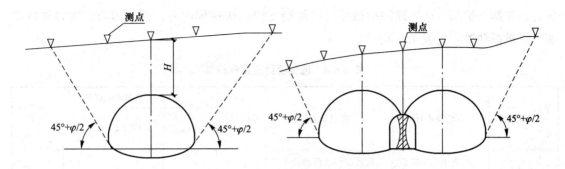

图 4.6-6　地表沉降测点布置图(图中 φ 为岩土体破裂角)
(a)单洞隧道地表测点布置图；(b)连拱隧道地表测点布置图

3. 基点埋设

基点应选择在隧道开挖影响范围以外、通视条件好、基础稳定、抗自然灾害能力强的位置。基点在整个地表观测期间不移动、不变形、不被破坏。在稳定性好、强度高、不易风化的裸露基岩上埋设基点时，可在基岩上钻孔，孔深为 100～200 mm，孔径为 38～42 mm，埋入直径为 18～22 mm 的钢筋，竖向埋设，钢筋露头 50 mm，磨圆，用红油漆做明显标记。在土质区域，应在不被人畜踩踏、水流冲刷的位置设置基点，需挖坑(深度不小于 300 mm，直径不小于 400 mm)，插入长为 500 mm、直径为 22 mm 的钢筋，周边灌注 C20 混凝土，钢筋露头 5 mm，磨圆，用红油漆做明显标记。基点埋设后应记录埋设时间。

4. 测点埋设

测点埋设要求与基点埋设要求相同。基点和测点的埋设时机应在隧道开挖到达量测断面前 1～3 倍隧道开挖跨度距离前完成，洞口段应在开挖进洞前完成。记录测点埋设桩号、测点编号和埋设时间。

5. 测取读数方法

地表沉降测取读数方法与普通水准仪高程测量方法相同。每次测取读数填入记录表，多个测点尽可能使用同一基点，并尽可能减少仪器转站。

6. 量测频率

地表沉降观察应在固定基点和测点的混凝土或锚固剂强度达到 70% 以后测取初始读数，此后的量测频率按表 4.6-4 的规定进行，直到该断面隧道衬砌结构封闭，地表下沉稳定 14～21 d 后方可结束。

7. 数据整理

每次测量后立即(不超过 12 h)在室内对所量测的结果进行整理并录入计算机。每次测得的测点与基点的高差值与前次测得高差值的差，即测点下沉值。具体计算方法与拱顶下沉计算方法相同，计算过程应编程用计算机完成，并自动生成时间—拱顶下沉曲线。

四、选测项目

选测项目量测内容较多，包括洞内围岩内部位移、锚杆轴力、围岩与初期支护间接触压力、初期支护与二次衬砌间接触压力、初期支护二次衬砌内力、钢架内力、围岩弹性波速、爆破振动等，见表 4.6-4。

表 4.6-4 选测项目及量测频率

序号	监测项目	方法及工具	测点布置	测试精度	监测间隔时间 1~15 d	16 d~1 个月	1~3 个月	大于 3 个月
1	洞内围岩内部位移	洞内钻孔中安设单点、多点杆式或钢丝式位移计	每代表性地段埋设1~2个断面，每断面3~7个测点	0.1 mm	1~2次/d	1次/2 d	1~2次/周	1~3次/月
2	锚杆轴力	钢筋计、锚杆测力计	每代表性地段埋设1~2个断面，每断面3~7个测点	1.0 kN	1~2次/d	1次/2 d	1~2次/周	1~3次/月
3	初期支护二次衬砌内力	各类混凝土内应变计及表面应力解除法	每代表性地段埋设1~2个断面，每断面3~5个钻孔	0.01 MPa	1~2次/d	1次/2 d	1~2次/周	1~3次/月
4	钢架内力	支柱压力计或其他测力计	每代表性地段埋设1~2个断面，每断面3~7个测点，或外力1对测力计	0.1 kN	1~2次/d	1次/2 d	1~2次/周	1~3次/月
5	围岩与初期支护间接触压力	压力盒	每代表性地段埋设1~2个断面，每断面3~7个测点	0.01 MPa	1~2次/d	1次/2 d	1~2次/周	1~3次/月
6	初期支护与二次衬砌间接触压力	压力盒	每代表性地段埋设1~2个断面，每断面3~7个测点	0.01 MPa	1~2次/d	1次/2 d	1~2次/周	1~3次/月
7	围岩内部位移（地表设点）	多点位移计、倾斜仪	浅埋地段1~2个断面，每段面3~5个测点	0.1 mm	同地表下沉要求			
8	围岩弹性波测试	各种声波仪及探测探头	选择代表性地段、不少于2组	—	—			
9	爆破振动	测振仪及测振探头	需检测的建筑物、结构物	—	爆破源临近时，随爆破监测			
10	渗水压力、渗水量	渗压计、流量计	—	0.01 MPa	—			

注：1. B 为隧道开挖宽度；h 为隧道覆盖层厚度。
2. 当隧道量测断面工作状态发生改变时，量测频率应增加密。

五、案例应用

通过对一座隧道的监控量测来了解监控量测在实际工作中的应用，本隧道除必测项目外，由于隧道下穿居民住宅区和旅游景区，所以，还采取了选测项目进行隧道监测。

(1)隧道监控量测依据包括《工程测量规范》(GB 50026—2007)；《公路隧道设计细则》(JTG/T D70—2010)；《岩土锚杆与喷射混凝土支护工程技术规范》(GB 50086—2015)；《公路隧道施工技术规范》(JTG/T 3660—2020)。

(2)隧道监控量测流程如图 4.6-7 所示。

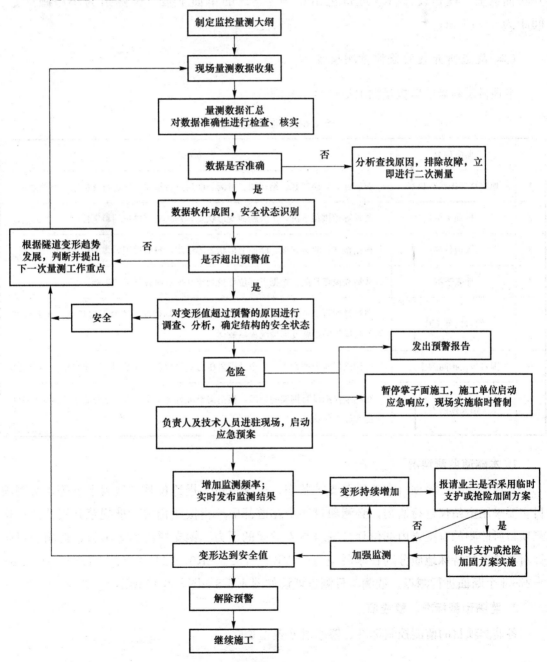

图 4.6-7　隧道监控量测工作流程图

(一)隧道概况

贵阳市某隧道位于贵阳市中心城区，呈南北走向，路线工程起点接规划市北路低层道路，道路终点接都司路地面层道路，道路全长约为4.1 km。道路在K0－380～K0＋817处设置一处隧道穿越黔灵山脉，隧道左线长为1 181 m，右线长为1 187 m，隧道采用分离式双向6车道断面形式。隧道出口60 m位于直线上，然后接长约为230 m、半径为300 m的左转曲线上，隧道中部位于直线上，隧道进口端位于半径为250 m的左转曲线上。隧道设计纵坡进口至出口为4.8%的单面下坡。全隧道为小净距隧道，间距为6～18 m。

(二)隧道所开展的监控量测项目

本项目所开展的监控量测项目见表4.6-5。

表4.6-5 监测实施项目

序号	监测项目	监测要求
1	地质及支护状态观察	对岩性、岩层产状、结构面、溶洞、断层进行描述，并进行支护结构裂缝观察
2	拱顶下沉	监视隧道拱顶下沉，了解断面变形状态，判断隧道拱顶的稳定性
3	周边位移	根据位移、收敛状况、断面变形状态等量测，对周边围岩体的稳定性作出判断
4	地表下沉	从地表设点观测，根据下沉位移量判定开挖对地表下沉的影响
5	围岩内部位移	通过量测可了解隧道围岩内部不同深度的位移情况，了解围岩松弛区大致范围，为判断围岩的松弛变形情况提供数据
6	围岩与支护间的压力	量测围岩压力的大小、分布及围岩压力变化状态，判断围岩和支护结构的稳定性
7	钢支撑内力	在喷锚衬砌设有钢架的地段，根据需要可对钢架受力进行量测，了解钢架受力变化的实际工作状态

1. 本隧道监测情况

监控量测的必测项目有地质及支护状态、拱顶下沉、周边位移、地表下沉等。必测项目主要采用全站仪进行监测，必测项目整个隧道都应严格按照相关标准规范开展监测；选测项目所监测的有围岩内部位移、围岩与支护间的压力、钢支撑内力等项目，选测项目是针对本隧道的特殊地质分别在本隧道进口YK0－232、ZK0－211及出口YK0＋401、ZK0＋276 4个断面进行测点。选测项目测点埋设如图4.6-8～图4.6-10所示。

2. 监测预警标准、警戒值

各监测项目的监测控制标准、警戒值见表4.6-6。

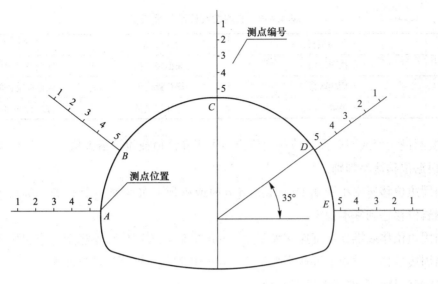

图 4.6-8 多点位移计测点布置断面

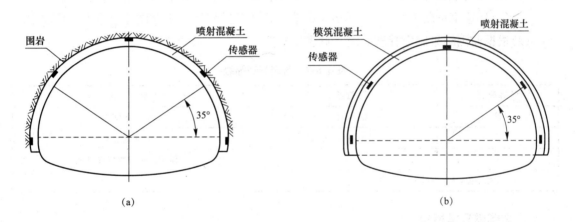

图 4.6-9 压力盒埋置图
(a)围岩与初期支护之间；(b)初期支护与二次衬砌之间

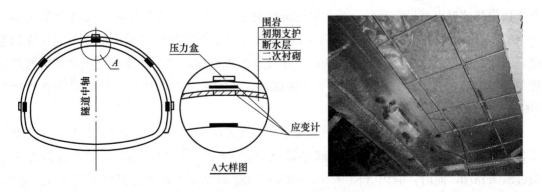

图 4.6-10 型钢拱架钢筋计安装构造

表 4.6-6　监测控制标准和警戒值

序号	监测项目	控制标准	警戒值
1	拱顶下沉	规范规定值	规范规定值的 2/3
2	周边收敛	规范规定值	规范规定值的 2/3
3	地表下沉	设计控制值	控制标准的 2/3

(1)实测最大值或回归预测值最大值应不大于允许值或设计最大值。

(2)根据位移速率判别：

①当周边位移速率小于 0.1~0.2 mm/d 时或拱顶下沉速率小于 0.07~0.15 mm/d 时，则认为围岩位移达到基本稳定；

②当周边位移或拱顶下沉速率大于 1.0 mm/d 时，表明位移不稳定，应加强观测；

③当周边位移或拱顶下沉速率大于 5.0 mm/d 时，应报警，进行加固。

(3)根据位移时态曲线的形态判别：

①当位移速率不断下降时($d^2u/dt^2<0$)表示趋于稳定状态；

②当位移速率保持不变时($d^2u/dt^2=0$)表示不稳定，应考虑加强措施；

③当位移速率不断上升时($d^2u/dt^2>0$)表示进入危险状态，应立即停止施工，须加固。

(4)根据监测结果制定管理等级，见表 4.6-7。

表 4.6-7　监测管理等级

管理等级	管理量	施工状态
Ⅲ	$U_0<(U_t/3)$	可正常施工
Ⅱ	$(U_t/3)<U_0<(2U_t/3)$	应加强监测
Ⅰ	$(2U_t/3)<U_0$	预警、应采取特殊措施

注：U_0 为实测值，U_t 为最大允许值。

3. 本隧道异常情况

隧道在开展监控量测过程中出现了 3 次异常变形，都超出了预警值，监控单位也第一时间发现并及时发出预警报告，有效地指导了施工，避免了安全事故的发生及成本的控制。

2018 年 2 月 7 日，监测组人员发现隧道出口左线 ZK0+345~ZK0+320 区段拱顶下沉及周边位移数据出现异常变形，最大累计沉降为 108.26 mm(隧道拱顶)，最大沉降速率达 36.48 mm/d，同时，洞内 ZK0+345~ZK0+320 段初期支护环向局部出现不同程度的裂缝。对此，监控单位也提出了有效的施工建议及处理措施，施工方根据监控量测情况及监控单位提出的建议，立即停止了掌子面的掘进，及时采取加固处理，最终得到有效控制(图 4.6-11、图 4.6-12)。

2018 年 3 月 8 日，监测组人员发现隧道出口 YK0+460~YK0+422 区段拱顶下沉及周边位移数据出现异常变形，累计沉降量最大值达 79.05 mm(右拱肩)，最大沉降速率达 116.31 mm/d，同时，洞内 YK0+460~YK0+422 段初期支护局部出现不同程度的裂缝；对此，监控单位也提出了有效的施工建议及处理措施；施工方对掌子面垮塌处立即进行回填反压,有效控制了垮塌的再次发生,对开裂、掉块剥落段立即采取加固处理措施,有效控制了变形(图 4.6-13～图 4.6-16)。

图 4.6-11　出口左线洞内掌子面开挖揭露黄色部分为碎石黏土和泥岩,灰色部分为薄层～中厚层状灰岩

图 4.6-12　初期支护出现环向裂缝

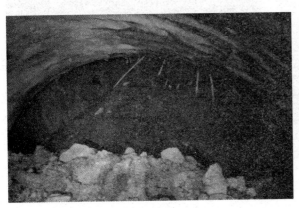

图 4.6-13　出口左线洞内掌子面开挖揭露为灰色和深灰色灰岩

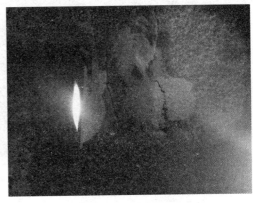

图 4.6-14　初期支护出现裂缝

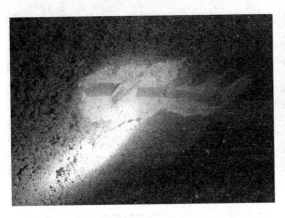

图 4.6-15　初期支护出现掉块剥落现象

图 4.6-16　掌子面右上方出现塌方现象

2018年5月7日，监测组人员发现隧道出口YK0+440～YK0+382区段拱顶下沉及周边位移数据出现异常，累计沉降量最大值达119.80 mm（拱顶），最大沉降速率达88.72 mm/d，对YK0+401断面也布设了选测项目，分别在拱顶和拱腰对围岩内部位移、围岩与支护间的压力和钢支撑内力进行监测。通过对YK0+401断面围岩内部位移、围岩与支护间的压力及钢支撑内力的监测发现，围岩内部位移最大值出现在拱顶10.5 mm，围岩与支护间的压力最大值出现在拱顶0.302 MPa；钢支撑内力最大值出现在拱顶0.304 MPa，位移、压力和应变都偏大，说明目前拱顶上方围岩的松弛范围在扩大，型钢承受很大的压力和应变。同时，发现洞内YK0+440～YK0+382段初期支护局部出现不同程度的裂缝和掉块现象，通过对地表的观察也发现5～10 mm的裂缝。对此，监控单位也提出了有效的施工建议及处理措施，施工单位根据监控单位的监控建议采取了加固措施，有效控制了变形，避免了安全事故的发生（图4.6-17～图4.6-24）。

图4.6-17　出口左线小里程掌子面全貌

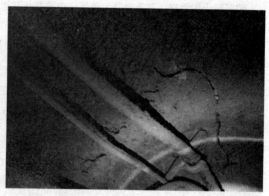

图4.6-18　初期支护出现裂缝

图4.6-19　初期支护出现掉块剥落现象

图4.6-20　正在对开裂掉块段采取临时支撑

图 4.6-21 现场监测照片

图 4.6-22 现场监测照片

图 4.6-23 地表出现裂缝现象

图 4.6-24 地表基准点照片

(三)现场工作照片

现场工作照片如图 4.6-25~图 4.6-30 所示。

图 4.6-25 周边位移监测

图 4.6-26 拱顶下沉监测

图 4.6-27　地表下沉监测

图 4.6-28　选测项目监测

图 4.6-29　选测项目调试

图 4.6-30　选测项目埋深照

课题七　超前地质预报

一、简介

隧道超前地质预报是一项复杂的系统性工作，是设计阶段地质勘察的补充和延伸，是保证隧道施工安全的重要环节和重要技术手段。其主要工作是在分析既有地质资料的基础上，采用地质调查、物探、超前地质钻探、超前导坑等手段，对隧道开挖工作面前方的工程地质与水文地质条件，以及不良地质体的工程性质、位置、产状、规模等进行探测、分析、判释，并做出预报和提出技术建议。避免或减少由于地质不明所造成的工程事故及由此带来的不必要的人力、物力、财力浪费。

(一)超前地质预报的内容

超前地质预报的主要内容包括以下几项：

(1)地层岩性预报，包括对地层岩性、软弱夹层、破碎地层、煤层及特殊岩土体等的预测预报。

(2)地质构造预报，包括对断层、节理密集带、褶皱等影响岩体完整性的构造等的预测预报。

(3)不良地质条件预报，包括对岩溶、采空区、人工洞室、瓦斯等的预测预报。

(4)地下水状况，特别是对岩溶管道水及断层、裂隙水等发育情况进行预测预报。

(5)对围岩级别变化的判断。

(二)超前地质预报要求

(1)应将超前地质预报列为隧道施工的必要工序。

(2)应根据前期获得的地质资料，确定重点预报地段、预报方法和技术要求，并根据预报实施中掌握的地质情况及时调整。

(3)采用地质调查与勘探相结合、物探与钻探相结合、长距离与短距离相结合、地面与地下相结合、超前导坑与主洞探测相结合的方法，并对各种方法的预报结果进行综合分析，相互验证，提高预报准确性。

(4)隧道为平行双洞隧道或设有平行导坑时，应充分利用先行超前隧道进行后行隧道的超前地质预报工作。

二、超前地质预报方法

超前地质预报方法有地质调查法、超前地质钻探法、物探法和超前导坑预报法。隧道超前地质预报实施前，根据隧道工程地质与水文地质条件、隧道地质复杂程度，将对隧道进行分段，针对不同地质情况，选择不同的方法和手段。

(一)地质调查法

地质调查法是根据隧道已有勘察资料，利用地质罗盘、地质锤、放大镜、数码相机或摄像机等工具，通过踏勘、现场调查，开展地表补充地质调查和隧道内地质素描，经过地层层序对比、地层分界线及构造线在地下和地表相关性分析、断层要素与隧道几何参数的相关性分析、临近隧道内不良地质体的前兆分析等，推测开挖掌子面前方可能揭示的地质情况的一种超前地质预报方法。

1. 隧道地表补充地质调查

(1)对已有地质勘察成果的熟悉、核查和确认。

(2)地层、岩性在隧道地表的出露及接触关系，特别是对标志层的熟悉和确认。

(3)断层、褶皱、节理密集带等地质构造在隧道地表的出露位置、规模、性质及其产状变化情况。

(4)地表岩溶发育位置、规模及分布规律。

(5)煤层、石膏、膨胀岩、含石油天然气、含放射性物质等特殊地层在地表的出露位置、宽度及其产状变化情况。

(6)人为坑洞位置、走向、高程等,分析其与隧道等空间关系。

(7)根据隧道地表补充地质调查结果,结合设计文件、资料和图纸,核实和修正超前地质预报重点区段。

2. 隧道内地质素描

隧道内地质素描是将隧道所揭露的地层岩性、地质构造、结构面产状、地下水出露点位置,以及出水量、煤层、溶洞等准确记录下来并绘制成图表,隧道内地质素描包括以下内容:

(1)工程地质。

①地层岩性:描述地层时代、岩性、层间结合度、风化程度等。

②地质构造:描述褶皱断层、节理裂隙特征、岩层产状等,断层的位置、产状、性质,破碎带的宽度、物质成分、含水情况及与隧道的关系,节理裂隙的组数、产状、间距、充填物、延伸长度、张开度及节理面特征、力学性质,分析组合特征、判断岩体完整程度。

③岩溶:描述岩溶规模、形态、位置、所属地层和构造部位,充填物成分、状态,以及岩溶展布的空间关系。

④特殊地层:煤层、沥青层、含膏盐层和含黄铁矿层等应单独描述。

⑤人为坑洞:影响范围内的各种坑道和洞穴的分布位置及其与隧道的空间关系。

⑥地应力:包括高地应力显示性标志及其发生部位,如岩爆、软弱夹层挤出、探孔饼状岩芯等现象。

⑦塌方:应记录塌方部位、方式、规模及其随时间的变化特征,并分析产生塌方的地质原因及其对继续掘进的影响。

⑧有害气体及放射性危害源的存在情况。

(2)水文地质。

①地下水的分布、出露形态及围岩的透水性、水量、水压、水温、颜色、泥沙含量测定,以及地下水活动对围岩稳定的影响,必要时进行长期观测。地下水的出露形态可分为渗水、滴水、滴水成线、股水(涌水)、暗河。

②水质分析,判定地下水对结构材料的腐蚀性。

③出水点和地层岩性、地质构造、岩溶、暗河等的关系分析。

④必要时进行地表相关气象、水文观测,判断洞内涌水与地表径流、降雨的关系。

⑤必要时应建立涌突水点地质档案。

(3)围岩稳定性特征及支护情况。记录不同工程地质、水文地质条件下隧道围岩稳定性、支护方式及初期支护后的变化情况。详细分析、描述围岩失稳或变形发生的原因、过程、结果等。

(4)围岩分级。核查和确认隧道围岩分级。

(5)影像。对隧道内重要的和具代表性的地质现象应进行拍照和录像。

3. 地质调查法工作要求

(1)隧道地表补充地质调查应在洞内超前地质预报前进行,并在洞内超前地质预报实施过程中根据需要随时补充,做好现场记录,并及时整理

(2)地质素描图应采用现场绘制草图、室内及时誊清的方式完成,实时记录现场实际揭露情况。地质素描原始记录、图、表应及时整理。

(3)隧道地表补充地质调查和洞内地质素描资料应及时补充绘制在隧道工程地质平面图和纵断面图上。

(4)采集的标本应及时整理。

(二)超前地质钻探法

超前地质钻探法是利用钻机在隧道开挖工作面进行水平钻探,获取开挖前方地质信息的一种超前地质预报方法。在富水软弱断层破碎带、富水岩溶发育区、煤层瓦斯发育区、重大物探异常区等地质条件复杂的地段必须采用。超前地质钻探主要采用冲击钻和回转取芯钻,为提高预报准确率和钻探速度、减少占用开挖工作面的时间,通常两者交替使用。

(1)冲击钻:不能取芯样,可通过冲击器的响声、钻速变化、岩粉及颜色、钻杆振动、冲洗液流失变化等粗略探明岩性、岩石强度、岩体完整程度、溶洞、暗河及地下水发育情况等。由于钻进速度快、耗时少,故一般情况下多采用冲击钻。

(2)回转取芯钻:可取芯样,鉴定准确可靠,地层变化里程可准确确定。由于钻进速度慢、耗时多,故一般只在特殊地层、特殊目的地段使用。如煤系地层、溶洞及断层破碎带物质成分的鉴定、岩土强度试验取芯等。

超前钻探法主要是利用专门钻机进行超前地质钻探,也可采用局部加深炮孔进行探测。

1. 超前地质钻探钻孔要求

(1)孔数。

①断层、节理密集带或其他破碎富水地层每循环可只钻一孔。

②富水岩溶发育区每循环宜钻3~5个孔,揭示岩溶时,应适当增加,以满足安全施工和溶洞处理所需资料为原则。

③煤层瓦斯地层,先在距离煤层15~20 m(垂距)的开挖工作面钻1个超前钻孔,初步探明煤层位置,在距离初探煤层位置10 m(垂距)开挖工作面,钻3个以上超前钻孔。

(2)孔深。

①不同地段、不同目的钻孔应采用不同的钻孔深度。

②钻探过程中应进行动态控制和管理,根据钻孔情况可适时调整钻孔深度,以达到预报目的为原则;煤层瓦斯超前钻孔深度应根据探测煤层情况确定。

③当需要连续钻探时,前后两循环钻孔应重叠 5~8 m。

(3)孔径。钻孔直径应满足钻探取芯、取样和孔内测试的要求。

(4)钻孔布置。钻孔起孔位置一般位于开挖面中下部,有多个钻孔时,可在开挖面下部两侧和拱部位置两侧,以及拱部。钻孔的终孔位置,一般需要位于隧道开挖轮廓线以外的富水岩溶发育区。超前钻探终孔位置应于隧道开挖轮廓线以外 5~8 m。

2. 加深炮孔探测钻孔要求

加深炮孔探测是利用局部炮孔加深凿孔过程获取地质信息的一种方法。

(1)探测炮孔孔深较设计爆破孔(或爆破循环进尺)深 3 m 以上。

(2)孔数、孔位应根据开挖断面大小和地质复杂程度确定。

(3)钻到溶洞和岩溶水及其他不良地质时,应视情况采用超前地质钻探和其他探测手段继续探测。

3. 超前地质钻探技术要求

(1)实施超前地质钻探的人员应经技术培训和考核,考核合格后方可上岗。

(2)钻探前地质技术人员应进行技术、质量交底。

(3)钻探过程中应有专业地质工程师跟班。

(4)应做好钻探记录,包括钻孔位置、开孔时间、终孔时间、孔探、钻进压力、钻进速度随钻孔深度变化等。

(5)及时鉴定岩芯、岩粉,判定岩石名称,对于断层带、溶洞填充物、煤层、代表性岩土等应拍摄照片备查,并选择代表性岩芯整理保存。

(6)在富水地段进行超前钻探时必须采取防突措施,并测定水压。

(7)应编制探测报告,内容包括工作概况、钻孔探测结果、钻孔柱状图,必要时应附有钻孔布置图、代表性岩芯照片等。

(三)物探法

物探法包括弹性波反射法、电磁波反射法(地质雷达探测)、瞬变电磁法、高分辨直流电法、红外探测法等。

1. 弹性波反射法

弹性波反射法是利用人工激发的地震波、声波在不均匀地质体中所产生的反射波特性来预报隧道开挖工作面前方地质情况的一种物探方法,它包括地震波反射法、水平声波剖面法、负视速度法和极小偏移距高频反射连续剖面法(简称"陆地声呐法")等方法,目前最常用的为地震波反射法。

下面主要介绍地震波反射法。

(1)探测原理。地震波反射法是通过小药量爆破所产生的地震波信号在隧道开挖工作面前方不同岩层中以球面波的形式、以不同的速度传播,在地质界面处被反射,并被高精度的接收器接收。通过后处理软件得到各种围岩构造界面、地层界面与隧道轴线相交所呈现的角度及与掌子面的距离，并可初步测定岩石的弹性模量、密度、动泊松比等参数，以进一步分析隧道前方围岩性质、节理裂隙密集带分布、软弱岩层及含水状况等。此方法适用于划分地层界线、查找地质构造、探测不良地质体的厚度和范围。地震波反射法探测原理如图4.7-1所示。

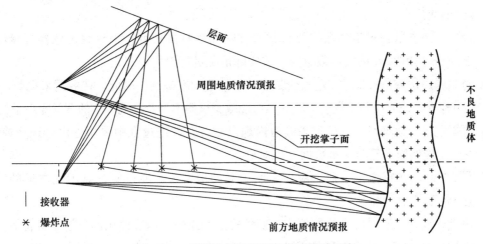

图4.7-1 隧道地震波反射法预测原理示意

(2)探测仪器。隧道地震波反射法通常采用TGP或TSP隧道超前地质预报系统，由主机、检波器(探头)、信号线及后处理软件组成。

(3)探测方法。

①观测系统的设计。根据隧道施工情况及地质条件，确定检波器(探头)和炮点在隧道左右边墙的位置，接收器和炮点位置应在同一高度。

②现场标志。在隧道现场，根据设计的观测系统确定所有接收点和炮点的位置，并做出相应的标志。

③钻孔。

a. 应按设计要求钻孔(位置、孔深、孔径、倾角等)。

b. 一般情况下，钻孔位置不应偏离设定的位置；特殊情况下，以设定的位置为圆心，可在半径0.2 m的范围内移位。

c. 孔身应平直顺畅，能确保耦合剂、套管或炸药放置到位。

d. 在不稳定的岩层中钻孔时，采用外径与孔径相匹配的薄壁塑料管或PVC管插入钻孔，防止塌孔。

④安装套管。用环氧树脂、锚固剂或加特殊成分的不收缩水泥砂浆作为耦合剂，安装接收器套管。

⑤填装炸药。

a. 用装药炮杆将炸药卷装入炮孔底部。

b. 在激发前，炮孔应用水或其他介质填充，封住炮孔，确保激发能量绝大部分在地层中传播。

⑥仪器安装与测试。
a. 用清洁杆清洗套管内部。
b. 将检波器(探头)插入套管,并应确保接收器的方向正确。
c. 采集信号前应对接收器和记录单元的噪声进行测试。
⑦数据采集。
a. 设置采集参数:采集参数主要包括采样间隔、时窗长度、采集数传感器分量(应为X、Y、Z三分量接收)及接收器数量等,按实际情况进行设定。
b. 背景噪声检查:背景噪声过大会影响采集数据的准确性。因此,在数据采集前,应进行背景噪声检查,采取压制干扰的措施,尽可能减少仪器本身及环境产生的背景噪声干扰。
c. 数据记录:放炮时,准确记录隧道内炮点号,在放炮过程中采用炮序号递增或递减的方式进行,确保炮点号与采集数据一一对应。
⑧质量控制。在每炮记录后,应显示所记录的地震道,通过检查显示地震道的特征,据此对记录的质量进行控制。
a. 用直达波的传播时间来检查放炮点的位置是否正确,以及使用的雷管是否合适。
b. 根据信号强度,检查信号是否过强或过弱,若直达波信号过强或过弱,则应将炸药适当减少或增加。
c. 根据初至波信号的特性,对信号波形进行质量控制,若初至后出现鸣震,表明接收器单元没有与围岩很好耦合或可能由于套管内严重污染造成,这时,应清洁套管和重新插入接收器单元,直至信号改善为止。
d. 根据每炮记录特征,了解存在的噪声干扰,必要时应切断干扰源,同时检查封堵炮孔的效果。
e. 对记录出现 X、Y、Z 三分量接收器接收存在某一分量不工作或工作不正常;初至波时间不准或无法分辨;信噪比低,干扰波严重影响到预报范围的反射波;记录序号(放炮序号)与炮孔号对应关系错误的地震道时,应重新装炸药补炮,接收和记录对应的地震道信号。

(4)数据分析与解释。
①准确输入现场采集参数,包括隧道、接收器和炮点的几何参数等。
②剔除不合格的地震道,只有合格的才能参与处理。
③根据预报长度选择恰当的时间窗口;带通滤波参数合理,避免波形发生畸变;提取的反射波,应确保其强度足够;速度分析时,建立与预报距离相适应的模型;反射层提取时,根据地质情况和分辨率选择提取反射层的数目。
④数据解释应结合隧道地质勘察资料、设计资料、施工地质资料、反射波成果分析显示图及岩体物理力学参数等进行。综合上述成果资料,推断隧道开挖掌子面前方围岩的工程地质与水文地质条件,如软弱夹层、断层破碎带、节理密集带等地质体的基本状况、规模和位置等。结合岩体物理力学参数、围岩软硬、含水情况、构造影响程度、节理裂隙发育情况等资料,参照有关规范对围岩级别进行判定和评估。

(5)预报距离。地震波反射法连续预报时前后两次预报距离宜重叠 10 m 以上，预报距离应符合下列要求：

①在软弱破碎地层或岩溶发育区，每次预报距离宜在 100 m 左右。

②在岩体完整的硬质岩地层每次预报距离宜在 150 m 内。

③隧道位于曲线上时，应根据曲线半径大小，按上述原则合理确定预报距离。

2. 电磁波反射法

(1)探测原理。电磁波反射法超前地质预报主要采用地质雷达法。地质雷达法探测是利用电磁波在隧道开挖工作面前方岩体中的传播及反射，根据传播速度、反射走时和波形特征进行超前地质预报的一种物探方法。地质雷达法适用于探测浅部地层、岩溶、空洞、不均匀体，具有快速、无损伤、可连续、可单点方式探测、实时显示等特点。

(2)探测仪器。地质雷达探测系统由发射单元、接收单元天线、主控器、专用笔记本电脑、信号线、数据采集软件、后处理软件等组成。

(3)探测方法。

①通过试验选择雷达天线的工作频率确定相对介电常数。当探测对象情况复杂时，应选择两种及以上不同频率的天线；当多个频率的天线均能符合探测深度的要求时，应选择频率相对较高的天线。

②测网密度、天线间距和天线移动速度应反映出探测对象的异常，测线宜用十字或网格形式布设。

③选择合适的时间窗口和采样间隔，并根据数据采集中的干扰变化和效果及时调整探测工作布局或工作参数。

④掌子面超前地质预报常采用单点探测方式，同时，可结合连续探测方式进行比对。

⑤探测区内不应有较强的电磁波干扰，场测试时应清除或避开探测区附近的金属物等电磁干扰物；当不能清除或避开时应在记录中注明，并标出位置。

⑥支撑天线的器材应选用绝缘材料，天线操作员应与工作天线保持相对固定的位置。

⑦测线上天线经过的表面应相对平整，无障碍，且天线易于移动；在测试过程中，应保持工作天线的平面与探测面基本平行，距离相对一致。

⑧现场记录应注明观测到的不良地质体与地下水体的位置与规模等。

⑨重点异常区应重复探测，重复性较差时应查明原因。

⑩质量控制检查时，重复探测的记录与原探测记录应具有良好的重复性，波形一致，没有明显的位移。

(4)数据分析与解释。

①参与数据分析与解释的雷达剖面应清晰。

②数据分析包括编辑、滤波、增益等处理。情况较复杂时，还宜进行道分析、F 滤波、正常时差校正、褶积、速度分析、消除背景干扰等处理。

③数据解释应结合地质情况、电性特征、探测体的性质和几何特征综合分析，必要时应考虑影响相对介电常数的各种因素，制作雷达探测的正演和反演模型。

(5)预报距离。地质雷达工作天线频率越低,波长越大,能量衰减越慢,预报距离就越大,但相应的分辨率会降低。另外,预报距离还取决于介质的衰减系数、接收器的信噪比和灵敏度、发射器发射功率、系统总增益、目标的反射系数、几何形状及其产状等。因此,地质雷达法在一般地段预报距离宜控制在 30 m 以内,在岩溶发育地段的有效预报长度则应根据雷达波形判定。连续预报时前后两次重叠长度宜在 5 m 以上。

3. 高分辨直流电法

(1)探测原理。高分辨直流电法是以岩石的电性差异(电阻率差异)为基础,电流通过布置在隧道内的供电电极时,在围岩中建立起全空间稳定电场,通过研究地下电场的分布规律,并根据电阻率分布图预报开挖工作面前方储水、导水构造分布和发育情况的一种直流电法探测技术。现场采集数据时必须布置三个以上的发射电极,进行空间交汇,区分各种影响,并压制不需要的信号,突出隧道前方地质异常体的信号,该方法也称为"三极空间交汇探测法"。高分辨直流电法适用于探测地层中存在的地下水体位置及定性判断含水量,如断层破碎带、溶洞溶隙、暗河等地质体中的地下水。

(2)探测仪器。高分辨率直流电法探测系统由主机、电极、多道电极转换器、多芯电缆、发射电源、数据采集软件、后处理软件等组成。

(3)探测要求。

①发射、接收电极应布置在同一直线上。

②发射、接收电极接地良好。

③发射、接收电极间距应测量准确。

④数据重复测量应具有良好的重复性,否则应检测电极和电源是否正常、工频干扰是否过大等。

(4)数据处理与解释。

①数据处理应采用增强有效信号、压制干扰信号等手段,使视电阻率等值线图能够清晰成像。

②数据解释时地质异常体(储、导水构造)判断标准应以现场多次采集分析验证的数据为依据,同时总结规律,找出隧址区异常标准值。

(5)预报距离。高分辨率直流电法有效预报距离不宜超过 80 m,连续探测时宜重叠 10 m 以上。

4. 瞬变电磁法

(1)探测原理。瞬变电磁法是一种时间域的电磁探测方法。瞬变电磁法超前地质预报的探测原理是在隧道掌子面布设一定波形电流的发射线圈,向掌子面前方发射一次脉冲磁场,并在掌子面前方低阻异常带产生感应电流;在一次脉冲磁场间断期间,感应电流不会立即消失,在其周围空间形成随时间衰减的二次磁场;通过掌子面接收线圈接收二次磁场的变化,就可以判断前方低阻异常带电性要素,并推断出前方地质异常体的位置和规模,进而推断围岩破碎、含水、地质构造等情况。总之,前方地质体的导电性越好,二次磁场(瞬变场)的强度就越大且热损耗就越小,故衰减越慢,延迟时间越长。

(2)探测仪器。瞬变电磁法探测系统由发送机、接收机放大器、发送线圈(回线)、接收探头(回线)、发送机电源、接收机电源、系统采集软件和后处理软件等组成。

(3)探测要求。

①探测时间:应选择在爆破及出渣完成之后将开挖台车、喷浆机等金属物体向掌子面后移至20 m以外进行,且避免电磁场信号干扰。

②测线布置:应在隧道掌子面底板位置沿隧道环向平行于掌子面布置测线测点,线框主要按直立、恰当的仰角和俯角沿测线进行探测。

③数据重复测量应具有良好的重复性,否则应检查线框和仪器电源是否正常、工频干扰是否过大等。

④应做好探测测线、探测方向等原始记录,并绘制各测线的多测道剖面图和视电阻率剖面图。

(4)数据处理与解释。完成现场数据采集后,对探测测线及探测方向进行整理,通过专用处理软件打开原始数据后先进行有效性分析,然后进行预处理,包括时间道设置和滤波处理,再计算视电阻率,绘制各测线的多测道剖面图和视电阻率剖面图,结合现有地质资料进行定量或定性解释。一般情况下,视电阻率较高,曲线比较规则,表明围岩完整性较好,含水率低;视电阻率较低,曲线不规则,变化较大,表明围岩完整性较差,含水率高。

(5)预报距离。瞬变电磁法每次有效预报距离宜在100 m左右,由于采用该方法进行探测时会存在20 m以上的盲区,因此连续探测时宜重叠30 m以上。

5. 红外探测法

(1)探测原理。红外探测是根据红外辐射原理,即一切物质都在向外辐射红外电磁波的原理,通过接收和分析红外辐射信号,探测局部地温异常现象,判断地下脉状流、脉状含水带、隐伏含水体等所在的位置进行超前地质预报的一种物探方法。红外探测适用于定性判断探测点前方有无水体存在及其方位,不能定量给出水量大小等数据。

(2)探测仪器。采用专用的红外探水仪。

(3)探测要求。

①探测时间:应选择在爆破及出渣完成之后进行。

②测线布置:需在拱顶、拱腰、边墙、隧底位置沿隧道轴向布置测线、测点。

③做好数据记录,并绘制红外探测曲线图。

④以下情况所采集的探测数据无效:

a. 仪器已显示电池电压不足,未更换电池而继续采集的数据。

b. 开挖掌子面炮眼、超前探孔等钻进过程中采集的数据。

c. 喷锚作业后水泥水化热影响明显的部位所采集的数据。

d. 爆破作业后测线范围内温差明显时所采集的数据。

e. 测线范围内存在高能热源场(如电动空压机等)时所采集的数据。

(4)数据处理与解释。

①先认真检查探测数据的可靠性。

②根据探测数据绘制探测曲线。

③分析解释时应先确定正常场,再确定异常场,由异常场判定地下水的存在,再结合现场的工程地质和水文地质条件分析与判定。

④在分析单条曲线的同时,还应对所有探测曲线进行对比,例如,两边墙探测曲线的对比、顶底探测曲线的对比,依此确定隐蔽水体或含水构造相对隧道的所在空间位置。

⑤沿隧道轴向的红外探测曲线与开挖掌子面红外探测的数据最大差值,两者应结合分析,在实践中不断总结经验,做出符合实际的分析判断。

⑥通过探测与施工开挖验证,总结出正常场的特点,以提高对异常场的分辨准确率。

(5)预报距离。红外探测法有效预报距离宜在 30 m 以内,连续预报时前后两次重叠长度宜在 5 m 以上。

(四)超前导坑预报法

超前导坑预报法是将超前导坑中揭示的地质情况,通过地质理论和作图法预报正洞地质条件的方法。超前导坑预报法可分为平行超前导坑法和正洞超前导坑法。线间距较小的隧道可互为平行导坑,以先行开挖的隧道预报后开挖的隧道地质条件。根据超前导坑揭露的地质情况推测隧道未开挖地段地质条件,预报内容主要包括以下六项:

(1)地层岩性、地质构造的分布位置及范围等。

(2)岩溶的发育分布位置、规模、形态、充填情况及其展布情况。

(3)采空区及废弃矿巷与隧道的空间关系。

(4)有害气体及放射性危害源的分布层位。

(5)涌泥、突水及高地应力现象出现的隧道里程段。

(6)其他可以预报的内容。

根据分析预报结果,按 1:100~1:500 比例绘制超前导坑地质与隧道地质关系平面简图、导坑工程地质纵断面图,以及按 1:100~1:200 比例绘制地质横断面图。

(五)综合超前地质预报法

对于断层、岩溶、煤层瓦斯等各种不良地质条件,宜综合运用上述两种或两种以上方法进行预报,综合分析,以达到长短结合、取长补短、相互印证、提高预报准确性的目的。

三、不良地质体的预报

对于不同的不良地质条件,应采取不同的超前地质预报方法,并提供相应的预报内容,以达到预报的目的。

(一)断层预报

1. 断层出现前兆标志

断层出现前兆标志一般有：节理组数急剧增加；岩层牵引褶皱的出现；岩石的强度明显降低；压碎岩、碎裂岩、断层角砾岩等的出现；临近富水断层前断层下盘泥岩、页岩等隔水岩层明显湿化、软化，或出现淋水和其他涌突水现象。

2. 预报方法

断层预报应探明断层的主要性质、产状、富水情况、在隧道中的分布位置，断层破碎带的规模、物质组成等，并分析其对隧道的危害程度。断层预报应以地质调查法为基础，以弹性波反射法和地质雷达法探测为主，必要时采用高分辨直流电法、瞬变电磁法、红外探测法探测断层带地下水的发育情况并采用超前钻探法验证。断层预报可按以下步骤进行：

(1)根据区域地质资料、工程地质平面图与纵断面图及必要的补充地质调查，用隧道内地质素描、断层趋势分析等手段进一步核实断层的性质、产状、位置与规模等。

(2)采用弹性波反射法确定断层在隧道内的大致位置和宽度。

(3)必要时采用高分辨直流电法、瞬变电磁法、红外探测法探测断层带地下水的发育情况。

(4)必要时采用超前钻探预报断层的确切位置和规模、破碎带的物质组成及地下水的发育情况等。

(二)岩溶预报

1. 大型岩溶出现前兆标志

大型岩溶出现的前兆标志一般有：裂隙、溶隙间出现较多的铁染锈或黏土；岩层明显湿化、软化，或出现淋水现象；小溶洞出现的频率增加，且多有水流、河砂或水流痕迹；钻孔中的涌水量剧增，且夹有泥沙或小砾石；有哗哗的流水声；钻孔中有凉风冒出。

2. 预报方法

岩溶预报应探明岩溶在隧道内的分布位置、规模、充填情况及岩溶水的发育情况，分析其对隧道的危害程度。岩溶预报应以地质调查法为基础，以超前钻探法为主，结合多种物探手段进行综合超前地质预报。岩溶预报可按以下步骤进行：

(1)通过分析隧址区岩溶发育的规律，指导超前地质预报工作。

(2)根据隧道内地质素描结果，验证、调整地质复杂程度分级和超前地质预报方案。

(3)根据岩溶发育条件，可采用弹性波反射法进行长、中长距离探测，以探明断层等结构面和规模较大、可足以被探测的岩溶形态；采用高分辨直流电法、红外探测法进行中长、短距离探测，可定性探测岩溶水；采用地质雷达进行短距离探测，以查明岩溶位置、规模和形态。

(4)根据地质复杂程度分级、隧道内地质素描、物探异常带进行超前地质钻探预报和验证，对富水岩溶发育地段，超前地质钻探必须连续重叠式进行；超前钻探揭示岩溶后，应适当加密，必要时采用地质雷达及其他物探手段进行短距离的精细探测，配合钻探查清岩溶规模及发育特征。

(三)煤层瓦斯预报

1. 煤层瓦斯出现前兆标志

煤层瓦斯出现的前兆标志一般是：开挖掌子面地层压力增大，鼓壁、深部岩层或煤层的破裂声明显，响煤炮，掉渣，支护严重变形；瓦斯浓度突然增大或忽高忽低，掌子面温度降低，憋闷，有异味等；煤层结构变化明显，层理紊乱，由硬变软，厚度与倾角发生变化，煤由湿变干，光泽暗淡，煤层顶、底板出现断裂、波状起伏等；钻孔时有顶钻、夹钻、顶水、喷孔等动力现象；掌子面发出瓦斯涌出的嘶嘶声，同时带有粉尘；掌子面有移动感。

2. 预报法

煤层瓦斯预报应探明煤层分布位置、煤层厚度，测定瓦斯含量、瓦斯压力、瓦斯涌出量、瓦斯放散初速度、煤的坚固性系数等，判定煤的破坏类型，分析判断煤的自燃及煤尘爆炸性、煤与瓦斯突出危险性，评价隧道瓦斯严重程度及对工程的影响，提出技术措施和建议等。煤层瓦斯预报应以地质调查法为基础，以超前钻探法为主，结合多种物探手段进行综合超前地质预报。采用仪器设备必须符合以下要求：

(1)瓦斯地层中的钻探须使用专用防爆钻机。

(2)瓦斯隧道中的物探仪器须为防爆仪器，非防爆仪器应在充分保障探测工作环境安全的前提下经过建设管理部门特许批准使用。

煤层瓦斯预报可按以下步骤进行：

(1)根据区域地质资料、工程地质勘查报告、工程地质平面图与纵断面图、煤层地表钻探资料和必要的补充地质调查，通过地质作图进一步核实煤层的位置与厚度等。

(2)采用物探法确定煤层在隧道内的大致位置和厚度。

(3)采用洞内地质素描，利用地层层序、地层厚度、标志层和岩层产状等，通过作图分析，确定煤层的里程位置。

(4)接近煤层前，必须对煤层位置进行超前钻探，标定各煤层的准确位置，掌握其赋存情况及瓦斯状况，具体要求如下：

①应在距离煤层 15～20 m(垂距)处的开挖掌子面上钻 1 个超前钻孔，初探煤层位置；

②应在距初探煤层位置 10 m(垂距)处的开挖掌子面上钻 3 个超前钻孔，分别探测开挖掌子面前方上部及左右部位的煤层位置，并采取煤样和气样进行物理、化学分析和煤层瓦斯参数测定，在现场进行瓦斯及天然气含量、涌出量、压力等测试工作；按各孔见煤、出煤点计算煤层厚度、倾角、走向及与隧道的关系，并分析煤层顶、底板岩性；掌握并收集钻孔过程中的瓦斯动力现象。

(5)穿越煤层前应进行瓦斯突出危险性预测，并应符合以下规定：

①根据围岩强度和预计瓦斯压力确定掌子面距突出煤层的安全距离，在煤层垂距不小于安全距离处的开挖掌子面进行瓦斯突出危险性预测。

②瓦斯突出危险性预测应从瓦斯压力法、综合指标法、钻屑指标法、钻孔瓦斯涌出初速度法、"R"指标法五种方法中选出两种方法，相互验证，其中有任何一项指标超过临界值表，该开挖掌子面即为有突出危险掌子面；其预测时的临界指标应根据实测数据确定，当无实测数据时，可参照表4.7-1中所列出的危险性临界值；钻孔过程中出现顶钻、夹钻、喷孔等动力现象时，应视开挖掌子面为突出危险掌子面。

表4.7-1 突出危险性预测指标临界值

序号	预测类型	预测方法	预测指标	突出危险性临界值
1	石门揭煤突出危险性预测	瓦斯压力法	P/MPa	0.74
		综合指标法	D	0.25
			K	20(无烟煤)，15(有烟煤)
		钻屑指标法	Δh_2/Pa	160(湿煤)、200(干煤)
2	煤巷开挖工作面突出危险性预测	钻孔瓦斯涌出初速度法	$K_1/[\mathrm{mL} \cdot (\mathrm{g} \cdot \min^{1/2})^{-1}]$	4
		"R"指标法	Q	6
			Rm	160(湿煤)、200(干煤)
		钻屑指标法	$K_1/[\mathrm{mL} \cdot (\mathrm{g} \cdot \min^{1/2})^{-1}]$	0.4(湿煤)、0.5(干煤)
			最大钻屑量/(kg·m^{-1})	6

四、案例应用

通过本案例中一座隧道施工超前地质预报在实际工作中的应用，加深对超前地质预报的认识，从而了解各种预报方法在隧道中各种地质的实际应用。

(1)超前地质预报检测主要依据：《公路工程物探规程》(JTG/T C22—2020)；《公路隧道设计细则》(JTG/T D70—2010)；《铁路隧道超前地质预报技术规程》(Q/CR 9217—2015)。

(2)超前地质预报工作流程如图4.7-2所示。

(一)隧道概况

1. 地形、地貌

某隧道位于毕节市境内，隧址区属于溶蚀峰丛(林)残丘地貌，地面高程为2 173.30~2 423.30 m，最大高差为250.00 m，地形起伏大，山体较陡，山体自然坡度为30°~60°，局部区域山体直立，山体植被茂盛，主要为松木、杂木等低矮灌木，地表覆盖层较薄，厚度一般小于3 m。局部基岩裸露。

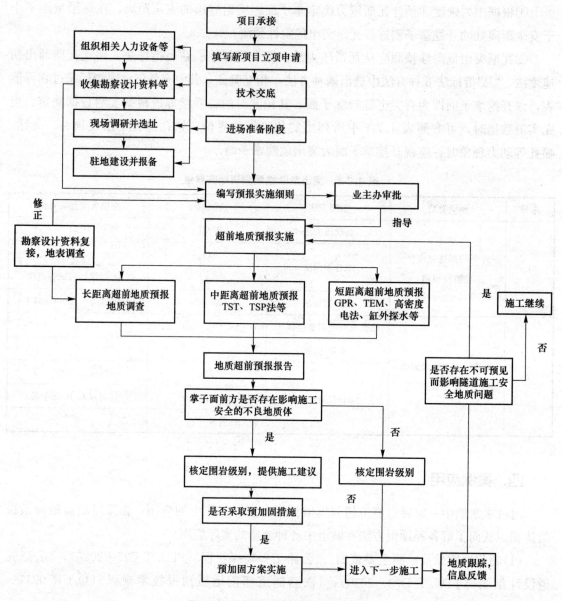

图 4.7-2 超前地质预报工作流程图

2. 水文、气候

场区属长江流域的乌江水系上游,场区附近无常年地表径流。

赫章县属暖温带季风湿润气候区,年均气温为 13.3 ℃,极端最高为 37.1 ℃,极端最低为 -10.1 ℃。降水量为 793.1～984.5 mm,年均降水 851.6 mm,年平均日照时数 1 380.7 h,年无霜期平均 247 d,年平均相对湿度 79%。历年最大风速 28.0 m/s,平均风速 2.1 m/s。灾害气候主要为干旱、倒春寒、冰雹、凝冻等。

3. 地质构造

工程厂区区域构造单元属扬子准地台(Ⅰ)—黔北台隆(Ⅰ1)—六盘水断陷(Ⅰ1B),四级构造单元为威宁北西向变形区（Ⅰ1B1），区域地质较稳定。

隧址区主要发育有古生界二叠系下统矛口组（P1m）灰岩。对隧址区有影响的断裂为F6逆断层，产状30°∠85°，在线路K57+030附近通过F7逆断层产状130°∠50°，在线路K58+920附近穿过，断层通过处岩体破碎。场地地质构造相对较复杂。

4. 隧道地质条件

场区覆盖层地层结构自上而下分为以下三种。

(1)红黏土（Q4el）：褐黄色、棕红色，硬可塑，刀切面稍有光泽，无摇振反应，韧性中等，碎石含量约为10%，粒径为2～8 cm。

(2)强风化灰岩（P1m）：灰白色，隐晶质结构，层状构造，结构大部分破坏，岩体破碎，属于软岩。

(3)中风化灰岩（P1m）：隐晶质结构，层状构造，岩体较完整，局部破碎，属于较硬岩。

5. 水文地质条件

根据调查，隧道区地下水类型以基岩裂隙水为主，无常年地表径流。

(1)地下水主要类型及含水岩组的富水性。隧址区地表水主要为雨季冲沟内短暂性流水，水量受降水及季节性控制较大。地下水类型在隧道进出口处以第四系孔隙水为主，在隧道洞身处以基岩裂隙水和岩溶水为主，水量随大气降水量变化而变化，以地下径流形式排泄；斜坡部位以沿裂隙渗流形式排出地表。

(2)地下水的补给、径流、排泄。隧址区地下水补给源为大气降水，大气降水大多以坡面流形式向低洼处排泄，少部分降雨下渗后汇集于基岩裂隙内，并向下运移。在沟谷汇水处特别是断层、节理裂隙发育处、岩溶发育处，隧道开挖时可能产生渗水及滴水现象，丰水期易涌水。隧道位于当地侵蚀基准面之上，上述含水层主要为裂孔透水，隧道开挖后有可能形成新的地下水排泄通道，造成隧道涌水。

(3)隧道涌水量预测。为了对地下水涌水、突水危害的影响作出评价，此次根据《铁路工程水文地质勘察规范》（TB 10049—2014），采用降水入渗系数法、水均衡法和古德曼经验公式法计算隧道洞体范围内隧道可能的涌水量，各计算参数见表4.7-2。

表4.7-2 计算参数表

序号	里程段落		长度	渗透系数	降水入渗系数	年降水量	洞底以上含水体厚度	洞身横断面等价圆半径
			L/m	K/(m·d^{-1})	α	W/mm	H/m	r/m
1	K57+257	K59+185	1 928	0.041	0.16	854.1	10	6
2	YK57+189	YK59+170	1 981	0.004 1	0.16	854.1	10	6

结算结果见表4.7-3，并根据计算结果，结合隧址区水文地质情况，给出相应的推荐值。

表 4.7-3 结算结果表

序号	里程段落		L/m	正常涌水量 Q_s/(m³·d⁻¹)			最大涌水量 Q_0/(m³·d⁻¹)
				降水入渗系数法	水均衡法	推荐值	古德曼经验公式法
1	K57+257	K59+185	1 928	1 472.29	1 472.14	1 472.29	4 103.99
2	YK57+189	YK59+170	1 981	1 508.98	1 508.83	1 508.98	4 206.28

根据《水利水电工程地质勘察规范》(GB 50487—2008)确定中风化灰岩为强透水层,左线隧道正常涌水量为 1 472.29 m³/d,最大涌水量为 4 103.99 m³/d；右线隧道正常涌水量为 1 508.98 m³/d,最大涌水量为 4 206.28 m³/d。

6. 地震及区域稳定性

(1)地震。根据《建筑抗震设计规范(2016 年版)》(GB 50011—2010)及《中国地震动参数区划图》(GB 18306—2015),毕节赫章县(兴发苗族彝族回族乡)抗震设防烈度为 6 度,设计地震分组为第二组,场地上覆第四系覆盖层较薄,一般小于 3 m,工程场地类别为Ⅰ类,Ⅰ类场地地震动峰值加速度为 0.05g,Ⅰ类场地地震动峰值加速度反应谱特征周期值为 0.30 s。

(2)区域稳定性。隧道穿越地层主要为古生界二叠系下统茅口组(P1m)灰岩,围岩解理裂隙发育,地层结构较简单。隧址区附近未发现滑坡、泥石流等不良地质现象,但隧址区附近灰岩存在溶沟、溶槽、溶洞等岩溶现象。隧址附近有 F6、F7 两条逆断层通过,断层通过处岩体破碎,综合评价隧址区稳定性一般,适宜修建隧道。

(二)隧道不良地质问题和特殊岩土体

如图 4.7-3~图 4.7-14 所示,隧道存在的主要不良地质问题包括以下几项:

(1)洞口浅埋段坍塌、冒顶:隧道进口段地形较缓,覆盖层为灰岩及含碎石粉质黏土,竖向溶槽发育,部分竖向溶槽可能切穿隧道;而出口段崩塌体盖层,隧道成洞条件差,竖向溶槽发育,部分竖向溶槽可能切穿隧道;隧道易产生坍塌甚至冒顶。

(2)岩溶发育:隧址区为二叠系下统栖霞—茅口灰岩,洞身段发育隐伏溶洞的可能性大,开挖遇溶洞易产生突发性涌水、突泥等。

(3)冲沟切割:冲沟切割部位虽然没有断层通过,但冲沟为大气降水的汇集区,雨季形成地表径流,对地下水进行补给;且该部位岩体节理裂隙发育,发育溶洞和竖向溶槽的可能性极大,开挖遇溶洞或竖向溶槽易产生突发性涌水、突泥及冒顶。

(4)隧道下穿公路:隧道下穿乡村公路,该处埋深较浅,灰岩节理裂隙发育,岩体破碎,围岩自稳能力较差,施工工艺不当或支护不及时,会影响乡村公路的安全。

图 4.7-3　隧道进口地貌

图 4.7-4　隧道出口地貌

图 4.7-5　K58+720 处的冲沟

图 4.7-6　YK58+940 处的冲沟

图 4.7-7　YK58+280 处的冲沟

图 4.7-8　YK58+700 处的冲沟

图 4.7-9　出口端隧址右侧的落水洞

图 4.7-10　YK57+350 处隧道下穿乡村公路

图 4.7-11　K57+265 掌子面照片

图 4.7-12　YK57+201 掌子面照片

图 4.7-13　K59+035 掌子面照片

图 4.7-14　YK59+108 掌子面照片

隧道不良工程地质区段分布及工程地质表现特征见表 4.7-4。

表 4.7-4　隧道不良工程地质区段分布及工程地质表现特征

序号	特征/重点	分布区段	不良工程地质表现特征
1	洞口浅埋段易坍塌甚至冒顶	YK57+189~YK57+370 YK59+080~YK59+189 K57+257~K57+460 K59+110~K59+191	隧道洞口段属浅埋段，埋深为 5~55 m，出口埋深为 10~65 m，岩体风化程度高，覆盖层、强风化层较厚，隧道成洞条件差；竖向溶槽发育，部分溶槽可能切穿隧道，隧道顶部易产生坍塌甚至冒顶
2	隐伏岩溶及涌水、突泥	整条隧道	整条隧道为可溶性岩石（二叠系下统栖霞—茅口组灰岩），洞身段发育隐伏溶洞的可能性大，隧道开挖后遇溶洞易产生突发性涌水、突泥等危害
3	冲沟切割	YK58+220~YK58+340 YK58+660~YK58+760 YK58+910~YK58+980 K58+245~K58+360 K58+660~K58+760 K58+920~K58+990	该部位虽然没有断层通过，但冲沟为大气降水的汇集区，雨季形成地表径流，对地下水进行补给，且该部位岩体节理裂隙发育，发育溶洞和竖向溶槽的可能性极大，开挖遇溶洞或竖向溶槽易产生突发性涌水、突泥及冒顶等

续表

序号	特征/重点	分布区段	不良工程地质表现特征
4	下穿公路	YK57+330～YK57+370 K57+385～K57+460	隧道下穿乡村公路,该处埋深为35～40 m,公路两侧为荒地,主要为灰岩,岩体节理裂隙及溶蚀发育,岩体破碎,围岩自稳能力较差,施工工艺不当或支护不及时,会产生路面开裂、沉降,甚至塌方,严重影响公路运营安全,造成不良的社会影响等

(三)隧道所采取的预报方法

根据隧道地勘设计资料、地质调查报告、风险评估情况等在隧道采取短距离预报为主、中长距离相结合方式,主要有地质调查法、地质雷达法、地表高密度电法、TSP地震波法、音频大地电磁法等预报方法。

1. 地质调查法

对结合勘察设计资料及已开挖段所揭露的地质情况进行综合分析,对各隧道施工过程中可能存在的主要不良地质问题和相应的区段进行了初步划分和汇总,并提出相应的建议。本次地质调查前期主要以地质踏勘为主。

2. 地质雷达法

地质雷达法探测是利用电磁波在隧道开挖工作面前方岩体中的传播及反射,根据传播速度、反射走时和波形特征进行超前地质预报的一种物探方法。地质雷达法用于探测浅部地层、岩溶、空洞、不均匀体,具有快速、无损伤、可连续可单点方式探测、实时显示等特点。以下是该隧道预报结论及验证情况。

(1)隧道2019年3月20日ZK58+882～ZK58+852超前预报情况见表4.7-5。

表4.7-5 隧道2019年3月20日ZK58+882～ZK58+852超前预报情况

ZK58+882～ZK58+852段地质雷达波形图(左→右、除中部溶腔)

> 综合分析雷达测线,并对比两条雷达测线,雷达图像同相轴连续性较差,整体电磁波反射信号中等偏强;主要以中、高频反射为主。其中,当前掌子面前方 0~7 m ZK58+882~ZK58+875 段存在多次反射波组,呈不连续反射,推断 ZK58+882~ZK58+875 区段节理裂隙及岩溶发育,左侧存在岩溶管道,黏性土及灰岩碎块填充,含水;当前掌子面前方 12~30 m ZK58+870~ZK58+852 段存在多次反射波组,呈不连续反射,推断 ZK58+870~ZK58+852 区段节理裂隙及岩溶发育,存在岩溶裂隙及溶洞,黏性土及灰岩碎块填充,含水;根据表 4.7-5,初步推测当前掌子面中部溶腔与隧道走向近似同向,发育深度里程段为 ZK58+882~ZK58+871。岩体较破碎,节理裂隙较发育,地下水稍发育,围岩整体完整性较差,自稳能力较差

开挖揭露验证情况:

2019 年 3 月 20 日掌子面 ZK58+882 中部出现竖向溶腔,黏性土及灰岩碎块填充,溶腔切穿洞身向拱顶上部发育,填充物掉落严重。超前预报里程 ZK58+882~ZK58+852,预报显示掌子面中部溶腔发育里程段为 ZK58+882~ZK58+871。据开挖揭露 ZK58+871.4 里程掌子面中部溶腔基本结束(图 4.7-15、图 4.7-16)。

图 4.7-15 预报掌子面 ZK58+882

图 4.7-16 ZK58+871.4 开挖结果

(2)隧道 2019 年 3 月 27 日 ZK57+293—ZK57+323 超前预报情况见表 4.7-6。

表 4.7-6 隧道 2019 年 3 月 27 日 ZK57+293—ZK57+323 超前预报情况

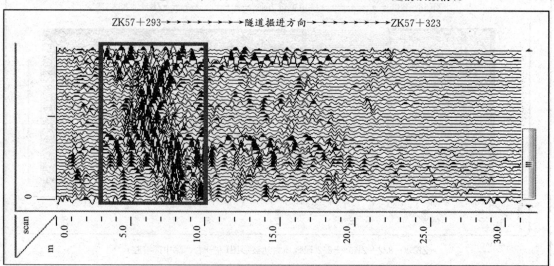

续表

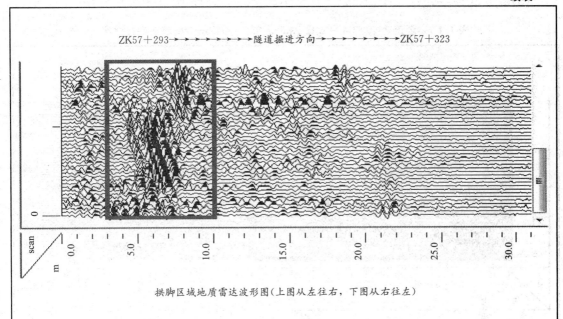

拱脚区域地质雷达波形图（上图从左往右，下图从右往左）

综合分析两条雷达测线，雷达图像局部同相轴连续性较好，局部能量图分布较均匀，可见低频反射信号，衰减较规律，推断ZK57+296～ZK57+303区段岩溶发育，可能发育有溶蚀裂隙、溶洞及溶腔，填充或半填充可至软塑黏性土，含水。地下水稍发育，岩体破碎，围岩完整性差，围岩整体自稳能力差。由于此预报段属于浅埋段，发育的溶蚀裂隙、溶洞及溶腔可能与地表连通，隧道在开挖过程中可能引发掉块、垮塌甚至地表塌陷

开挖揭露验证情况：

3月27日掌子面里程ZK57+293岩体破碎，溶蚀稍发育，完整性一般。超前预报里程ZK57+293～ZK57+323，预报显示ZK57+296～ZK57+303里程段发育有溶洞及溶腔，可能与地表连通。据开挖揭露ZK57+300里程掌子面发育溶洞及溶腔竖向发育，可能与地表连通（图4.7-17～图4.7-19）。

图4.7-17 预报掌子面ZK57+293

图4.7-18 ZK57+300开挖结果（一）

图4.7-19 ZK57+300开挖结果（二）

(3) 隧道 2019 年 4 月 6 日 ZK58+836～ZK58+806 超前预报情况见表 4.7-7。

表 4.7-7　隧道 2019 年 4 月 6 日 ZK58+836～ZK58+806 超前预报情况

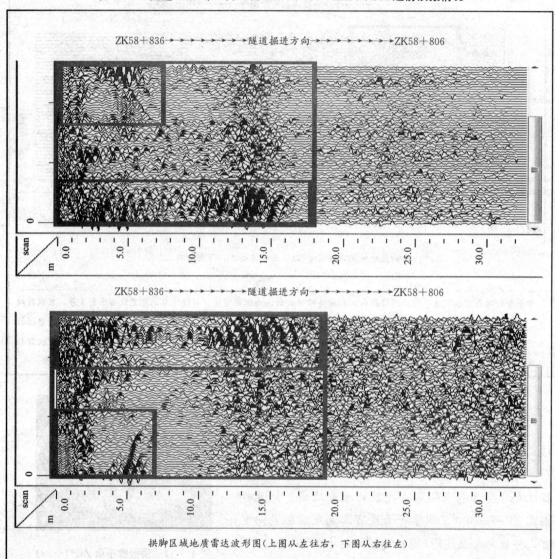

拱脚区域地质雷达波形图（上图从左往右，下图从右往左）

　　综合分析雷达测线，并对比两条雷达测线，雷达图像同相轴连续性差，整体电磁波反射信号中等偏弱；主要以中、低频反射为主。其中当前掌子面前方 0～18 m ZK58+836～ZK58+818 里程段左侧发育有溶洞、溶蚀裂隙等，黏性土填充或半填充，向隧道轮廓线以外发育；当前掌子面前方 3～7 m ZK58+833～ZK58+829 里程段右侧发育有溶洞、溶蚀裂隙及溶腔，黏性土填充或半填充，向隧道轮廓线以外发育；当前掌子面前方 18～30 m ZK58+818～ZK58+806 里程段节理裂隙及溶蚀发育，可能发育有溶洞、溶蚀裂隙及溶腔，填充或半填充黏性土及碎石。预报段岩体破碎，围岩完整性较差，整体自稳能力较差。开挖过程中易掉块、坍塌。预报段可见明显渗水，在雨季可能发生涌水及涌泥

开挖揭露验证情况：

(1) 2019 年 4 月 6 日上午掌子面为 ZK58+827，围岩为灰岩，左侧竖向发育有溶洞，

切穿拱顶，宽度约为 1 m，充填物主要为软塑—可塑状黏性土及碎石；掌子面右侧竖向发育有小溶洞，溶洞顶部不可见，宽度约为 0.2 m，充填物主要为软塑—可塑状黏性土及碎石；在约 ZK58+830 处左拱腰见溶蚀空洞，规模较大，向上部发育；右拱腰处发育有空洞，规模较大，向上部发育。掌子面可见渗水。

(2) 2019 年 4 月 6 日下午，该隧道出口左幅出完渣后掌子面左侧溶洞小规模涌出溶洞填充物，为黏性土夹碎石，发生第一次涌泥；清理完成后溶洞由垮塌填充物转为涌出填充物，规模较小，出现第二次涌泥；2019 年 4 月 9 日清理完成第二次涌泥的涌出物后在当天出现第三次涌泥；2019 年 4 月 17 日在 ZK58+827 里程掌子面正上方地表出现地表塌陷，面积约为 12 m²，深度约为 2.5 m。

(3) 此次预报 ZK58+827 里程和周边大及小里程方向的溶洞等均得到证实；同时，此预报段洞身、地表及周边溶蚀异常，雨季可能发生涌泥及涌水，也在预报结论里提到（图 4.7-20～图 4.7-27）。

图 4.7-20　ZK58+827 掌子面中部

图 4.7-21　ZK58+827 掌子面左侧溶洞

图 4.7-22　ZK58+830 左拱腰空洞

图 4.7-23　ZK58+830 右拱腰空洞

图 4.7-24　ZK58+827 掌子面右侧溶洞

图 4.7-25　ZK58+830 右拱腰空洞顶部

图 4.7-26　ZK58+827 掌子面第一次
涌泥(4 月 6 日下午)

图 4.7-27　ZK58+827 掌子面第二次
涌泥(4 月 6 日下午)

(4)隧道 2019 年 8 月 8 日 K57+589～K57+619 超前预报情况见表 4.7-8。

表 4.7-8　隧道 2019 年 8 月 8 日 K57+589～K57+619 超前预报情况

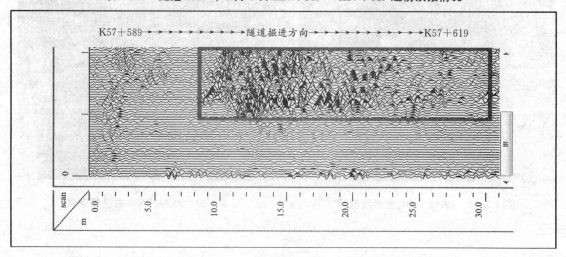

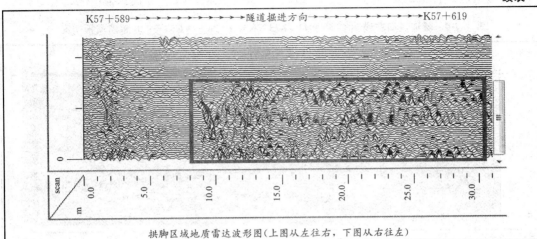

拱脚区域地质雷达波形图(上图从左往右,下图从右往左)

综合分析两条雷达测线及近期开挖情况,K57+598~K57+619段右侧(掌子面中部至右边墙)发育有溶蚀裂隙及溶洞,填充或半填充,部分为无填充。围岩岩体破碎,完整性差,自稳能力差。地下水稍发育,在雨季易发生塌方、地表塌陷及涌泥

开挖揭露验证情况:

2019年8月14日掌子面K57+610里程处揭露破碎灰岩,为溶洞内充填物垮塌形成,灰岩碎块杂乱无规律。掌子面中部为灰岩碎块填充黏性土及粉砂,渗水明显;其余部分似灰岩碎块堆积,缝隙较大,且多处揭露空洞,部分空洞见渗水。围岩岩体破碎,完整性极差,自稳能力差,掌子面潮湿。揭露情况和预报情况基本吻合(图4.7-28~图4.7-31)。

图 4.7-28　K57+610掌子面中下部(封闭前)

图 4.7-29　K57+610掌子面拱顶(封闭前)

图 4.7-30　K57+610掌子面空洞(封闭前)

图 4.7-31　K57+610右下侧揭露空洞(封闭前)

(5)隧道进口右线 2019 年 9 月 11 日 YK57+598～ YK57+628 超前预报情况见表 4.7-9。

表 4.7-9　隧道进口右线 2019 年 9 月 11 日 YK57+598～ YK57+628 超前预报情况

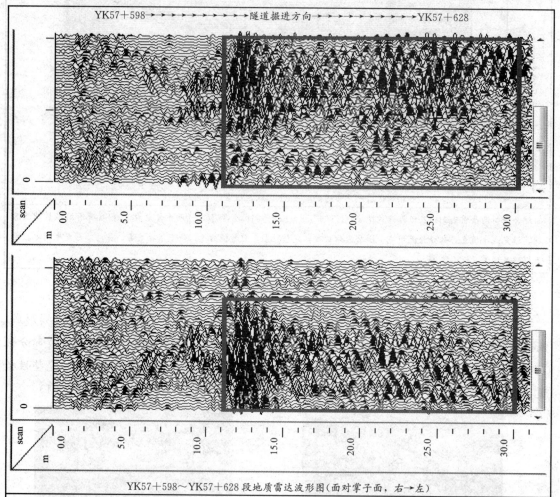

YK57+598～YK57+628 段地质雷达波形图（面对掌子面，右→左）

综合分析两条雷达测线及近期开挖情况，推测预报段溶蚀发育异常，其中，YK57+598～YK57+609 段溶蚀裂隙发育，张开度较大；YK57+609～YK57+628 段溶蚀裂隙及溶洞发育，填充或半填充，部分为空洞。岩体破碎，完整性差，自稳能力差，地下水稍发育。雨季易发生涌泥甚至地表塌陷，应注意防范。

开挖揭露验证情况：

2019 年 9 月 16 日掌子面 YK57+607 里程左侧拱脚发现溶洞，往右上及左下方发育，溶洞滴水较为严重，溶洞内充填物垮塌形成的灰岩碎块杂乱无规律。溶洞纵向长约为 5 m，横向宽约为 4 m，高度约为 15 m（图 4.7-32～图 4.7-34）。

图 4.7-32　YK57+607 掌子面左侧出现填充型溶洞

图 4.7-33　YK57+607 掌子面整体　　　　图 4.7-34　YK57+607 掌子面左侧溶蚀裂隙发育

(6)隧道 2019 年 10 月 23 日 K58+305~K58+275 超前预报验证见表 4.7-10。

表 4.7-10　隧道 2019 年 10 月 23 日 K58+305~K58+275 超前预报验证

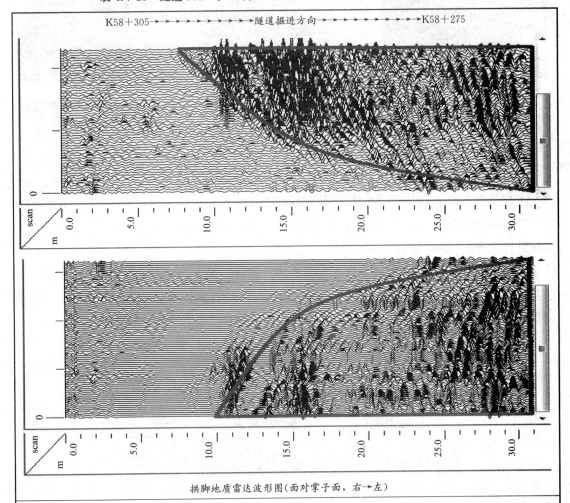

拱脚地质雷达波形图(面对掌子面，右→左)

综合分析两条雷达测线、现场开挖情况及设计资料，综合推测预报段溶蚀发育。其中，K58+295~K58+275 **段溶蚀发育异常，发育有溶蚀裂隙及溶洞，填充或半填充。围岩完整性差，整体自稳能力差，地下水稍发育。在开挖过程中易掉块甚至坍塌**

开挖揭露验证情况：

2019年10月26日掌子面K58+280：掌子面揭露主要为灰色中风石灰岩，岩质较坚硬，节理裂隙发育，裂隙间有方解石脉填充；掌子面右下角揭露最大宽度约为1.5 m的溶洞，可塑状黄色黏性土填充，出完渣后掌子面出现涌泥现象，涌出物主要为黄色软塑状黏土夹碎石（图4.7-35～图4.7-37）。

图4.7-35　K58+280掌子面右下角—充填型溶洞　　图4.7-36　K58+280掌子面10月26日出现涌泥约(一)　　图4.7-37　K58+280掌子面10月26日出现涌泥(二)

3. 地表高密度电法

工程技术人员于2019年06月05日对该隧道左幅K57+385、右幅YK57+340断面和YK57+360～YK57+655段地表进行了高密度电法探测，采用重庆奔腾WGMD-9及配套分析软件RES2 DINV进行测试和分析。

(1)基本原理。高密度电法属直流电阻率法，测量结果为二维视电阻率断面。高密度电法具有点距小、数据密度大、工作效率高的特点，能较直观、准确地反映地下电性异常体的形态。其工作流程如图4.7-38所示。

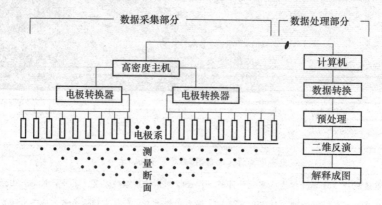

图4.7-38　高密度电法工作原理及其基本组成示意

高密度电法是以岩土体的电性差异为基础的一种电探方法,根据在施加电场作用下地层传导电流的分布规律,推断地下具有不同电阻率的地质体的赋存情况。

高密度电阻率法的物理前提是地下介质之间的导电性差异,与常规电阻率法一样,它通过 A、B 电极向地下供电流 I,然后在 M、N 极间测量电位差 ΔV,从而可求得该点(M、N 之间)的视电阻率值 $\rho = K \times \Delta V/I$, $K = 2\pi/(AM^{-1}-AN^{-1}-BM^{-1}+BN^{-1})$。根据实测的视电阻率剖面进行计算、分析,便可获得地层中的电阻率分布情况,从而可以划分地层、确定异常地层等。

(2)地球物理特征。根据测区野外岩土电阻率测量结果,测区主要岩土层的地球物理参数见表 4.7-11。

表 4.7-11　隧道进口测区电性参数

岩性	电阻率 $\rho_s/(\Omega \cdot m)$	备注
覆盖层	70~300	
全—强风化层	100~300	
灰岩	250~8 000	受充填情况影响

由表 4.7-11 可知,覆盖层或全—强风化层电阻率一般比较低,通常小于 300 Ω·m,但是浅部松散层电阻率较高,甚至可能高达 1 000 Ω·m 以上。完整的灰岩电阻率较高,通常大于 2 000 Ω·m,岩体越完整,电阻率越高。在岩体风化破碎强烈,或者岩溶强烈发育、含水的情况下,电阻率会明显降低,最低可达 100 Ω·m 以下。

测区内黏土与灰岩之间电阻率相差较大,在灰岩岩体内,随着岩石裂隙的发育程度、破碎程度、充填物含量的增加,电阻率都将急剧减小。这种物性差异为利用电阻率法对测区覆盖层、岩体裂隙发育程度及岩溶发育情况进行勘察提供了条件。但是由于工作区域地质条件复杂、坡度大,高密度电法受旁侧影响较大,故对结果解释难度也较大。

(3)工作参数。工作参数具体情况见表 4.7-12。

表 4.7-12　该隧道进口测区工作参数

测线号	装置类型	电极距/m	测量层数	总电极数/个	测深点数/点	长度/m
DF1—DF1′	α2 排列	5	21	60	777	295
DF2—DF2′	α2 排列	5	21	60	777	295

(4)测线布置。结合现场岩层产状、地形地貌情况,布置了两条测线。测线布置:一是从地表垂直通过隧道左幅 K57+385 和右幅 YK57+340 位置(面向大里程桩号),左边为小电极号,长 145 m,右边为大电极号,长 150 m,测线编号为 DF1—DF1′(横断面);二是在靠近右幅 YK57+360~YK57+655 区段沿隧道走向基本平行布置一条测线,编号为 DF2—DF2′(纵断面)。

测线布置示意如图 4.7-39~图 4.7-45 所示。

图 4.7-39 地表 DF1—DF1′现场测线布置示意

图 4.7-40 右洞测线现场布置示意(一)

图 4.7-41 右洞测线现场布置示意(二)

图 4.7-42 右洞测线现场布置示意(三)

图 4.7-43 高密度电法探测测线布置

图 4.7-44 高密度电法探测现场测试

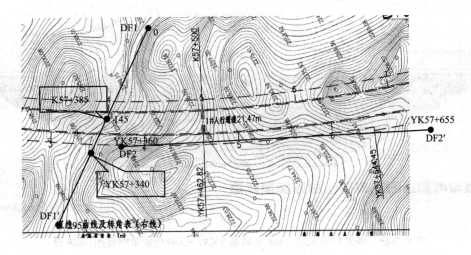

图 4.7-45 高密度电法测线布置示意

(5) 数据处理。高密度电阻率法数据解析主要包括：数据拼接；二维插值；滤波处理；地形校正；资料正、反演处理；资料解释与分析。

(6) 成果解释。横、纵断面视电阻率等值线图如图 4.7-46、图 4.7-47 所示，成果解释图如图 4.7-48、图 4.7-49 所示。

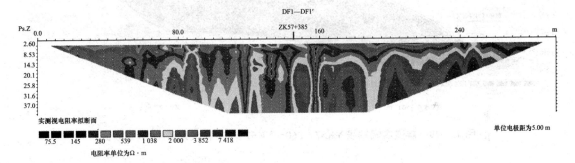

图 4.7-46 隧道左幅 K57+385 及右幅 YK57+340 处视电阻率拟断面图(横断面)

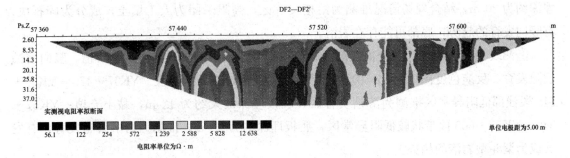

图 4.7-47 隧道右幅轴线 YK57+360～YK57+655 段视电阻率拟断面图(纵断面)

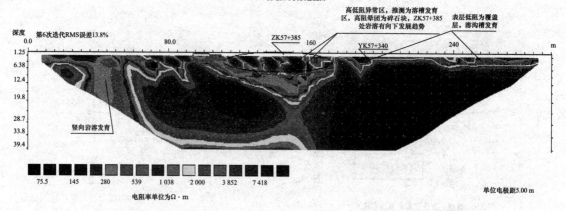

图 4.7-48　隧道左幅 K57+385 及右幅 YK57+340 处成果解释图(横断面)

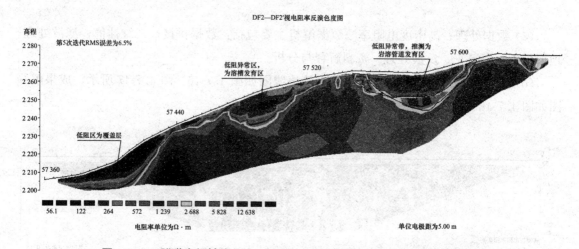

图 4.7-49　隧道右幅轴线 YK57+360～YK57+655 段成果解释图(纵断面)

①测线 DF1—DF1′：从等值线图(图 4.7-46)看，整条测线浅部多处有竖向地区异常，为溶沟、竖向溶蚀裂隙发育。由反演色度图(图 4.7-48)可知，点位于 35～55 m 段有一低阻异常区，推测为竖向岩溶发育区。点位于 95～175 m 段浅部有一高低阻异常区，底板最大埋深约为 20 m，结合现场情况推测为溶槽发育区，高阻晕团为人工填土，成分为碎石块，有竖向发育的趋势，底部可能存在岩溶。

②测线 DF2—DF2′：从等值线图(图 4.7-48)看，整条测线浅部溶沟、溶槽、竖向溶蚀裂隙发育。反演色度图(图 4.7-50)中，YK57+360～YK57+430 段、YK57+470～YK57+510 段浅部低阻异常区推测为溶槽发育区，底板埋深最大约为 12 m，黏土充填；YK57+540～YK57+605 段带状较低阻异常区，底板埋深约为 20 m，推测为岩溶管道发育，有发展成为漏斗型岩溶的趋势。

(7)高密度电法探测图像判释及综合成果分析。根据高密度电法成果及地质观察综合分析，结论如下：

①左幅隧道 K57+385 处和右幅隧道 YK57+340 处地表下方 20 m 范围内溶蚀发育,发育有充填型溶槽及溶洞,且有向下发展趋势。

②右幅 YK57+360~YK57+430 和 YK57+470~YK57+510 地表下方 12 m 范围内溶蚀发育,发育有充填型溶槽及溶洞。YK57+540~YK57+605 地表下方 20 m 范围内发育有竖向溶槽及岩溶管道。

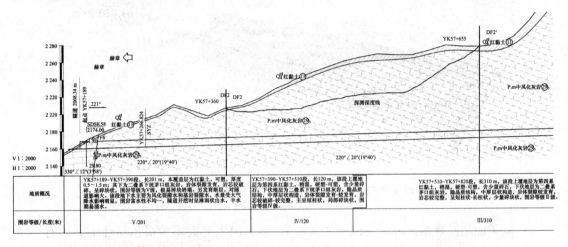

图 4.7-50　隧道右幅轴线 YK57+360~YK57+655 段设计纵断面图

4. TSP 地震波法

此次预报的设备为瑞士 Amberg Measuring Technique 公司生产的 TSP303 Plus 型地质超前预报仪在隧道上导掌子面进行探测,用以剖析隧道前方地质变化情况、隧道前方灾害体分布及性质(图 4.7-51)。

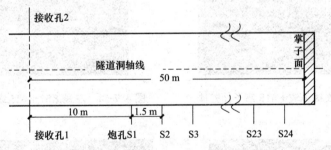

图 4.7-51　接收器孔和炮孔平面分布

(1)预报系统布置。隧道进口端左线掌子面桩号为 K57+615,在 K57+565 初支左侧拱脚竖高约为 1 m 处布置接收器 1,距离第 1 炮点 10 m;在 K57+575~K57+609 段初支右侧拱脚竖高约为 1 m 处依次布置 24 个炮孔,炮孔间距为 1.3~1.7 m,炮孔深度为 1.2~1.6 m,第 24 号炮点与掌子面距离为 6 m,预报系统示意如图 4.7-52 所示。

(2)仪器参数及数据采集。数据采集时,采用 X、Y、Z 三分量同时接收,采样间隔为 62.5 μs,记录长度为 500 ms。激发地震波时,采用无爆炸延期的瞬发电雷管,防水乳化炸药(包装药卷,300 g/卷),激发药量为1~8炮150 g,9~24炮100 g,均注水封堵炮孔。

实际激发并采集地震数据24炮,所采集的地震数据20炮有效,可用于后续数据处理和评估。

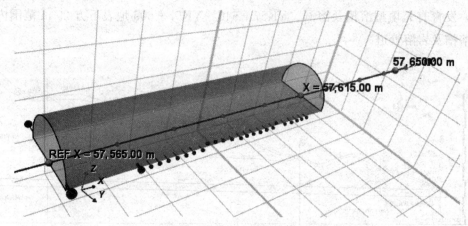

图 4.7-52　TSP 预报系统接收器和炮孔模型示意

(3)掌子面地质观察。进口左线 K57+615:掌子面主要揭露黄褐色黏性土夹碎石、块石,岩、土体较密实,碎石和块石主要为灰岩,块石最大揭露宽度约为 4 m,为溶洞垮塌形成;地下水发育,点滴状出水;围岩自稳能力差,掌子面潮湿(图 4.7-53~图 4.7-56)。

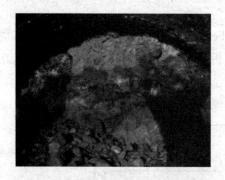 

图 4.7-53　左线 K57+615 掌子面整体　　图 4.7-54　左线 K57+615 掌子面中部围岩

图 4.7-55　左线 K57+615 掌子面左侧围岩　　图 4.7-56　左线 K57+615 掌子面 TSP 预报

(4)TSP图像判释及综合分析成果。采集的TSP数据，通过TSPwin软件进行处理，获得P波的时间剖面、深度偏移剖面和反射层提取，以及岩体物理与力学参数等成果（图4.7-57和图4.7-58）。

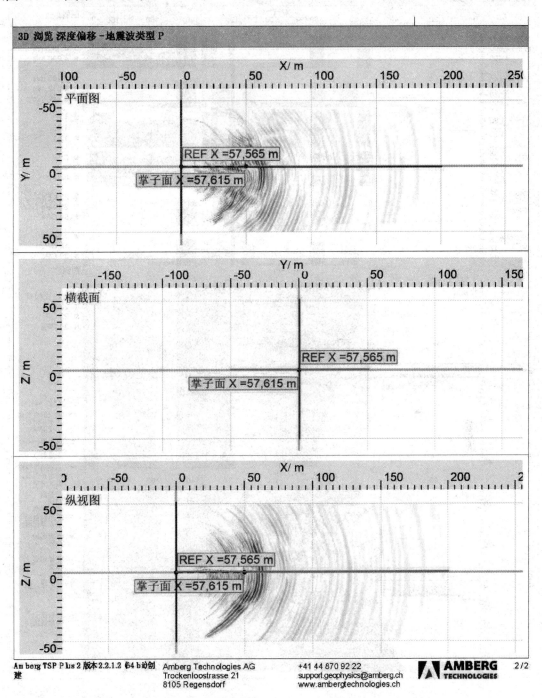

图4.7-57　TSP探测深度P波偏移剖面图

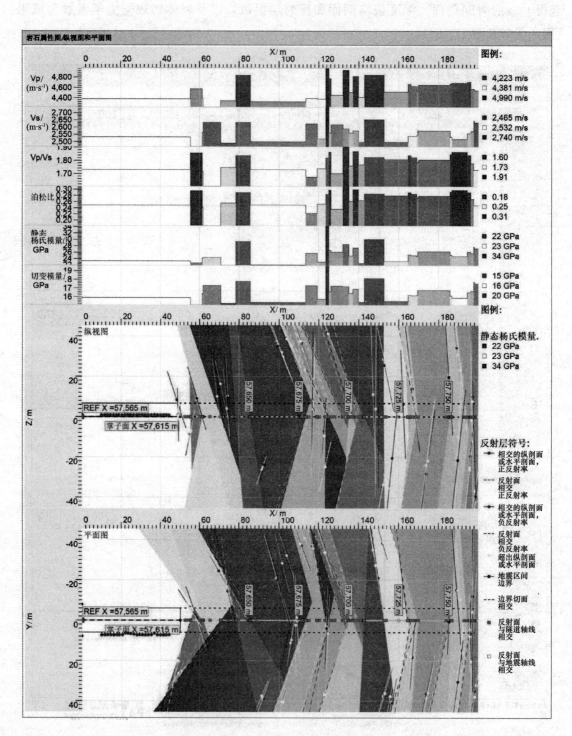

图 4.7-58 TSP 探测成果图

前方地震反射波大致可将其分成三个不同特征的反射区,其对应的深度和里程桩号见表 4.7-13。根据工程地质勘察资料、掌子面地质观察及 TSP 探测结果,对 TSP 探测数据进行综合剖析,判释见表 4.7-13。

表 4.7-13 TSP 测试成果判释

隧道名称及洞别	测试范围	探测长度/m	TSP 测试成果判释
隧道进口左线	K57+615～K57+685	70	该段纵波波速相对较低;纵波深度偏移图显示正负反射强,局部纵横波比、泊松比突然增大,静态杨氏模量较低。推测该区段围岩与掌子面围岩基本类似,围岩主要为中风化石灰岩和溶蚀破碎带,节理及溶蚀发育,局部发育有充填、半充填溶洞,岩体破碎、极破碎,局部地下水发育,施工开挖后出水状态呈点滴状、线流状,开挖后支护不力或不及时易发生掉块、垮塌甚至涌水突泥;综合分析围岩完整性差,自稳能力差
	K57+685～K57+710	25	该段纵波波速不均匀;纵波深度偏移图显示正负反射较弱;反射界面较密集。初步推测该区段围岩为中风化灰岩,节理及溶蚀较发育,局部发育有充填、半充填溶洞和溶蚀裂隙,岩体较破碎;地下水稍发育,施工开挖后出水状态呈点滴状、线流状,开挖过程中易发生松动掉块甚至垮塌;综合分析围岩完整性较差,自稳能力较差
	K57+710～K57+750	40	该段纵波波速相对较高;纵波深度偏移图显示正负反射弱;反射界面密集,以正反射为主。初步推测该区段围岩为中风化石灰岩,节理及溶蚀发育,岩体较破碎;地下水稍发育,施工开挖后出水状态呈点滴状、线流状,开挖过程中易发生松动掉块甚至垮塌;综合分析围岩自稳能力较差

5. 音频大地电磁法

本次物探工作的主要目的是采用音频大地电磁法查明隧道已揭露的溶洞范围及未开挖段岩溶发育情况。

(1) 工作时间、仪器设备、完成的工作量等。2020 年 4 月 15 日进场,16—17 日完成野外工作,完成工作量见表 4.7-14。

表 4.7-14 工作量汇总表

工作内容	测线/条	长度/m	点距/m	测量点数/个
音频大地电磁法	2	310	10	33

本次的音频大地电磁法,使用的仪器为 1996 年美国 EMI 与 Geometrics 两家公司联合

研制的,重点解决浅、中深度范围内工程地质等问题的一种双源型电磁系统——EH-4(Ⅱ)。

(2)物探工作的不利条件。场区内植被发育,或处于人迹罕至的灌木林,基岩出露严重,障碍类别属于Ⅴ类。

场区地形起伏大,最大相对高差超过100 m,部分路段地形很陡或人员无法直接经过,坡度倾斜大于45°,属于Ⅴ类地形。

(3)工作方法与技术。

①外业测线布置。根据勘察要求,结合现场地形情况,沿隧道右幅轴线 YK58+250~YK58+460 段布置1条纵测线,命名为 DC1—DC1′;过右幅轴线 YK58+287 布置1条横测线,命名为 DC2—DC2′,详见音频大地电磁法工作汇总表(表4.7-15)。

表 4.7-15　音频大地电磁法工作汇总表

编号	长度/m	点距/m	有效数据点/个
DC1—DC1′	210	10	22
DC1—DC1′	100	10	11

②工作方法及依据。测区内粉质黏土与灰岩视电阻率相差较大。黏土视电阻率较小,灰岩视电阻率较大,且在灰岩中随着岩体裂隙的发育程度、破碎程度、充填物含量及泥质含量等的增加,电阻率都将急剧减小。这种物性差异,为利用电磁法勘察测区的覆盖层厚度、岩性界面、透镜体、断层破碎带、岩溶暗河、岩体裂隙发育程度等提供了良好前提。

音频大地电磁法的基本原理:当天然交变电磁场入射大地,在地下以波的形式传播时,地面电磁场的观测值由于电磁感应的作用,会包含地下介质的电阻率分布信息。而由于不同频率的电磁场信号具有不同的穿透深度,因此,大地电磁测深通过研究地表采集的电磁数据反演解释地下不同深度介质电阻率分布的信息。

③仪器性能及仪器因素选择。在进行现场工作前,根据《公路工程物探规程》(JTG/T C22—2020)对仪器进行了自检。本次工作使用的 EH-4 连续电导率剖面仪,仪器工作性能良好,测量数据可靠。

测量前,先做平行试验,保证仪器工作正常。测量过程中,尽量远离房屋、电塔、铁路、水流等干扰区,工作人员和主机离前置放大器5 m 以外,减少人为活动对数据的影响。始终保持电场 E 和磁场 H 两两垂直,磁棒水平安放,或埋于土中,清除电极处表层松散层及杂草,尽量减小接地电阻,以保证测量数据质量。

(4)资料解释与成果分析。

①解释方法。对采集得到的数据,使用 IMAGEM 软件和 Surfer 软件进行数据处理及成图,同时输入测线地面高程数据,做地形校正,再据经验在软件中合理设置解释所必需的参数。在解释过程中随时调整参数,以便使结果真实合理,计算结果用 ρ_s 等值线图进行

解释。

②成果分析及地质解释。本次音频大地电磁法，根据理论计算及实践经验，反映的勘探深度为 50～400 m。根据用 Surfer 软件绘制的 ρ_s 等值线图结果，结合地质调绘资料，解释如下：

a. DC1—DC1′：测线内局部地形较陡，基岩出露，岩溶发育，发现多个较为明显的异常。在 YK58+250～YK58+300 段视电阻率较低，推测该段岩体完整性较差，其中特别是在 YK58+250～YK58+263 段(异常①)、YK58+283～YK58+300 段(异常②)，表现为竖向低阻，推测岩体破碎，不排除发育溶洞的可能，施工时要加强防范，谨防冒顶等意外发生；异常③位于 YK58+354～YK58+370 段，呈竖向椭圆状，过隧道，推测为岩体裂隙发育，不排除存在溶洞，施工时要加强防范；异常④、⑤均位于 YK58+400～YK58+429 段，呈低阻异常。异常④中心高程为 2 258 m，位于隧道上方，推测裂隙发育；异常⑤竖向条带发育，结合掌子面开挖情况，该异常为揭露溶洞，溶洞底板距隧道 105 m 左右。不排除与异常④上下贯通，需加强防范。在隧道 YK58+417～YK58+460 段附近低阻异常，推测由开挖路段施工供电影响，不解释。由于勘察段植被发育，地形较陡，电极接地较差，故对数据采集有一定影响，客观上增加了物探解释的多解性。

b. DC2—DC2′：测线位于冲沟之中，与右幅隧道 YK58+287 斜交，发现多个较为明显异常，其中，异常③位于右幅隧道附近，推测岩体破碎，裂隙发育，不排除有溶洞存在，隧道开挖时需要加强防范。

音频大地电磁法勘探的地质解释结果详见隧道 YK58+250～YK58+460 段物探成果解释图。

(5)结论与评价。

①地质结论。根据物探成果得出结论如下：

a. 在 YK58+250～YK58+300 段，岩体完整性较差，特别是在 YK58+250～YK58+263 段、YK58+283～YK58+300 段，推测岩体破碎，不排除发育有溶洞的可能，施工时要加强防范，谨防冒顶等意外发生。

b. 在 YK58+354～YK58+370 段异常，过隧道，推测为岩体裂隙发育，不排除存在溶洞，施工时要加强防范，谨防冒顶等意外发生。

c. 在 YK58+405～YK58+417 段，存在分上下两层异常，掌子面处已揭露溶洞底板距隧道 105 m，其与上层低阻异常可能有竖向裂隙贯通，施工时要加强防范，防止掉块等。

②观测质量评价。本次物探工作，仪器性能良好，野外测量的数据质量可靠有效，解释结果符合《公路工程物探规程》(JTG/T C22—2020)要求。

(6)问题与建议。

①本次物探工作，基本查明了隧道右幅 YK58+250～YK58+460 段岩溶发育、揭露溶洞底深度等情况，但由于现场地表地形条件差，在 EH-4 探明异常区无法加密测线进一步查明，因此溶洞发育方向及范围无法确定。

②根据物探结论，建议在施工过程中，在物探查明的异常位置附近，进一步验证并提

前做好地质超前预报和安全防范，并结合施工情况动态设计，根据围岩变化及时优化调整，谨防意外事故发生。

③由于部分路段地形较陡甚至无法正常施工，且场区普遍接地较差，故对数据采集有一定影响，客观上增加了物探解释的多解性。

模块五　隧道环境监测

教学目标

通过本模块的学习，了解公路隧道施工环境监测及隧道运营环境监测的目的和意义。隧道施工环境监测是监测隧道施工环境是否达到了规定标准，以评价作业环境，修正通风方案。隧道运营期，隧道通风主要为稀释隧道内的一氧化碳、烟雾和空气中的异味，提高隧道行车的舒适性和安全性。

知识点

(1)粉尘浓度测定、瓦斯检测、一氧化碳检测、硫化氢检测、氡气检测、核辐射检测。
(2)运营通风方式、运营照明方式、运营通风检测、运营照明检测。

课题一　隧道施工环境监测

一、简介

公路隧道在施工中会产生强烈的噪声、冲击、振动、大气污染、弃渣污染，并对施工人员的身体产生危害。因此，在隧道的施工阶段必须采取相应的措施，降低施工过程给环境和人员带来的不利影响，并加强施工环境监测。隧道施工环境监测的主要任务是监测隧道施工过程中隧道内的粉尘、有害气体及核辐射。

(一)隧道施工作业环境监测的目的

《公路隧道施工技术规范》(JTG/T 3660—2020)主要对施工隧道空气中的氧气含量、粉尘浓度、有害气体、噪声、温度等指标的允许值做出了明确规定。因此，隧道施工作业环境监测的目的主要是监测隧道施工环境是否达到了规定的标准，以评价作业环境，修正通风方案。

(二)隧道施工作业环境监测的主要内容

《公路隧道施工技术规范》(JTG/T 3660—2020)规定：一般隧道施工，主要监测的是粉尘浓度、一氧化碳浓度、硫化氢浓度、氡气浓度、洞内温度;瓦斯隧道施工,重点监测的是瓦斯浓度;放射性地层隧道施工,重点监测的是核辐射。

二、粉尘浓度测定

(一)隧道施工作业环境粉尘浓度应符合的卫生及安全标准

山岭公路隧道所穿过的地层地质条件千变万化,施工中产生的粉尘危害性很大。

一般的粉尘能引起职业病,危害施工人员的身体健康,特殊情况下在煤层内掘进时产生的煤尘还有爆炸危险,严重威胁着隧道的施工安全。因此,必须重视粉尘检测与防治工作,改善劳动条件,确保施工安全。《公路隧道施工技术规范》(JTG/T 3660—2020)规定,隧道施工空气中各类粉尘容许浓度见表 5.1-1。

表 5.1-1 隧道施工空气中粉尘容许浓度 mg/m³

名称		PC-TWA		临界不良健康效应
		总粉尘	呼吸性粉尘	
白云石粉尘		8	4	尘肺病
沉淀 SiO_2(白炭黑)		5	—	上呼吸道及皮肤刺激
大理石粉尘(碳酸钙)		8	4	眼、皮肤刺激,尘肺病
电焊烟尘		4	—	电焊工尘肺
沸石粉尘		5	—	尘肺病、肺癌
硅灰石粉尘		5	—	
硅藻土粉尘(游离 SiO_2 含量<10%)		6	—	尘肺病
滑石粉尘(游离 SiO_2 含量<10%)		3	1	滑石尘肺
煤尘(游离 SiO_2 含量<10%)		4	2.5	煤工尘肺
膨润土粉尘		6	—	鼻、喉、肺、眼刺激,支气管哮喘
石膏粉尘		8	4	上呼吸道、眼和皮肤刺激,肺炎等
石灰石粉尘		8	4	眼、皮肤刺激,尘肺病
石墨粉尘		4	2	石墨尘肺
水泥粉尘(游离 SiO_2 含量<10%)		4	1.5	水泥尘肺
炭黑粉尘		4	—	炭黑尘肺
矽尘	10%≤游离 SiO_2 含量≤50%	1	0.7	矽肺
	50%<游离 SiO_2 含量≤80%	0.7	0.3	
	游离 SiO_2 含量>80%	0.5	0.2	
稀土粉尘(游离 SiO_2 含量<10%)		2.5	—	稀土尘肺、皮肤刺激
萤石混合性粉尘		1	0.7	矽肺
云母粉尘		2	1.5	云母尘肺
珍珠岩粉尘		8	4	眼、皮肤、上呼吸道刺激
蛭石粉尘		3	—	眼、上呼吸道刺激

续表

名称	PC-TWA		临界不良健康效应
	总粉尘	呼吸性粉尘	
重晶石粉尘	5	—	眼刺激,尘肺
其他粉尘	8	—	—

注:1. 表中的其他粉尘指游离 SiO_2 含量低于10%,不含石棉和有毒物质,且尚未制定容许浓度的粉尘。
2. 表中列出的各种粉尘,凡游离 SiO_2 含量高于10%者,均按矽尘容许浓度对待。
3. PC-TWA:时间加权平均容许浓度,以时间为权数规定的 8 h 工作日、40 h 工作周的平均容许接触浓度。
4. 总粉尘:可进入整个呼吸道(鼻、咽和喉、胸腔支气管、细支气管和肺泡)的粉尘,简称"总尘"。技术上是指用总粉尘采样器按标准方法在呼吸道测得的所有粉尘。
5. 呼吸性粉尘:按时吸性粉尘标准测定方法所采集的可进入肺泡的粉尘粒子,其空气动力学直径均在 7.07 μm 以下,空气动力学直径 5 μm 粉尘粒子的采样效率为50%,简称"呼尘"。

(二)粉尘浓度检测的基本方法和原理

我国常采用质量法测定粉尘浓度,目前普遍采用滤膜测尘法。

1. 总粉尘(总尘)浓度检测原理

空气中的总粉尘用已知质量的滤膜采集,由滤膜的增量和采气量计算出空气中总粉尘的浓度。

2. 呼吸性粉尘(呼尘)浓度检测原理

空气中粉尘通过采样器上的预分离器分离出的呼吸性粉尘颗粒采集在已知质量的滤膜上,由采样后的滤膜增量和采气量计算出空气中呼吸性粉尘的浓度。

(三)总粉尘(总尘)浓度检测

1. 测试仪器

(1)滤膜:过氯乙烯滤膜或其他测尘滤膜。空气中粉尘浓度≤50 mg/m³ 时,用直径为 37 mm 或 40 mm 的滤膜;粉尘浓度>50 mg/m³ 时,用直径为 75 mm 的滤膜。

用直径为 0.3 μm 的油雾进行检测时,滤膜的阻留率不小于99%;用 20 L/min 的流量采样,过滤面积为 8 cm² 时,滤膜的阻力不大于 1 000 Pa;因大气中湿度变化而造成滤膜的质量变化,不大于0.1%。

(2)粉尘采样器:包括采样夹和采样器两部分。

①采样夹:应满足总粉尘采样效率的要求,总粉尘采样夹理想的入口流速为 $1.25 \times (1 \pm 10\%)$ m/s。

a. 粉尘采样夹:可安装直径为 40 mm 和 75 mm 的滤膜,用于定点采样。

b. 小型塑料采样夹:可安装直径≤37 mm 的滤膜,用于个体采样。

②采样器:用于个体采样时,流量范围为 1~5 L/min;用于定点采样时,流量范围为 5~80 L/min。用于长时间采样时,连续运转时间应≥8 h。需要防爆的工作场所应使用防

爆型粉尘采样器。

(3)抽气装置：近几年，电动测尘仪得到了广泛应用，它是以微型电池或蓄电池为动力，采用密闭触点开关，带动小型电动抽气机抽取含尘空气，使其通过装有滤膜的采样器及流量计，进行粉尘测定。

(4)分析天平：感量 0.1 mg 或 0.01 mg。

(5)秒表或其他计时器。

(6)干燥器：内装变色硅胶。

(7)镊子。

(8)除静电器。

2. 测定过程

(1)滤膜的准备。

①干燥：称量前，将滤膜置于干燥器内 2 h 以上。

②称量：用镊子取下滤膜的衬纸，将滤膜通过除静电器，除去滤膜的静电，在分析天平上准确称量。

③在衬纸与记录表上记录滤膜的质量和编号。

④将滤膜和衬纸放入相应容器中备用，或将滤膜直接安装在采样头上。

⑤安装：滤膜毛面应朝进气方向，滤膜放置应平整，不能有裂隙或褶皱。通常采用直径为 75 mm 的滤膜做成漏斗状装入采样夹。

(2)采样。

①现场采样按照《工作场所空气中有害物质监测的采样规范》(GBZ 159—2004)的规定执行。要根据现场空气中粉尘的浓度、使用采样夹的大小和采样流量及采样时间，估算滤膜上总粉尘的增量(Δm)。使用直径≤37 mm 的滤膜时，Δm 不得大于 5 mg；使用直径为 40 mm 的滤膜时，Δm 不得大于 10 mg；使用直径为 75 mm 的滤膜时，Δm 不限。

②采样前，要通过调节使用的采样流量和采样时间，防止滤膜上粉尘增量超过上述要求(即过载)。在采样过程中，若有过载可能，应及时更换采样夹。

③掘进工作面可以在风筒出口后面距离工作面 4～6 m 处采样，其他作业点一般在工作面上方采样。采样器进风口要迎着风流，距离地板高度为 1.3～1.5 m。

④采样时间应在测点粉尘浓度稳定以后，一般在作业开始 30 min 后进行。采样持续时间以 15 min 为宜。为保证测尘的准确性，便于对比，要求在同一测点相同的流量下，同时采集两个样品。

(3)样品的运输和保存。采样后，取出滤膜，将滤膜的接尘面朝里对折两次，置于清洁容器内。或将滤膜或滤膜夹取下，放入原来的滤膜盒中。室温下运输和保存。携带运输过程中应防止粉尘脱落或二次污染。

(4)样品的称量。称量前，将采样后的滤膜置于干燥器内 2 h 以上，除静电后，在分析天平上准确称量。滤膜增量 $\Delta m \geqslant 1$ mg 时，可用感量为 0.1 mg 的分析天平称量；滤膜增量 $\Delta m \leqslant 1$ mg 时，应用感量为 0.01 mg 的分析天平称量。

采样前后，滤膜称量应使用同一台分析天平。

测尘滤膜通常带有静电，影响称量的准确性，因此，应在每次称量前除去静电。

3. 总粉尘浓度计算

按式(5.1-1)计算空气中总粉尘的浓度：

$$C = \frac{m_2 - m_1}{Q \cdot t} \cdot 1\,000 \tag{5.1-1}$$

式中　C——空气中总粉尘的浓度(mg/m^3)；

　　　m_2——采样后的滤膜质量(mg)；

　　　m_1——采样前的滤膜质量(mg)；

　　　Q——采样流量(L/min)；

　　　t——采样时间(min)。

空气中总粉尘时间加权平均浓度按《工作场所空气中有害物质监测的采样规范》(GBZ 159—2004)的规定计算。

(四)呼吸性粉尘(呼尘)浓度检测

1. 测试仪器

(1)滤膜：过氯乙烯滤膜或其他测尘滤膜。

(2)呼吸性粉尘采样器：主要包括预分离器和采样器。预分离器对粉尘粒子的分离性能应符合呼吸性粉尘采样器的要求，即采集的粉尘的空气动力学直径应在 7.07 μm 以下，且直径为 5 μm 的粉尘粒子的采集率应为 50%。

(3)采样器：性能和技术指标应符合《工作场所空气中粉尘测定 第1部分：总粉尘浓度》(GBZ/T 192.1—2007)的要求。需要防爆的工作场所应使用防爆型粉尘采样器。

(4)流量计：流量计的量程和精度应满足采样器性能的要求。用于长时间采样时，连续运转时间应≥8 h。

(5)分析天平：感量 0.01 mg。

(6)秒表或其他计时器。

(7)干燥器：内装变色硅胶。

(8)镊子。

(9)除静电器。

2. 测定过程

(1)滤膜的准备。

①干燥：称量前，将滤膜置于干燥器内 2 h 以上；

②称量：用镊子取下滤膜的衬纸，除去滤膜的静电；在分析天平上准确称量，在衬纸与记录表上记录滤膜的质量和编号；将滤膜和衬纸放入相应容器中备用，或将滤膜直接安装在采样夹上。

③安装：安装时，滤膜毛面应朝进气方向，滤膜放置应平整，不能有裂隙或褶皱。

(2)采样。

①现场采样按照《工作场所空气中物质监测的采样规范》(GBZ 159—2004),并参照《工作场所空气中粉尘测定 第 1 部分：总粉尘浓度》(GBZ/T 192.1—2007)的附录 B 和附录 C 执行。要根据现场空气中粉尘的浓度、使用采样夹的大小和采样流量及采样时间,估算滤膜上总粉尘的增量(Δm)。Δm 不得小于 0.1 mg,不得大于 5 mg。

②采样前,要通过调节采样时间,防止滤膜上粉尘增量超过上述要求。采样过程中,若有过载可能,应及时更换预分离器。

③掘进工作面可在风筒出口后面距离工作面 4～6 m 处采样,其他作业点一般在工作面上方采样。采样器进风口要迎着风流,距离地板高度为 1.3～1.5 m。

④采样时间应在测点粉尘浓度稳定以后,一般在作业开始 30 min 后进行。采样持续时间以 15 min 为宜。

为保证测尘的准确性,便于对比,要求在同一测点相同的流量下,同时采集两个样品。

(3)样品的运输和保存。样品的运输和保存的要求与总粉尘浓度检测相同。

(4)样品的称量。样品的称量要求与总粉尘浓度检测相同。

3. 呼吸性粉尘浓度计算

空气中呼吸性粉尘的浓度同样可按式(5.1-1)计算,但其中 C 为空气中呼吸性粉尘的浓度,单位为 mg/m^3;空气中呼吸性粉尘时间加权平均浓度按《工作场所空气中有害物质监测的采样规范》(GBZ 159 — 2004)的规定计算。

(五)快速粉尘浓度测定

滤膜测尘的准确性比较高,能够比较准确地反映粉尘状况,所以,我国目前普遍采用这一方法。但是,这种测尘方法操作程序多,需要时间较长,不能即时得出测定结果,因而,还不能起到及时指导现场防尘工作的作用,同时,也会影响测尘工作的普遍开展。

为了简化测尘过程,迅速获得测尘结果,国内外都在研究各种快速测尘仪器,如光电测尘仪、静电测尘仪、β射线测尘仪、全体粉尘采样器(由工人携带于身上,小流量长时间连续采样)等。我国煤炭系统研制的 ACG-1 型煤尘测定仪、ACH-1 型呼吸性粉尘测定仪、ACS-1 型水泥粉尘测定仪,均属光电型。这些新型测尘仪器的推广和应用将会极大地促进我国的防尘劳动保护工作。

三、瓦斯检测

(一)瓦斯隧道施工作业环境应符合的卫生及安全标准

隧道在掘进中有时穿过煤系地层,煤系地层经常富含瓦斯。瓦斯是可燃和可爆气体,其主要成分是甲烷(CH_4)。瓦斯爆炸是含有瓦斯与助燃成分的混合气体在火源引燃下,瞬间完成燃烧反应,形成高温高压产物的过程。由于反应过程很快,与时间成反比的功率就很大，所形成的瞬间压力对掘进中的隧道有很大的破坏力，对人员生命安全有很大威胁。因此，瓦斯检测是瓦斯隧道施工环境监测的重要内容，是保证施工安全的重要措施。高瓦斯工作区安全施工管理等级见表5.1-2。

表5.1-2 高瓦斯工作区安全施工管理等级

安全管理等级	开挖工作面回风流中甲烷浓度	管理状态	安全防范措施与作业规定
一	<0.5%	正常	(1)正常施工作业； (2)按程序要求审批进行焊接等动火作业，瓦检员跟班随时检测动火点附近甲烷浓度； (3)连续通风
二	0.5%～1.0%	预警	(1)严禁焊接等明火作业； (2)加强通风或优化通风系统； (3)加强瓦斯检测，调查瓦斯发生源； (4)按程序及时上报，其他工序正常作业
三	≥1.0%	应急	(1)停工、撤人； (2)断电，切断洞内全部非本质安全型电源； (3)加强通风或优化通风系统； (4)加强瓦斯检测，调查瓦斯发生源； (5)甲烷浓度进一步升高超过1.5%时，严禁任何非瓦斯专业人员进洞，采取专项安全措施

《公路隧道施工技术规范》(JTG/T 3660—2020)规定：装药前和爆破前，放炮员、瓦检员、安全员应同时检查，遇下列情况之一时，未经妥善处理，严禁装药或起爆：

(1)爆破地点附近20 m以内风流中甲烷浓度：微瓦斯超过0.25%、低瓦斯超过0.5%、高瓦斯超过1.0%时。

(2)隧道内通风量不够，风向不稳或局部有循环风时。

(3)炮孔内有异状，温度骤高、骤低，煤岩松散或有显著瓦斯涌出时。

(4)炮孔内煤岩粉末未清除干净时。

(5)炮孔无炮泥、封堵不足或不严。

(二)瓦斯隧道瓦斯浓度检测的基本方法

对瓦斯隧道的瓦斯浓度检测应采用人工检测和自动监测相结合的方法。

(1)人工检测是专职瓦斯检测员使用便携式瓦斯检测仪在测点处直接读取数据。专职的瓦斯检测员应定期检查各隧道瓦斯情况。瓦斯检测员配备的检测仪器为便携式瓦斯测量仪和光干涉瓦斯检定器。

(2)自动监测是在测点处安设甲烷传感器，将甲烷浓度转换成标准的电信号，传给分站(数据采集站)，分站将采集的信号经过运算处理后，传给监控计算机，通过监控计算机读取数据。

(三) 催化型瓦斯测量仪

1. 催化型瓦斯测量仪检测原理

在催化剂的作用下，瓦斯与氧气在较低温度下发生强烈氧化（无焰燃烧），反应的化学方程式为

$$CH_4 + 2O_2 \xrightarrow{\text{催化剂}} CO_2 + 2H_2O + Q \qquad (5.1-2)$$

根据催化理论，反应过程是由于催化剂 Pt、Pd 的存在，降低了瓦斯（CH_4）和氧发生链反应的活化能，在催化剂表面的活化中心附近，被吸附的 CH_4，分子内部结构离开了稳定状态而活化裂解，加速链反应的进行。CH_4 与 O_2，在 Pt、Pd 催化下的反应是一种多相反应，在这种反应中，气体在催化剂表面上的吸附与否与活化程度和催化反应密切相关。金属催化剂的吸附能力取决于金属和气体分子结构及吸附条件。另外，催化剂的能力取决于金属和气体分子结构及吸附条件，催化剂的分散度对化学反应也有重要影响。利用载体催化元件测量瓦斯浓度的原理如图 5.1-1 所示。这是一个简单的测量电桥，催化元件 T_1（黑元件）为工作元件，没有浸渍催化剂的元件 T_2（白元件）为补偿元件。无瓦斯时，通过 W_2 的调整，可使电桥处于平衡状态，此时在工作电流的加热下，元件温度为 500 ℃ 左右。当有瓦斯时，瓦斯与氧气在工作元件表面发生反应，放出反应热 Q。反应热被元件吸收引起温度升高。由于铂丝是电阻温度系数很高的热敏材料，元件的温度增量 ΔT 将引起电阻增量 ΔR，从而使电桥不平衡，产生一个与瓦斯浓度成正比的输出信号。利用这个原理可以检测瓦斯浓度。如果将获得的信号放大传送到远处，就可以实现瓦斯浓度的遥测。

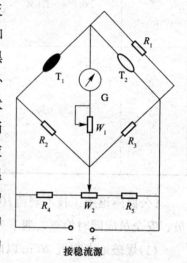

图 5.1-1 测量电桥

2. 催化型瓦斯测量仪

在瓦斯和其他可燃性气体的检测中，最常用的是载体催化型的仪器，它使用的载体催化元件（以下简称元件）是一种热敏式瓦斯传感器。由于它具有体积小（典型尺寸为一个长 3 mm、直径 1.2 mm 的圆柱体）、质量轻（每个元件为 7 mg）、构造简单、使用方便、消耗功率小、性能稳定等一系列优点，所以成为目前国内外自动检测瓦斯的主要传感器。

铂丝螺旋圈是催化型瓦斯测量仪使用纯铂丝元件或载体催化元件作为传感器检测瓦斯浓度。无论是哪种元件，携带型瓦斯测量仪又可分为两类：一类是由桥路输出直接推动电表指示；另一类是测量电桥的输出信号经过电子线路放大后，推动电表指示或推动数字显示电路指示瓦斯浓度。经放大后的信号还可以与声光显示单元连接，给出专门的停限指示或声光警报信号。

还有一类仪器，它们介于携带型测量仪与固定式连续检测仪器之间。这类仪器用表头指示或者数字显示瓦斯浓度，并将检测信号经放大整形后推动警报电路，当瓦斯超限时发

出声光警报信号。抚顺煤矿安全仪器厂生产的 AQJ-9 型瓦斯指示警报器就属于这类仪器。这类仪器使用蓄电池供电，经过一次充电，一般可连续工作 8 h。

由于在隧道掘进中人员比较分散，工作地点变动频繁，便携式瓦斯检测仪表具有十分重要的作用。为了适应不同条件，需要性能各异、规格不同的各式仪器仪表，它们各有特点，以满足不同的要求。从技术上讲，无论哪种便携式仪器都必须保证以下三个方面的基本性能：

(1)必须有性能稳定、功耗小的瓦斯传感元件。目前使用的都是低功耗的载体催化元件。

(2)应有适于在长期隧道内工作、性能可靠的较先进的电路设计。为了保证质量，减少耗电，一般都采用尽可能完整的大规模专用集成电路。

(3)要有结构合理、体积小、质量轻的外壳及仪器的其他机械零件。使用低功耗传感元件可以使仪器除反应气室外，整机其他部分设计成为本质安全型。另外，便携式检测仪器还要解决好电池问题。

(四)光干涉瓦斯检定器

1. 光干涉瓦斯检定器的检测原理

根据光学知识，某种物质的折射率等于光在真空中传播的速度除以光在这种物质中传播的速度。光程等于光线所通过的路程乘以光所通过的物质的折射率。

由此可知，如果两束光波通过的路程长短不同，或是通过的物质不同，或是通过的路程和物质都不同，光程都可能不同。两束光波光程长短的差别，叫作光程差。两束具有光程差的相干波(同一光源发出的光波)相遇，就会产生光的干涉现象。当两束光波的光程差等于$(n+1/2)\lambda$时，产生暗条纹；当两列光波的光程差等于$n\lambda$时，产生亮条纹。因为白色光是各种单色光的混合光，故白色光具有不同的波长，在一定的路程内，各色光的光程差不同。如果使用单色光为光源，干涉将形成明暗相间的条纹；如果使用白色光源，干涉所产生的条纹是彩色条纹。

当气室各小室内充进相同的气体时，两列光波所经过的光程一定。如在一支光路中改变气体的化学成分或温度、压力等，则因折射率起了变化，光程及光程差也就随之变化，所看到的干涉条纹便会移动。光通过的路程是固定的，根据条纹移动的大小可测知气体折射率的变化。如使两通路的温度、压力相同，当被测气体的化学成分已知时，则可做定量分析，测出被测气体的浓度。这就是光干涉瓦斯检定器的工作原理。

2. 光干涉瓦斯检定器的工作程序

光干涉瓦斯检定器内部的光学系统如图 5.1-2 所示。由光源发出的光经过聚光镜之后到达平面镜，在 O 点可分为两部分：一部分为反射；另一部分为折射。第一部分光束经平面透镜穿过气室的侧室，经折光镜折回穿过另一侧的小室后又回到平面镜，折射入平面镜后在其后表面(镀反射膜)反射，于 O′点穿出平面镜向反射镜前进，经偏折后进入望远镜。第二部分光束折射入平面镜后在其后表面反射，然后穿过气室中央小室回到平面镜(如图中虚线所示），于 O' 点反射后与第一部分光束会合，一并进入望远镜。两束光在物镜的焦平面上产生白光特有的干涉现象：干涉条纹中央为黑纹，两旁为彩纹。人眼通过目镜进行观测。

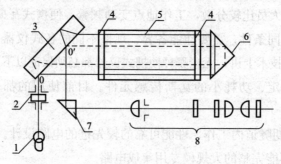

图 5.1-2 光干涉瓦斯检定器内部的光学系统
1—光源；2—透镜；3—平面镜；4—平面透镜；
5—气室；6—折光镜；7—反射镜；8—望远镜

为了避免隧道内二氧化碳和水蒸气对测量精度的影响，采用装有钠石灰的吸收管来吸收二氧化碳，用装有氯化钙的吸收管来吸收水蒸气。

气室中两侧的部分称为空气室，其中充有新鲜空气；中间的部分称为气样室，使用时吸入被测气样。空气室与气样室不相通。

(五) 人工检测的测点布设

1. 瓦斯隧道内施工工作面

隧道内各工作面（掌子面开挖、掌子面初期支护，仰拱开挖，仰拱混凝土施工，防水板挂设，二次衬砌立模、二次衬砌混凝土灌注，隧道防水治理等），均采用五点法检测瓦斯，取最大值作为该断面瓦斯浓度。五点法瓦斯检测断面如图 5.1-3 所示。

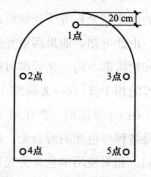

图 5.1-3 五点法瓦斯检测断面

2. 瓦斯可能产生积聚的地点

瓦斯可能产生积聚的地点包括二次衬砌台车部位、隧道内避车洞室和综合洞室的上部及隧道内具有明显凹陷的地点。

3. 隧道内可能产生火源的地点

隧道内可能产生火源的地点包括电机附近，变压器、电气开关附近，电缆接头的地点。

4. 瓦斯可能渗出的地点

瓦斯可能渗出的地点包括地质破碎地带，地质变化地带，煤线地带，裂隙发育的砂岩、泥岩及页岩地带。

5. 水平钻孔附近

在隧道进行水平钻孔时，水平钻孔附近。

6. 其他区域

被特批允许的洞内电气焊接作业地点，内燃机具、电气开关、电机附近20 m范围内。

(六)自动监测系统与测点布设

1. 自动监测系统

自动监测系统使用的是煤矿监测监控系统，主要由监测终端、监控中心站、通信接口装置、井下分站、传感器组成。

2. 自动监测系统测点布设

(1)平行双洞射流巷道通风时，测点布置如图5.1-4所示。

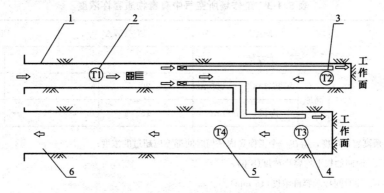

图 5.1-4　平行双洞通风时测点布设图

1—进风洞；2—进风区测点；3—进风洞开挖工作面测点；
4—回风洞开挖工作面测点；5—回风区测点；6—出风洞

(2)独头掘进送风式通风时，测点布置如图5.1-5所示。

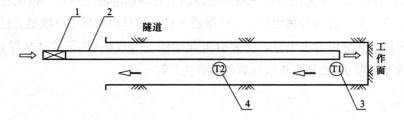

图 5.1-5　独头掘进送风式通风时测点布设图

1—风机；2—风管；3—工作面测点；4—回风区测点

四、一氧化碳检测

(一)隧道施工作业环境一氧化碳浓度应符合的卫生标准及安全标准

一氧化碳是空气中常见的化合物，其分子式为 CO。在通常状况下，一氧化碳是无色、无臭、无味、有毒的气体，具有可燃性、还原性和毒性。标准状况下，一氧化碳的气体密度为 1.25 g/L,与空气密度(标准状况下为 1.293 g/L)相差很小,为中性气体。一氧化碳能均匀地散布于空气中,不用专门的仪器检测不易察觉。一氧化碳微溶于水,一般化学性不活泼,但浓度在 12.5%～74.2%时能引起爆炸。一氧化碳毒性极强,当空气中 CO 浓度超过 0.4%时,在很短时间内人就会失去知觉,抢救不及时就会中毒死亡。隧道在修建中可能会遇到一氧化碳,鉴于一氧化碳的危害性,对人员生命安全有很大威胁,因此,一氧化碳检测是瓦斯隧道施工环境监测的重要内容,是保证施工安全的重要措施。《公路隧道施工技术规范》(JTG/T 3660—2020)引用国家职业卫生标准《工作场所有害因素职业接触限值 第 1 部分:化学有害因素》(GBZ 2.1—2019)的规定,对一氧化碳容许浓度做了相关规定,详见表 5.1-3。

表 5.1-3　工作场所空气中有毒物质容许浓度　　　　　　　　　　　　　mg/m³

名称		MAC	PC-TWA	PC-STEL
一氧化碳	非高原	—	20	30
	高原 海拔 2 000～3 000 m	20	—	—
	高原 海拔>3 000 m	15	—	—

注:1. MAC—最高容许浓度,指在一个工作日内任何时间都不应超过的浓度;
　　2. PC-TWA—时间加权平均容许浓度(8 h);
　　3. PC-STEL—短时间接触容许浓度(15 min)。

(二)一氧化碳检测的基本方法

一氧化碳早期检测方法是检知管法。

目前,CO 传感器主要采用的是三点定电位的电化学原电池传感器。按敏感元件电解质性质的不同,它主要可分为胶体电解质 CO 敏感元件、固体电解质 CO 敏感元件和液体电解质 CO 敏感元件。从分析方法上分,主要有电化学法、电气法(热导式和半导式)、色谱法(层析法)、光学吸收法(红外吸收法和紫外吸收法)等。

(三)检知管

1. 检知管的检测原理

CO 气体缓慢而稳定地流过检知管时,与管中试剂发生化学反应,呈现一定的颜色(比色式)或变色长度(比长式),通过对比测得 CO 浓度。

2. 检知管

我国煤炭行业最早在 20 世纪 50 年代采用气体检测管测 CO 的浓度。气体检测管起源于美国,1919 年,哈佛大学发明了第一支 CO 气体检测管。随着检测管技术的日臻完善,其应用范围也在不断扩大,由最初的定性检测一种气体发展成为现在可定性定量检测分析几百种气体,目前气体检测管法仍然是气体快速检测的一个重要方法。

检知管是一支直径为 4~6 mm、长为 150 mm 左右的密封玻璃管，管内装有易与一氧化碳发生反应的药品，有比色式和比长式两种。

(1)比色式 CO 检知管。比色式检知管是根据管内药品与一氧化碳作用后颜色的变化，来判断一氧化碳浓度的。仪器备有一块标准比色板，上面标有与各种颜色相对应的一氧化碳浓度。检知管吸入气体后，对比检知管与标准比色板的颜色，找出与检知管颜色最接近的标准色条，它所对应的一氧化碳浓度就是被测气样的一氧化碳浓度。

(2)比长式 CO 检知管。比长式 CO 检知管(图 5.1-6)是用吸附了五氧化二碘(I_2O_5)和发烟硫酸(H_2SO_4)的硅胶制成。当 CO 气体通过检测管时，测试区由白色变为褐色环，浓度越高，褐色环从起点开始向前移动的距离越长。

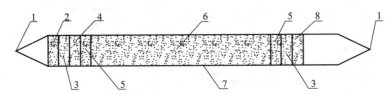

图 5.1-6 比长式 CO 检知管示意

1—管尖；2—起始端衬塞；3—保护层；4—除干扰层；
5—隔离层；6—指示粉；7—玻璃管；8—衬塞

利用五氧化二碘制成的白色粉末，是在发烟硫酸催化作用下，与 CO 反应生成碘(I)的原理制成的，见式(5.1-3)。

$$5CO + I_2O_5 \xrightarrow{H_2SO_4} I_2 + 5CO_2 \tag{5.1-3}$$

比长式 CO 检知管的测定值按式(5.1-4)计算：

$$X = \frac{L \cdot C_s}{L_s} \tag{5.1-4}$$

式中 X——检知管的测定值(1 ppm=0.001‰)；

L——指示粉的变色长度的测量值(mm)；

C_s——检知管接近标准气样浓度的分度线的浓度(ppm)；

L_s——检知管分度线起始端到接近标准气样浓度的分度线长度(mm)。

CO 与检知管试剂的反应与吸入 CO 的速度有关，过快、过慢都会带来明显的误差，因此，这种方法检测 CO 比较粗糙，对试剂颜色变化的长度和深浅的判断也会因人而异。不论是比色式还是比长式，每支检知管都只能使用一次。

虽然目前国内对 CO 气体的检测和分析还有采用检知管检测的，但是隧道施工采样分析周期长、采样点数受限制，检知管检测具有无法直观读数、检测精度低等缺点。因此，检知管逐渐被其他检测方便的新型检测器所取代。

(四)CO 传感器

CO 传感器根据检测原理的不同，目前主要有电化学气体传感器、催化型可燃气体传感器、固态传感器和红外吸收式气体传感器四种。

1. 电化学气体传感器

在 CO 自动监测系统中，电化学气体传感器占 2/3，而便携式检测仪则几乎全部为电化学式。电化学气体传感器主要有化学原电池式、定电位电解式、电量式、离子电极式四种类型，其中以定电位电解式的应用最为广泛。

(1)定电位 CO 传感器的原理(图 5.1-7)。电化学 CO 传感器的典型装置是由阴极和阳极组成的。阴极是检测电极；阳极和阴极之间充有一层薄的电解质，当气体与传感器电解液接触时，在检测电极表面发生氧化还原反应，反应产生的电流大小与气体浓度成正比。

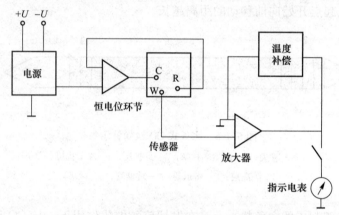

图 5.1-7 定电位 CO 传感器的工作原理图

被测量 CO 通过 PTFE 薄膜扩散到工作电极 W，电极 W 受到恒电位的控制作用，具有一个恒定的电位，CO 在 W 电极上，在催化剂的作用下与电解液中的水发生氧化反应，生成 CO 和 H^+，同时释放出电子。W 极发生氧化反应：

$$CO + H_2O \longrightarrow CO_2 + 2H^+ + 2e \tag{5.1-5}$$

在对电极 C 上，氧在催化剂作用下与氢质子发生还原反应生成水，并得到电子。电极 C 上发生氧的还原反应：

$$\frac{1}{2}O_2 + 2H^+ \longrightarrow H_2O \tag{5.1-6}$$

总化学反应式为

$$CO + \frac{1}{2}O_2 \longrightarrow CO_2 + 2e \tag{5.1-7}$$

参比电极：使 W 和 R 间保持恒定电位。

W 和 C 间的反应电流为 i(给定电极上发生化学变化的物质的量与通过的电量成正比)，其大小与一氧化碳浓度成比例。该电流经放大后由电表指示出一氧化碳的浓度值。

(2)定电位 CO 传感器的构造。定电位 CO 传感器的构造如图 5.1-7 所示。定电位 CO 传感器主要由以下三部分组成。

①气体扩散电极(透气膜+电极)，防水透气膜：PTFE(聚四氟乙烯)，特富龙；活性层：铂黑+PTFE 乳液。含有催化剂的多孔膜电极，易于被测气体与电解液在气、固、液

三相界面上进行氧化还原反应。

②透气膜，非均相微孔膜，透气但不透水和离子。空隙率大，灵敏度高，响应时间短，但易漏液。

③电解液硫酸或硫酸水溶液。

(3)典型仪器介绍。AT2型一氧化碳测量仪是一种矿用安全火花型携带式检测仪器，其主要技术指标如下：

①测量范围：0~50 ppm、0~500 ppm两个量程（1 ppm=1×10^{-6} mg/m^3）。

②测量精度：误差小于±5%满度值（20 ℃±5 ℃）。

③反应时间：反应90%值时≤30 s。

④传感器寿命：1年。

2. 催化型可燃气体传感器

催化型可燃气体传感器检测元件是由经金属氧化物催化处理的铂丝螺线圈制成。可燃性气体分子在金属线圈表面燃烧，使温度升高，铂丝电阻值改变。CO的浓度越高，燃烧产生的热量越大，铂丝的阻值就越高，从而使原来的平衡电桥不平衡。铂丝线圈电阻改变的大小和气体的浓度成比例，相应得到一个与气体浓度成比例的电信号。

因为催化型可燃气体传感器利用气体分子在铂丝螺线圈表面燃烧的原理，所以，它要求催化型可燃气体传感器背景气体中含有不低于9%的氧气。当氧气含量过低时，可燃气体不能在检测元件上充分燃烧，容易造成检测结果低于实际值。可燃性混合气体在达到特定的点燃温度后才会燃烧，但是在有催化剂的情况下，点燃温度会大大降低。

3. 固态传感器

固态传感器的工作敏感元件是由一种或多种过渡金属氧化物组成的。金属氧化物通常为SnO、SnO_2、Fe_2O_3三类材料。这些金属氧化物通过制备和加工成珠状或薄片型传感器，将加热器置入传感器中使它保持在最佳检测温度上。

工作原理：当加热器将感测材料升到高温时，氧气会被吸附在感测材料表面，然后从感测材料的导带捕获两个电子而形成氧离子，造成感测材料的电阻值上升，而当还原性气体如CO吸附在感测材料的导带时，便造成电阻值下降，电阻值的变化与气体体积分数具有函数关系。当检测气体出现时，金属氧化物将气体电离成带电的离子或复合物，从而导致电子的转移。由置入金属氧化物中的偏置电极可测出传感器电导率的变化，传感器电导率的变化与气体浓度成比例。

4. 红外吸收式气体传感器

红外吸收式气体传感器的检测原理是基于Lambert-Beer定律。当有红外光照射气体分子时，被测气体分子就会吸收自己相应波长（特征吸收频率）的红外光，气体吸收红外光能量的多少与气体浓度相关，因而，可以根据测定红外光被吸收能量的多少测定气体浓度。

目前，CO检测仪的发展方向主要有微小型化、集成化、智能化、多功能化、通用化和网络嵌入式互联网化。

常用 CO 检测传感器的比较结果见表 5.1-4。

表 5.1-4 常用 CO 检测传感器的比较

类型	原理	优缺点
电化学气体传感器	气体与专门研制的电极材料发生化学反应起催化作用,反应产生的电流与气体浓度成正比,电化学气体传感器由此将反应所产生的电流转换成对应的气体浓度结果	消耗功小,对目标气体具有一定的选择性。容易受杂质气体干扰;电化学气体传感器需要定期标定
催化型可燃气体传感器	气体分子在传感器表面燃烧,铂线圈温度升高使其电阻值改变,从而使电桥变得不平衡。铂线圈电阻改变的大小和气体浓度成比例,得到相应的与气体浓度成比例的电信号	适用于大多数烃类的气体通用传感器;连续稳态催化剂易引起传感器中毒而失效;选择性差
固态传感器	金属氧化物使气体电离成带电的离子或复合物,从而导致电子的转移,从而使置入金属氧化物中的偏置电极电导率变化,这种变化与气体浓度成比例	结构简单,寿命长;检测范围气体种类最多,选择性差,不能用于泄漏气体的检测;不易标定
红外吸收气体传感器	气体吸收特定波长的红外光,其吸收红外能力的大小与浓度成比例,由吸收的强弱可测得气体浓度	可实现自动校正、自动运行的功能;红外吸收式气体传感器可以检测多种气体,且具有灵敏度高、气体选择性好、可靠性好、响应速度快等优点

五、硫化氢检测

(一)隧道施工作业环境硫化氢浓度应符合的卫生及安全标准

硫化氢是一种窒息性气体,化学式为 H_2S,其物理性质是无色气体,有臭鸡蛋味;其化学性质是分子量为 34,相对密度为 1.19 g/L,比空气重。硫化氢的爆炸极限范围是 4.3‰~46‰。硫化氢立即威胁生命或健康的浓度为 142 mg/m³。《硫化氢职业危害防护导则》(GBZ/T 259—2014)规定了不同浓度的硫化氢对人的影响见表 5.1-5。

表 5.1-5 不同浓度的硫化氢对人的影响

在空气中的浓度/(mg·m⁻³)(ppm)	暴露时间	暴露于硫化氢中人体的反应
1 400(1 000)	立即	昏迷并呼吸麻痹而死亡,除非立即进行人工呼吸急救
1 000(700)	数分钟	很快引起急性中毒,出现明显的全身症状。开始呼吸加快,接着呼吸麻痹,如不及时救治则死亡
700(500)	15~60 min	可能引起生命危险——发生肺水肿、支气管炎及肺炎,接触时间更长者,可引起头痛、头昏、步态不稳、恶心、呕吐、鼻咽喉发干及疼痛、咳嗽、排尿困难等,甚至昏迷,如不及时救治可出现死亡

续表

在空气中的浓度/(mg·m⁻³)(ppm)	暴露时间	暴露于硫化氢中人体的反应
300～450 (200～300)	1 h	可引起严重反应——眼和呼吸道黏膜强烈刺激症状,并引起神经系统抑制,6～8 min即出现眼刺激症状。长期接触可引起肺水肿
70～150 (50～100)	1～2 h	出现眼及呼吸道刺激症状,吸入2～15 min即发生嗅觉疲劳。长期接触可引起亚急性或慢性结膜炎
30～40 (20～30)	—	虽臭味强烈,仍能耐受,是能引起局部刺激及全身性症状的阈浓度。部分人出现眼部刺激症状,轻微的结膜炎
4～7(2.8～5)	—	中等强度难闻臭味
0.18(0.13)	—	微量的可感觉到的臭味
0.011	—	嗅觉阈

众所周知,在铁路、公路、矿山、引水、煤炭生产等地下工程施工或开采常常会受有害、有毒气体的影响。瓦斯、一氧化碳是最常见的有害、有毒气体,需要参建各方高度重视和重点防治,以免出现重大、特大安全事故,给人民生命和国家财产带来不可估量的损失。但是,在隧道施工中遇到更有毒的硫化氢气体,是非常少见的。当其浓度超过国家规定的安全指标值10倍时,人体接触会立即死亡。因此,在隧道施工过程中要高度重视和预防剧毒的硫化氢气体溢出,以避免人员伤亡。《公路隧道施工技术规范》(JTG/T 3660—2020)未对硫化氢的浓度进行规定,故引用国家职业卫生标准《工作场所有害因素职业接触限值 第1部分:化学有害因素》(GBZ 2.1—2019)的规定。对硫化氢的容许浓度规定见表5.1-6。

表5.1-6　工作场所空气中有毒物质容许浓度　　　　　　　　　　mg/m³

名称	MAC	PC-TWA	PC-STEL
硫化氢	10	—	—

(二)硫化氢检测的基本方法

硫化氢在低浓度(0.13～4.6 ppm)时可闻到臭鸡蛋味;当浓度达到4.6 ppm时,会使人的嗅觉钝化。如果硫化氢在空气中的含量达到100 ppm以上,嗅觉会迅速钝化,而感觉不到空气中硫化氢的存在。因此,根据嗅觉器官来判断硫化氢是否存在极不可靠,十分危险,应该采用检测仪器来确定其的存在及其含量。国家、行业标准规定的硫化氢测定方法是亚甲基蓝比色法。现场检测常用的方法主要有检知管法、醋酸铅试纸法和硫化氢传感器法。

(三)亚甲基蓝比色法

亚甲基蓝比色法的原理是用碱性锌氨络合盐溶液吸收一定体积的气体,使其中的硫化氢形成稳定的络合物。然后在硫酸溶液中,硫化氢与对氨基-N,N-二甲基苯胺溶液和三氯化铁溶液作用，生成亚甲基蓝。根据颜色深浅进行分光光度测定，测定结果用标准状况（0 ℃，1 atm①）下的浓度（mg/m³）表示。它表示在吸收时间内，被吸收气体所含硫化氢的量。该方法所用设备器材较多，测定时间长，不能立即显示测定结果。

（四）检知管法

比长式硫化氢检知管法原理是将吸附醋酸铅（PbAc₂）和氯化钡（BaCl₂）的硅胶装入细玻璃管内，抽取 100 mL 含硫化氢的气体，在 60 s 内注入，形成褐色硫化铅（PbS）。根据硅胶柱变色的长度测定硫化氢的体积分数。通过硅胶柱变色长度与标准尺比较，求得硫化氢的体积分数。此法具有简便、快捷、便于携带和灵敏度高的优点。比长式硫化氢检知管构造如图 5.1-8 所示。

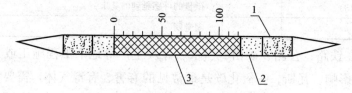

图 5.1-8 比长式硫化氢检知管构造
1—玻璃棉塞；2—保护胶；3—指示胶

（五）醋酸铅试纸法

醋酸铅试纸法的原理是通过醋酸铅试纸与硫化氢反应生成褐色硫化铅，与标准比色板对比求得硫化氢的体积分数。此法适用于大气硫化氢测量，是一种定性和半定量方法。具体化学反应原理见式（5.1-8）：

$$Pb(CH_3COO)_2 + H_2S = PbS(棕色或黑色) + 2CH_3COOH \quad (5.1-8)$$

（六）H_2S 传感器

1. 硫化氢库仑检测仪

硫化氢库仑检测仪法利用库仑滴定原理，将被测气体导入滴定池，在装有溴化钾酸性溶液的池内发生电解。电解电流与被测物质的瞬时浓度呈线性关系，由此得出被测物质的浓度值。

2. 硫化氢气敏电极检测仪

硫化氢气敏电极检测仪由工作电极、参比电极、内充电解液和透气膜组成。工作电极为硫电极；用 Ag/AgCl 电极或 LaF_3 电极作参比电极。内充电解液为 pH 值为 5 的柠檬酸盐缓冲液。硫化氢通过透气薄膜进入电解液转变为 S^{2-} 离子。

硫化氢气敏电极检测仪的特点是重现性好，响应时间为 1~3 min，适用于 H_2S 在线测定。

---

① 1 atm=0.1 MPa。

3. 便携式气体检测仪

便携式气体检测仪利用化学传感器来感应硫化氢，其测定结果表示在某一瞬时流经化学传感器的硫化氢体积是一个量纲为1的数值。

(1) 工作原理。该检测仪上的传感器应用了定电压电解法原理。其构造是在电解池内装有3个电极，即工作电极、对电极、参比电极，施加一定的极化电压，使薄膜同外部隔开，被测气体透过此膜到达工作电极时发生氧化还原反应，传感器输出电流。该电流与硫化氢浓度成正比，电流信号经放大送至模拟/数字转换器，将模拟量转换成数字，然后由液晶显示器显示出来。它具有体积小、质量轻、反应快、灵敏度高等特点。

(2) 典型仪器介绍。Mini Pac C190 TOX 型检测报警仪是一种个人便携式气体检测报警仪，适用于在工矿环境中连续检测硫化氢气体。它的传感器反应灵敏，采用液晶屏以 ppm 形式直接显示环境中的硫化氢气体浓度。如果被测空气中的 H_2S 气体浓度超过设定的报警值，仪器将发出声光报警信号。

① 工作原理。电化学传感器以扩散方式工作。它能直接与扩散在环境气体中的硫化氢反应，产生线性电信号。印刷电路板从传感器获得电信号经放大、模/数转换后在液晶屏上直接显示出所测气体的浓度。当浓度达到设定值，蜂鸣器和发光二极管发出声光报警信号。

② 参数。

a. 检测范围：0～100 ppm（最大 200）（1ppm＝1×10^{-6} mg/m^3）。

b. 报警设定值：10 ppm（0～50 可调）。

c. 传感器型号：电化学传感器。

d. 传感器响应时间：达到测量值90%时小于30 s。

e. 传感器寿命典型值：24 个月。

4. 固定式硫化氢检测仪

固定式硫化氢检测仪的主机应安装于 24 h 值班的中心控制室，检测仪的探头一般安装在距离现场硫化氢气体易泄漏或聚积地点 1 m 的范围内。这样，一旦探头接触到硫化氢气体，就可以迅速通过连线传送到中心控制室，显示硫化氢的浓度并且声光报警。

(1) 工作原理。其工作原理与便携式硫化氢检测仪相同。

(2) 典型仪器。SP-1104 型 H_2S 检测探头。

① 用途。现场需要 24 h 连续监测硫化氢浓度的固定式硫化氢检测仪，这种检测仪的主机一般多装于中心控制室。探头数可根据现场气样测定点的当量来确定。

② 工作原理。传感器应用了定电压电解法原理，内有 3 个电极，即工作电极、对电极和参比电极。被测气体透过电极间的薄膜到达工作电极，发生氧化还原反应，使传感器产生输出电流，该电流与硫化氢浓度成正比。该电流信号经放大后，送至模/数转换电路，即可以将模拟量转换成数字显示出来。

③ 参数。

a. 检测范围：0～200 ppm。

b. 响应时间：小于 35 s（90%响应）。

c. 传感器寿命：大于 2 年。

d. 输入 DC：10～30 V。

e. 输出：4～20 mA，过量程时最大约为 25 mA。

f. 最远安装距离大于 1 000 m。

目前，在隧道施工中遇到有毒的硫化氢气体是非常少见的。一旦发现有硫化氢泄漏，必须穿戴正压式空气呼吸器，只有这样才能保证作业人员的生命安全。

六、氡气检测

已知氡的放射性同位素比较多，通常所指的氡为氡-222，又称镭射气，是由铀-238 系列中的衰变产物镭核素直接衰变产生的放射性惰性气体。隧道施工环境中的氡主要来源于围岩，由地层深处含有铀、镭的土壤、岩石产生高浓度的氡，通过围岩中存在的断裂、节理进入隧道。由于无色、无味，吸入人体后，氡及子体放出的 α 粒子对体内细胞组织形成内照射（核辐射的一种形式），造成辐射危害。

氡气可导致肺癌、白血病，使人丧失生育能力，造成胎儿畸形、基因畸形遗传等。

（一）隧道施工作业环境氡气浓度应符合的卫生及安全标准

隧道施工过程中的氡是由岩石中的镭、铀等衰变产生的，氡气是以扩散传播的方式从岩石表面和水中析出到空气中，扩散传播是从压力梯度的高压方向到低压。隧道施工作业过程中打钻、爆破和出渣作业会产生大量的岩石尘，岩石尘飘浮在空气中会造成更大的比表面积析出氡，最终引起作业场所氡浓度变大。氡的危害也逐渐受到重视，控制隧道内空气中的氡及其子体浓度，是保护隧道作业人员最直接的方法。

《公路隧道施工技术规范》（JTG/T 3660—2020）未对氡气的浓度进行规定。待建地下建筑的设计水平为 200 Bq/m³（平衡当量氡浓度），隧道施工可照此标准进行氡及其子体的浓度控制。

（二）氡气浓度检测的方法及原理

氡气检测的方法很多，主要有以下种类（表 5.1-7）。

表 5.1-7　氡气常用测量方法分类及其特点

采样方式	方法	特点
瞬时采样	电离室法	直接，快速，灵敏度较低，设备笨重
	闪烁室法	操作简便，灵敏度较高，野外使用不便
	双滤膜法	可同时测量氡和子体浓度，受湿度影响大，不便携带
	气球法	简单，快速，便于携带，球壁效应难于修正，受湿度影响较大
连续采样	闪烁室连续监测仪	自动化程度高，可连续监测浓度的动态变化，但设备都比较复杂，不便于野外使用，较昂贵
	自动双滤膜法	

续表

采样方式	方法	特点
连续采样	扩散静电法	—
	流气式电离室	
累积采样	固体径迹探测器	便于携带或邮寄,径迹稳定(不易衰退),无须及时测量,适合大规模布点,只用于长期测量
	热释光剂量计	价廉,无电源,无噪声,精度比径迹法稍差,读数方便,受湿度影响
	活性炭被动吸附法	灵敏度高,成本低,操作简便,无噪声,能重复使用,只用于短期测量,受湿度影响
	驻极体测氡法	价廉,质量轻,体积小,电荷信息稳定,可重复使用,不受温、湿度影响,可用于长期和短期测量

1. 电离室法工作原理

电离室法的工作原理:含氡气体进入电离室后,氡及其子体放出的α粒子在空气中电离,产生电子空穴对。电离室的中央电极积累的正电荷使静电计的中央石英丝带电,在外电场的作用下,石英丝发生偏转,偏转速度与其上的电荷量成正比,也就是与氡浓度成正比,测出偏转速度即可计算出氡的浓度。

2. 闪烁室法工作原理

闪烁室法的工作原理:氡进入闪烁室后,氡及其子体衰变产生的α粒子使闪烁室壁的ZnS(Ag)产生闪光,光电倍增管将光信号转变成电脉冲信号,经过电子学线路放大、记录。单位时间内的脉冲数与氡浓度成正比,以此确定氡浓度。

3. 双滤膜法工作原理

双滤膜法是一种绝对测氡方法,它的工作原理:含氡空气通过入口滤膜进入双滤膜筒,被滤掉子体的纯氡在通过双滤膜筒的过程中产生新的子体,其中一部分被出口滤膜收集。根据氡子体固有的积累、衰变规律,可确定被测气体中氡的浓度。双滤膜采样系统的结构如图 5.1-9 所示。

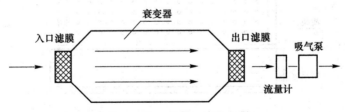

图 5.1-9 双滤膜采样系统的结构

4. 气球法工作原理

气球法的工作原理和双滤膜法类似,用气球代替了衰变筒。气球法属于主动式采样,是瞬时测量方法,可以同时测氡和子体。气球法的采样结构如图 5.1-10 所示。

5. 扩散静电法工作原理

扩散静电法的工作原理:采样室内外存在氡浓度差,被测环境中的氡以扩散的形式或

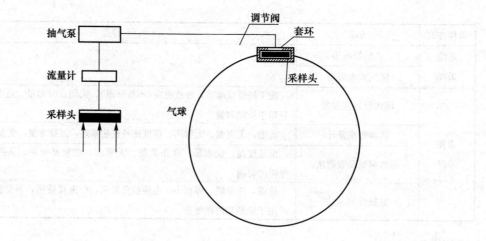

图 5.1-10 气球法的采样结构

者被抽气泵抽进采样室内。进入采样室之前,通过的滤膜已经将气体中已有的氡子体过滤。此时,进入采样室的氡衰变产生氡子体,主要是 ^{218}Po 正离子,在电场作用下被收集在中央电极上,由 ^{218}Po 再衰变产生 α 粒子,α 粒子被探测器收集,经电子学线路整形、计数得到相应脉冲数,通过相对刻度就可以确定待测空气的氡浓度。

6. 活性炭吸附法工作原理

活性炭吸附法是一种静态、累积测氡方法。其原理是利用活性炭对氡气有强吸附力的特点吸附收集氡气,通过仪器测量活性炭中氡的衰变子体放射出的 γ 射线强度,从而获得氡浓度。活性炭采样器通常用塑料或金属制成,敞口处带有滤膜或用青铜粉烧结而成的金属过滤器,如图 5.1-11 所示。

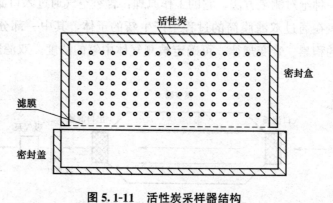

图 5.1-11 活性炭采样器结构

7. 径迹蚀刻法工作原理

径迹蚀刻法是一种累计测量方法,属被动式采样。其工作原理是:空气中的氡气通过滤膜扩散到测量杯中,氡及氡子体衰变产生的 α 粒子碰撞到径迹片上沿着它们的轨迹造成原子尺度的辐射损伤,经化学处理,这些潜径迹能够扩大为可观察的永久型径迹。径迹蚀刻探测器由扩散杯、渗透膜和径迹片组成,结构如图 5.1-12 所示。

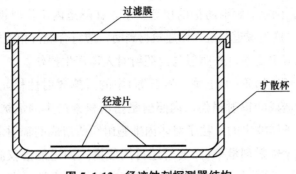

图 5.1-12 径迹蚀刻探测器结构

(三)氡子体的测量原理与方法

氡子体的测量原理是将待测空气用过滤膜过滤,将氡子体收集在滤膜上进行测量。测量的方法有很多,根据取样后测量时间和方法的不同有三点法、三段法、五段法和 α 能谱法等。

1. 三点法

三点法是测量采样结束后 3 个时刻的 α 计数率,从而求出 ^{218}Po、^{214}Pb、^{214}Bi 三种子体的浓度。这种方法的优点是设备简单,测量容易;其缺点是对于低浓度氡测量精度差。其用于浓度较高的矿山、冶炼厂等工作场所是简单快捷的方法。

2. 三段法

三段法是在三点法的基础上发展起来的,其不同点是通过测量取样后三段时间间隔内样品的 α 积分技术,从而求出氡子体浓度,该方法比三点法检测精度高。

3. 五段法

五段法是测量取样后五段时间间隔内样品的 α 计数,从而确定氡子体浓度。该方法可同时测量氡、氡子体,对氡子体不可忽略的场合非常方便。

4. α 能谱法

α 能谱法是用 α 能谱仪分别测出 ^{218}Po 和 ^{214}Bi 的 α 计数,从而确定 ^{218}Po 和 ^{214}Bi 的浓度。该方法的最大优点是提高了氡子体测量的精度,对 ^{218}Po 的精度改善尤为明显;其缺点是设备笨重,不便现场使用。

氡的测量技术很多,方法的选择需要考虑测量环境、目的、时间、费用等因素。如果是大面积氡浓度普查,可考虑径迹蚀刻法、活性炭吸附等累计测量方法;对于隧道施工现场快速检测,可采用瞬时或连续测量的电离室法和双滤膜法。

七、核辐射检测

公路隧道施工环境中围岩均具有一定含量的放射性,通常情况下,这些放射性强度属于岩石本底含量。极少数情况下,放射性元素铀、镭、钍等在有利的地质构造作用下,有可能发生富集,形成富铀区以致成为铀矿,从而可能存在超过几倍(甚至几十倍)天然放射性本底的情况。这时，应根据国家对辐射防护的规范要求，在隧道内工作时视辐射强度高低采取必要的防护措施。另外，这类隧道洞渣在做建筑材料时，应符合现行相关规范要求。

环境中放射性元素主要通过外照射与内照射对人体产生损伤。

外照射是指隧道环境物质（如土壤、岩石等）中的天然放射性核元素镭、钍、钾等所放出的γ射线对人体所造成的辐射损伤；内照射是指由核素产生的氡被人呼吸进入体内肺和呼吸道系统后，氡及子体放出的α粒子对体内细胞组织所造成的辐射危害。

通常可通过检测γ辐射剂量率（必要时还可用便携式四道能谱仪测定岩石中的镭、钍、钾含量），来确定环境（外照射）放射性强度，以判断环境安全性。在放射性异常地段施工，对人员及周围环境主要产生以下放射性危害：

(1)隧道开挖及爆破时产生含矿粉尘对隧道内空气的污染。

(2)从开挖后裸露的岩石及裂隙水中溢出的氡气及氡子体对空气与放射性物质造成的表面污染。

(3)隧道围岩中矿石γ射线对施工人员的外照射。

(4)施工中产生的废水、废气、废渣等对环境的污染。

(一)隧道施工作业环境核辐射应符合的卫生及安全标准

《公路隧道施工技术规范》(JTG/T 3660—2020)未对核辐射进行规定，引用国家标准《电离辐射防护与辐射源安全基本标准》(GB 18871—2002)的有关规定"由来自各项获准实践的综合照射所致的个人总有效剂量和有关器官或组织的总当量剂量不超过附录B(标准的附录)中规定的相应剂量限值"，测定环境的γ辐射剂量率和照射量率都可表示环境辐射强度的高低。目前，我国还没有关于辐射剂量率的控制标准限值，仅有的国家标准是《环境地表γ辐射剂量率测定规范》(GB/T 14583—1993)。因为我国国土辽阔，岩性繁多，放射性本底差别很大，在确定异常时很难用统一的标准数字来划分全国各地的异常。例如，在北京市，室内吸收剂量率一般为100～110 nGy/h；而在本底较高的广州市，室内吸收剂量率一般为140～160 nGy/h。因此，放射性本底的差异决定了选取最低异常值的不同。最低异常值要根据当地的具体条件与当地大面积和大量正常岩石测得的放射性本底值来确定，通常有两种方法：一是取大量正常平均本底值的3倍作为最低异常值；二是以正常平均本底值＋(3×本底值的标准误差)作为最低异常值。

(二)检测方法

通过对隧道施工沿线天然环境的地表和隧道中的γ辐射剂量率进行测定，以检查施工地段是否存在天然放射性核素镭、钍、钾的异常。

环境辐射测量用仪表要求能量线性较好，现在多采用塑料闪烁探测器。现在辐射测量用仪表多采用对射线敏感的化学材料如碘化钠NaI或铊(TI)等制成闪烁体，利用X、γ射线打在闪烁体上引起发光，由光电倍增管进行光电转换和倍增后转换为电流信号，再通过I-F变换将电流信号变换成计数频率，来测定环境(外照射)放射性强度。

1. 测量方式

测量方式分为即时测量、连续测量两种。隧道内检测时一般采用点位上的即时测量方式。

(1)即时测量：可用各种 γ 辐射剂量率仪直接测量出点位上的 γ 辐射空气吸收剂量率瞬时值。

(2)连续测量：将仪器固定在环境中的某一点上，连续测量 γ 辐射剂量率值随时间的变化。

2. 检测方法

(1)测量点位的选取：在正常岩性地段，沿侧壁和底板测点距离一般取 1～2 m 即可；当遇有断裂构造或其他情况时可加密测点。

(2)测量：一般在地表测量环境 γ 辐射剂量率时，测量条件是在平面即 2π 条件下，将仪器固定在 1.0 m 高度上进行测量的。周围不存在任何反射物(包括人体)，以免产生散射线。例如，在宽 6.0 m、高 3.5 m 的隧道中，仪器位于隧道宽度中间，距离地表 1.0 m 高处，与地表的平面即 2π 测量条件有较大差别，测量的立体角大于 2π(除底板外，还有顶板和侧壁的影响)，实际测出的 γ 辐射剂量率会有所偏高，如何取在空气中测得的岩石 γ 辐射剂量率异常值要根据具体条件而定。

(3)测点数的要求：每测点的计数时间一般设置为 20～30 s；为了取得较准确的本底平均值，一般取 20 个以上的测点读数；在小的隧道中，也要取 10 个以上测点的读数平均值。

(4)剂量估算：剂量估算参考国家标准《环境地表 γ 辐射剂量率测定规范》(GB/T 14583—1993)，环境辐射剂量率对居民产生的有效剂量当量可用式(5.1-9)进行估算：

$$H_e = D_r \cdot K \cdot t \tag{5.1-9}$$

式中　H_e——有效剂量当量(Sv)；

　　　D_r——环境地表 γ 辐射空气吸收剂量率(Gy/h)；

　　　K——有效剂量当量率与空气吸收剂量率比值，这里采用 0.7 Sv/Gy；

　　　t——环境中停留时间(h)。

3. 检测仪器

环境辐射测量用仪器一般要求如下：

(1)量程范围：$(1～50\,000) \times 10^{-8}$ Gy/h。

(2)能量响应(30 keV～3 MeV)：≤15%。

(3)相对固有误差：≤10%。

(4)角响应：≤15%(137 Cs 源 0°～150°相对于最大响应数值)。

(5)宇宙射线响应：≤15%。

(6)长期稳定性：≤5%(连续工作 8 h)。

(7)抗干扰能力：≤5%。

(8)使用环境：

①温度：(-10~+45)℃。

②相对湿度：≤90%(40 ℃)

课题二　隧道运营环境监测

一、运营通风方式

隧道正常营运时，隧道通风主要是为了稀释隧道内的CO、烟雾和空气中的异味，提高隧道行车的舒适性和安全性。火灾工况时，隧道通风则是为了改变隧道内气流流动方向来控制火灾烟气蔓延，为人员疏散和防灾救援创造有利条件。隧道通风可分为自然通风和机械通风两大类。自然通风是通过气象因素形成的隧道内空气流动，以及机动车从洞外带入的新鲜空气来实现隧道内外空气交换；机械通风是通过风机作用使空气沿着预定路线流动来实现隧道内外空气交换。隧道机械通风的基本方式主要有纵向式、半横向式、全横向式及在这三种基本方式的基础上的组合通风方式。隧道机械通风方式分类见表5.2-1。

表5.2-1　机械通风方式的分类

纵向通风方式	半横向通风方式	全横向通风方式	组合通风方式
1. 全射流 2. 集中送入式 3. 通风井送排式 4. 通风井排出式 5. 吸尘式	1. 送风式 2. 排风式 3. 平导压入式	1. 顶送顶排式 2. 底送顶排式 3. 顶送底排式 4. 侧送侧排式	1. 纵向组合式 2. 纵向+半横向组合式 3. 纵向+集中排烟组合式

二、运营通风检测

隧道运营通风主要通过洞外的新鲜空气置换被来往车辆废气污染过的洞内空气，提高行车的安全性和舒适性，保护驾乘人员和洞内工作人员的身体健康。隧道运营通风检测的主要内容包括一氧化碳浓度检测、烟雾浓度检测、隧道风压检测和隧道风速检测。

（一）一氧化碳浓度检测

1. 一氧化碳浓度

隧道在修建中可能会遇到一氧化碳，运营后稀释汽车废气中的一氧化碳是机械通风的主要目的。因此，必须重视对一氧化碳浓度的检测，保证施工安全和驾乘人员的健康。鉴于一氧化碳的危害性，我国《公路隧道通风设计细则》(JTG/T D70/2—02—2014)对运营公路隧道一氧化碳浓度作了如下规定：

(1)正常交通时,隧道内 CO 设计浓度可按表 5.2-2 取值。

表 5.2-2　CO 设计浓度(δ_∞)

隧道长度/m	≤1 000	>3 000
$\delta_\infty/(cm^3 \cdot m^{-3})$	150	100

注:隧道长度为 1 000 m<L≤3 000 m 时,可按线性内插法取值。

(2)交通阻滞时,阻滞段的平均 CO 设计浓度可取 150 cm^3/m^3,同时经历时间不宜超过 20 min。阻滞段长度按每车道不宜大于 1 000 m 计算。

(3)人车混合通行的隧道,隧道内 CO 设计浓度不应大于 70 cm^3/m^3。

(4)隧道内进行养护维修时,CO 设计浓度不应大于 30 cm^3/m^3。

2. 一氧化碳检测

隧道内一氧化碳检测纵向的测点布置与隧道的通风方式有关,靠近进出口的测点应布置在距离洞口 10 m 处,检测各通风段的风速值,每通风段宜检测 3 个以上的断面,断面间距不宜大于 500 m,如检测到某一断面超标,应向隧道进口方向增加检测断面来达到判断在何处开始超过允许浓度的目的。

(1)检知管。详见课题"四、一氧化碳检测"。

(2)AT2 型一氧化碳测量仪。与检知管不同的另一种类型的一氧化碳检测仪器,是利用控制电位电化学原理来检测一氧化碳浓度的。AT2 型一氧化碳测量仪是一种矿用安全电火花型携带式检测仪器,检测原理如下:

①主要技术指标。

a. 测量范围:0~50 ppm、0~500 ppm 两个量程。

b. 测量精度:误差小于±5%满度值(20 ℃±5 ℃)。

c. 反应时间:反应 90%值时≤30 s。

d. 传感器寿命:1 年,保证使用半年。

②检测原理。仪器采用控制电位电化学原理,实现对空气中 CO 浓度的测定。工作原理框图如图 5.2-1 所示。

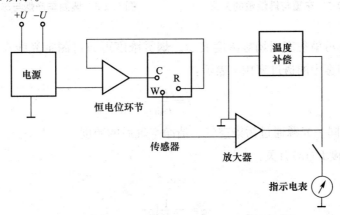

图 5.2-1　AT2 型一氧化碳测量议工作原理框图

被测量的 CO 通过传感器聚四氟乙烯薄膜扩散到工作电极 W，W 电极受到恒电位环节的控制作用，具有一个恒定的电位，CO 在 W 电极上发生的氧化反应为

$$CO + H_2O \longrightarrow CO_2 + 2H^+ + 2e \tag{5.2-1}$$

同时在电极 C 上发生氧的还原反应为

$$\frac{1}{2}O_2 + 2H^+ \longrightarrow H_2O \tag{5.2-2}$$

总化学反应式为

$$CO + \frac{1}{2}O_2 \longrightarrow CO_2 + 2e \tag{5.2-3}$$

(二)烟雾浓度检测

柴油车在排放气体中，除 SO_2 等物质外，还有大量的游离碳素(煤烟)。煤烟不仅会影响隧道内的能见度、舒适性，而且也会影响健康。柴油车排烟量与车重、车速和路面坡度有关。根据国际道路协会常设委员会(PIARC)的污染报告，对于水平路段，排烟量与车重近似满足图 5.2-2 所示的关系。图 5.2-3 给出了柴油车产烟量与车速的关系。

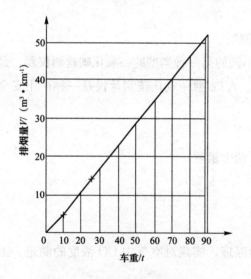 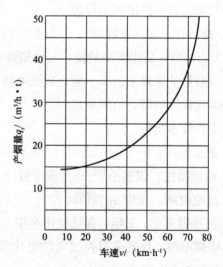

图 5.2-2　车重与排烟量的关系　　　　图 5.2-3　柴油车产烟与车速关系

煤烟对空气的污染程度用烟雾浓度表示。烟雾浓度可通过测定光线在烟雾中的透过率来确定。光线在烟雾中的透过率用 τ 表示：

$$\tau = \frac{E}{E_v} \tag{5.2-4}$$

式中　E，E_v——同一光源通过污染空气、洁净空气后的照度。

τ 与烟雾的厚度 $L(m)$ 有关：

$$\tau = e^{-\alpha L} \tag{5.2-5}$$

$$\alpha = -\frac{1}{L}\ln\tau \tag{5.2-6}$$

式中 α——烟雾吸光系数。

令 $K=\alpha$，则

$$K=-\frac{1}{L}\ln\tau \qquad (5.2\text{-}7)$$

式中 K——烟雾浓度。在隧道通风中，取 $L=100$ m，测定 t 后确定 K，则

$$K=\frac{1}{100}\ln\tau \qquad (5.2\text{-}8)$$

式中 τ——100 m 厚烟雾光线的透过率。

隧道内烟雾浓度增加，可见度、舒适感降低，从行车安全考虑，确定的可见度叫作安全可见度。安全可见度是指从驾驶员看到前方障碍物到制动汽车所行的距离。安全可见度可用式(5.2-9)计算：

$$x=\frac{vt}{3.6}+\frac{v^2}{254(\varphi\pm i)} \qquad (5.2\text{-}9)$$

式中 x——距离(m)；

v——车速(km/h)；

t——驾驶员意识到需要制动的反应时间＋汽车制动机械传动的迟滞时间(s)；

$$t=1+0.5=1.5(\text{s})$$

φ——路面与轮胎附着系数，对湿沥青路面，$\varphi=0.45$；

i——道路坡度(%)，上坡取＋，下坡取－。

计算所需的安全可见度和车速的关系见表 5.2-3（坡度按 3‰计算）。

表 5.2-3 安全可见度与车速关系

车速/(km·h^{-1})	20	30	40	50
可见度/m	12	21	32	44

当烟雾浓度、透过率和车速不同时，驾驶员对舒适程度的感觉也不同。表 5.2-4 是行车速度为 40 km/h 时，驾驶员对舒适水平的主观评价。

表 5.2-4 烟雾浓度与舒适性

烟雾浓度 K/m^{-1}	$L=100$ m 处透过率 τ/%	舒适性
5×10^{-3}	60	空气洁净
7.5×10^{-3}	48	稍有烟雾
9×10^{-3}	40	舒适度下降
12×10^{-3}	30	不愉快的环境

透过率与隧道照明水平有关，随着路面照度的增加，透过率可乘以修正系数。其修正值见表 5.2-5。

表 5.2-5　透过率与照度关系

路面照度/lx	30	40	50	60	70	80
透过率修正值	1	0.93	0.87	0.80	0.73	0.67

世界上一些国家规定的隧道内烟雾浓度分别为：法国：$5×10^{-3}$ m^{-1}；日本：$(7.5～9)×10^{-3}$ m^{-1}；瑞士：$9×10^{-3}$ m^{-1}；英国：$10×10^{-3}$ m^{-1}。随着我国公路交通事业的日益发展，大型的载重柴油车将会越来越多，目前柴油车所占交通量已达到整个交通量的30%～50%，正迅速赶上发达国家的水平，所以应严格控制烟雾的浓度。烟尘设计浓度应满足下列要求：

(1)采用显色指数 $33 \leqslant R_a \leqslant 60$、相关色温 2 000～3 000 K 的钠光源等光源时，烟尘设计浓度 K 应按表 5.2-6 取值；采用显色指数 $R_a \geqslant 65$，相关色温 3 300～6 000 K 的荧光灯、LED 灯等光源时，烟尘设计浓度 K 宜按设计速度相应提高一级取值。

表 5.2-6　烟尘设计浓度 K

车速 $v/(km·h^{-1})$	$\geqslant 90$	$60 \leqslant v < 90$	$50 \leqslant v < 60$	$30 < v < 50$	$10 \leqslant v < 30$	养护维修
K/m^{-1}	0.005	0.007 0	0.007 5	0.009 0	0.012	0.003 0

(2)当烟尘浓度达到 0.012 m^{-1} 时，应采取交通管制等措施。

(3)交通阻滞或双洞单向交通临时改为单洞双向交通时，洞内烟尘浓度不应大于 0.012 m^{-1}。烟雾浓度检测主要采用光透过率仪。以 SH-1 型光透过率仪为例，它由稳压电源、投光部、受光部和自动记录仪四大部件组成。测定光路长度为 100 m，光透过率量程为 5%～100%，精度为满量程的 5%。由所检测得到的光透过率计算烟雾浓度。

烟雾浓度检测纵向的测点布置与隧道的通风方式有关，靠近进出口的测点应布置在距离洞口 10 m，检测各通风段的烟雾浓度值，每通风段宜检测 3 个以上的断面，断面间距不宜大于 1 000 m，如检测到某一断面超标，则应向隧道进口方向增加检测断面来达到判断在何处开始超过允许浓度的目的。

(三)隧道风压检测

隧道风压是隧道通风的基本控制参量。在长大公路隧道中，通风系统往往由复杂的通风网络构成。要使风流有规律地流动，就必须调整或控制网络内各节点的风压。另外，风压还是各种通风机的一项基本性能指标，检验通风机时必须对其风压进行检测。下面介绍空气压力的基本概念和测定方法。

1. 基本概念

(1)空气静压(静压强)。空气静压是气体分子间的压力或气体分子对与之相接触的固体或液体边界所施加的压力，空气的静压在各个方向上均等。空间某点空气静压的大小与该点在大气中所处的位置和人工所造成的压力有关。大气压力是地表静止空气的压力，它等于单位面积上空气柱的质量。地球为空气所包围，空气圈的厚度高达 1 000 km。靠近地球表面的空气密度最大,距离地球表面越远,空气密度越小,不同海拔高程处空气柱的质量是不一样的。因此,对不同地区来讲,由于海拔高程、地理位置、空气温度和湿度不同,其大气压(空气静压)也不同。各地大气压力主要随海拔高程变化而变化。其变化规律见表 5.2-7。

表 5.2-7 不同海拔高度的大气压

海拔高度/m	Q	100	200	300	500	1 000	1 500	2 000
大气压/kPa	101.32	100.12	98.92	97.72	95.46	89.86	84.7	79.7

在真空状态下,静压为零。

根据度量空气静压大小所选择的基准不同,空气压力有绝对压力和相对压力之分。绝对压力是以真空状态绝对零压为比较基准的静压,即以零压力为起点表示的静压,绝对静压恒为正值,记为 p_s。

相对压力是以当地大气压 p_a 为比较基准的静压,即绝对静压与大气压力之差。如果隧道中或管道中的绝对静压高于大气压力,则为正压;反之为负压。相对静压用 h_s 表示,随 p_a 变化而变化。

(2)空气动压。运动着的物体具有动能,当其运动受到阻碍时,就有压力作用在障碍物表面上,压力的大小取决于物体动能的大小。当风流受到阻碍时,同样有压力作用在障碍物上,这个力称为风流的动压,用 h_v 表示。动压因空气运动而产生,它恒为正值并具有方向性,作用方向与风流方向一致;在与风流平行的面上,无动压作用。如果风流中某点的风速为 v(m/s),单位体积空气的质量为 ρ(kg/cm²),则动压 h_v(Pa)可用式(5.2-10)或式(5.2-11)表示:

$$h_v = \frac{1}{2}\rho v^2 \quad (5.2\text{-}10)$$

或

$$h_v = \frac{\gamma}{2g}v^2 \quad (5.2\text{-}11)$$

(3)全压。风流的全压即静压与动压的代数和。

2. 隧道空气压力测定

(1)绝对静压的测定。通常使用水银气压计和空盒气压计测定空气绝对静压。

①水银气压计:如图 5.2-4 所示,它主要由一个水银盛槽与一根玻璃管组成。玻璃管上端密闭,下端插入水银盛槽中,管内上端形成绝对真空,下部充满水银。当水银盛槽中水银表面受到空气压力时,管内水银柱高度随着空气压力而变化,此管中水银面与盛槽中的水银面的高差即所测空气的绝对静压。

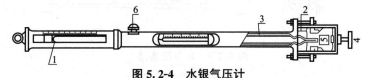

图 5.2-4 水银气压计

1—水银柱面;2—尖端;3—水银柱;4—旋钮;5—皮囊;6—测微游标旋钮

②空盒气压计：如图 5.2-5 所示，它主要由一个被抽成真空的皱纹状金属空盒与连接在盒上带指针的传动机构组成。

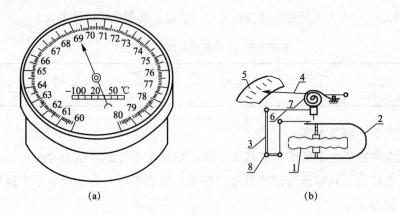

图 5.2-5　空盒气压计
(a)外形；(b)结构示意
1—金属盒；2—弹簧；3—传动机构；4—指针；5—刻度盘；6—链条；7—弹簧丝；8—固定支点

空盒气压计又称为无液气压计，其测压原理是：由于盒内抽成真空（实际上还有小量余压），故当大气压作用于盒面上时，盒面被压缩，并带动传动杠杆使指针转动，根据转动的幅度可读得大气压力数值。

空盒气压计是一种携带式仪表，一般用在非固定地点概略地测定大气压力数值。使用前必须经水银气压计校定；测量时将盒面水平放置在被测地点，停留 10～20 min 待指针稳定后再读数；读数时视线应该垂直于盒面。

(2)相对静压的测定。通常使用 U 形压差计、单管倾斜压差计或补偿式微压计与皮托管配合测定风流的静压、动压和全压。

U 形压差计也称为 U 形水柱计，有垂直和倾斜两种类型，如图 5.2-6 所示。它们都是由一个内径相同，装有蒸馏水或酒精的 U 形玻璃管与刻度尺所组成的。

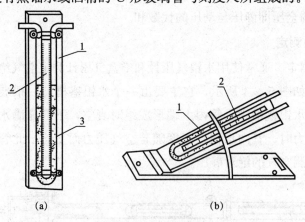

图 5.2-6　U 形压差计
(a)垂直型；(b)倾斜型
1—U 形玻璃管；2—刻度尺；3—蒸馏水或酒精

U形压差计的测压原理：U形玻璃管两侧液面承受相同的压力时，液面处于同一水平面；当两侧液面承受不同的压力时，压力大的一侧液面下降，另一侧液面上升。对垂直U形水柱计来说，两水面的高差即两侧压力差。对倾斜U形压差计，则要考虑实际的高差。垂直U形压差计精度低，多用于测量较大的压差。倾斜U形压差计测量精度比垂直U形压差计高。

补偿式微压计：如图5.2-7所示，它由盛水容器A和B以胶管连通而成。容器B固定不动，B中装有水准头。容器A可以上下移动。

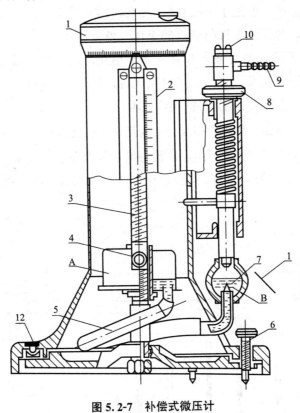

图5.2-7 补偿式微压计

A、B—盛水容器；1—微调盘；2—刻度尺；3—螺杆；
4—胶管接头"—"；5—连通胶管；6—底座螺钉；7—水准头；8—调节螺母；
9—胶管接头"+"；10—密封螺钉；11—反光镜；12—水准泡

补偿式微压计的测压原理：较大的压力 p_1 连到"+"接头与B相通，小压力 p_2 连到"—"接头与A相通，B中水面下降，水准头露出，同时A内液面上升。测定时，旋转螺杆若提高容器A，则B中水面上升，直至B中水面回到水准头所在水平位置，即通过提高容器A的位置，用水柱高度来平衡（补偿）压力差造成的B中水面下降，使它恢复到原来的位置。此时，A内液面上升的高度恰好是压力差 p_1-p_2 造成的水柱高度 H。

为使 H 测量准确，仪器上装有微调与水准观察装置。微调装置由刻有200等分的微调盘构成，将它左右转动一圈，螺杆将带动A上下移动2 mm，其精度能读到0.01 mm水柱（mmH_2O）。水准观察装置是根据光学原理使水准头形成倒像，当水准头的尖端和像的尖端恰好接触时，说明 B 中水面已经达到要求的位置。

使用补偿式微压计时，要整平对零；使 B 中水准头和像的尖端恰好相接，并注意大小两个压力不能错接，最后在刻度尺和微调盘上读出所测压力差。

皮托管：它是接收和传递压力的工具，与压差计相配合使用。如图 5.2-8 所示，皮托管由两根金属小圆管 1 和 2 构成。内管 1 和外管 2 同心套结成一整体，但互不相通。内管前开一小孔 4 与标有"+"的脚管相通，孔 4 正对风流，内管就能接收测点的全压。外管前端不通，在前端不远处的管壁上开有 4~6 个小孔，孔 3 与标有"-"的脚管相通，当孔 4 正对风流时，外管孔 3 与风流垂直不受动压作用，只能接收静压。

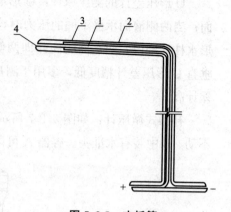

图 5.2-8　皮托管

1—内管；2—外管；3—侧孔；4—前孔

3. 风流的全压、静压、动压的相互关系及其在水柱上的显示

(1)压入式通风：如图 5.2-9 所示，风流的绝对压力高于大气压力，风流的相对压力为"+"。若用 p_s 表示绝对静压，p_t 表示绝对全压，h_t 表示相对全压，则由图 5.2-9(b)可得：

$$h_s = p_s - p_a \qquad [5.2\text{-}12(a)]$$

$$h_v = p_t - p_s \qquad [5.2\text{-}12(b)]$$

$$h_t = p_t - p_a = h_s + h_v \qquad [5.2\text{-}12(c)]$$

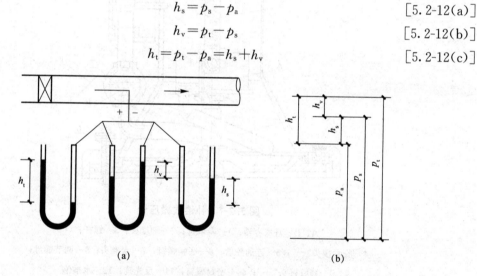

图 5.2-9　排风式通风压力关系示意

(a)压力在水柱计上的显现；(b)压力关系示意

(2)抽出式通风：风流的绝对压力低于大气压力，风流的相对压力为"-"。水柱计读数等于相对压力的绝对值。

(四)隧道风速检测

在我国已建成的设有机械通风的公路隧道中，绝大部分都采用射流风机纵向通风。在这种通风方式下，风流速度既不能过小，也不能过大。风速过小，则不足以稀释排出隧道内的车辆废气;风速过大,则会使隧道内尘土飞扬,使行人感到不适。因此,我国《公路隧道通风设计细则》(JTG/T D70/2—02—2014)规定:单向交通隧道风速不宜大于10 m/s,特殊情况可取 12 m/s;双向交通隧道风速不应大于 8 m/s;人车混用隧道风速不应大于7 m/s。

1. 隧道风流的速度分布及平均风速

空气在隧道及管道中流动时,由于与流道壁面摩擦及空气的黏性,所以同一横断面上各点风流的速度是不相同的。

紊流风流在靠近边壁处有一层很薄的层流边层,该层流边层的厚度很小,而且雷诺数越大,其厚度越小。在此层内,流体质点沿近乎平行于管壁的弯曲轨迹运动。层流边层内,空气流动的速度叫作边界风速,以 v_0 表示,如图 5.2-10 所示。在层流边层以外,即流道横断面的绝大部分,充满着紊流风流,

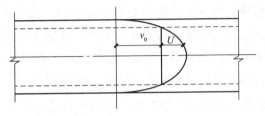

图 5.2-10 隧道中风流速度分布图

其速度大于边界风流,并从壁面向轴心方向逐渐增大。如果将大于边界风速那部分称为紊流风速,并以 U 表示,则流道横断面上任一点的风速 v_1 就等于边界风速与紊流风速之和,即

$$v_1 = v_0 + U \tag{5.2-13}$$

则断面上平均风速为

$$v = \frac{\int v_1 \mathrm{d}A}{A} \tag{5.2-14}$$

或

$$v = \frac{Q}{A} \tag{5.2-15}$$

式中 v_1——断面上一点的风速(m/s);

$\mathrm{d}A$——断面上的微元面积;

A——流道的横断面面积(m^2);

Q——通过流道横断面的风量(m^3/s)。

在圆形截面的直线管道风流中,最高风速出现在截面轴心处;但在隧道或非圆截面的管道中,流道的曲直程度、断面形状及大小均有变化,最高风速不一定出现在截面轴线上,同一断面上的流速分布也可能随时间变化。因此,确定断面的平均风速时,必须先测各点的风速,然后计算其平均值。各种技术规范与规程对风速的有关规定都是对断面的平均风速而言的。

2. 隧道风速检测

(1)用风表检测。常用的风表有杯式和翼式两种,如图 5.2-11 所示。

杯式风表适用于检测大于 10 m/s 的高风速；翼式风表适用于检测 0.5～10 m/s 的中等风速，具有高灵敏度的翼式风表也可以用于检测 0.1～0.5 m/s 的低风速。

杯式和翼式风表内部结构相似，由一套特殊的钟表传动机构、指针和叶轮组成。杯式的叶轮是 4 个杯状铝勺，翼式的叶轮则是 8 张铝片。另外，风表上有一个启动和停止指针转动的小杆，打开时指针随叶轮转动，关闭时叶轮虽转动但指针不动。某些风表还有回零装置，以便从零开始计量风速。

(a) (b)

图 5.2-11 风表

(a)杯式风表；(b)翼式风表

检测时，先回零，待叶轮转动稳定后打开开关，则指针随着转动，同时记录时间。经过 1～2 min 后，关闭开关。检测完成后，根据记录的指针读数和指针转动时间，算出风表指示风速，再用如图 5.2-12 所示的校正曲线换算成真实风速。风表可以测一点的风速，也可以测隧道的平均风速。

用风表检测隧道断面的平均风速时，测风员应该使风表正对风流，在所测隧道断面上按一定的路线均匀移动风表。通常所采用的线路如图 5.2-13 所示。

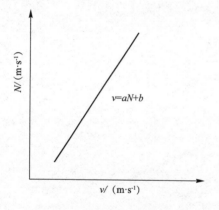 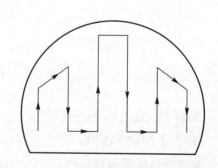

图 5.2-12 风表校正曲线　　图 5.2-13 用风表检测断面平均风速的线路

根据测风员与风流方向的相对位置，可分为迎面法和侧面法两种测风方法。

①迎面法：测风员面向风流站立，手持风表，手臂向正前方伸直，然后按一定的线路使风表均匀移动。由于人体位于风表的正后方，人体的正面阻力减低流经风表的流速，因此，用该法测得的风速 $1v_s$ 需经校正后才是真实风速 v，$v = 1.14\, v_s$。

②侧面法：测风员背向隧道壁站立，手持风表，手臂向风流垂直方向伸直，然后按一定的线路使风表均匀移动。使用此法时，人体与风表在同一断面内，造成流经风表的流速增加。如果测得风速为 v_s，则实际风速为

$$v = \frac{v_s(S-0.4)}{S} \tag{5.2-16}$$

式中 S——所测隧道的断面面积(m^2)；

0.4——人体占据隧道的断面面积(m^2)。

(2)用热电式风速仪和皮托管与压差计检测。热电式风速仪可分为热线和热球式两种，其原理相同。以 QDF 型热球式风速仪为例，该仪器由热球式探头、电表和运算放大器组成。在测杆的端部有一个直径为 0.8 mm 的玻璃球，球内绕有加热玻璃球用的镍铬丝线圈和两个串联的热电偶，热电偶的冷端连接在磷铜质的支柱上直接暴露在风流中。当一定大小的电流通过加热线圈后，玻璃球的温度上升，则热电势小；反之热电势大。热电势再经运算放大器后就可以在电表上指示出来，校正后的电表读数即风流的真实速度。热电式风速仪操作比较简便，但现有的热电式风速仪易于损坏，灰尘和温度对它有一定的影响，有待进一步改进，以便广泛使用。皮托管和压差计可用于通风机风筒内高风速的测定，它是通过测量测点的动压，然后按式(5.2-17)换算出测点风速 v_1：

$$v_1 = \sqrt{\frac{2gH_v}{\gamma}} = \sqrt{\frac{2H_v}{\rho}} \tag{5.2-17}$$

式中 H_v——测点的动压(Pa)；

g——重力加速度(9.8 m/s^2)；

γ——测点周围空气重度(N/m^3)；

ρ——空气密度(kg/m^3)。

皮托管与精度为 0.1 Pa 的压差计配合使用，在测定 1.5 m/s 以上的风速时，其误差不超过 ±5%；当风速过低或压差计精度不够时，误差比较大。热电式风速仪和皮托管与压差计都不能连续累计断面内各点的风速(对后者来说是动压)，只能孤立地测定某点风速(动压)。因此，用这类仪器测定隧道或管道的平均风速时，应该将隧道断面划分成若干个面积大致相等的小块(图 5.2-14)，再逐块在其中心测量各点的风速 v_1，v_2，…，v_n。最后取平均值得平均风速 v，即

$$v = \frac{v_1 + v_2 \cdots + v_n}{N} \tag{5.2-18}$$

式中 N——划分的等面积小块数。

圆形风筒的横断面应划分成若干个等面积的同心圆环(图 5.2-15)，每一个等面积圆环里相应地有一个检测圆。用皮托管和压差计测定时，在互相垂直的两个直径上，可以

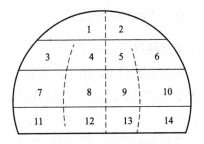

图 5.2-14 隧道断面划分的等面积小格

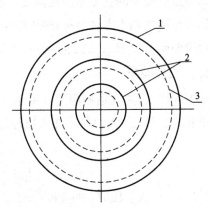

图 5.2-15 圆形风筒划分的等面积同心部分

1—风筒壁；2—等面积同心部分界线；3—检测圆

测得每个检测圆的 4 个动压值，由这一系列的动压值可计算出风筒全断面的平均风速。

检测圆的数量 N，根据被测风筒的直径确定。一般直径为 30～60 cm 时 N 取 3，直径为 70～100 cm 时 N 取 4。

由于运营隧道按上述方法现场检测隧道断面风速非常困难，耗时较长，现场条件和交通管制的限制可以改进隧道断面风速的现场检测方法。

借助重庆交通科研设计院的大比例尺的模型试验的研究成果可简化隧道断面风速的现场检测方法。正常工况下，隧道中的通风气流可看作不可压缩黏性流体的等温流动，公路隧道内的通风工况可看作定常流动，对于沿隧道纵向的空气运动，其气流一般属于充分发展的紊流，对紊流流态，如隧道断面几何尺寸相似，则流速分布亦相似。试验取气流稳定区域的某一风管断面，测量该断面内各个点的风速，实验中在某一断面均匀布置 5 个观测孔，测试仪可以沿孔轴面移动，共计测试 15 个点来计算平均风速点。

模型试验研究表明，满足充分紊流特征的空气流动，其气流的边界层很薄，绝大多数区域速度相同，实验结果的平均值与隧道断面重心点的风速值很接近，可以固定此点的测试值代表隧道断面的平均风速。隧道纵向的测点布置与隧道的通风方式有关，测点布置应远离射流风机 60 m 以上，检测各通风段的风速值，每通风段宜检测 3 个以上的断面。

三、运营照明方式

运营隧道照明的目的是解决驾驶员在进出隧道的视觉适应问题及在隧道内部的视觉问题。在进出隧道时，由于隧道洞外与洞内有较强的亮度差异，白天极易引起进入隧道的"黑洞效应"或"黑框效应"和驶出隧道的"白洞效应"，夜间则刚好相反。在隧道内部，由于汽车排放的废气集聚在隧道里形成了烟雾，汽车前照灯的光被这些烟雾吸收和散射，造成光幕，降低了前方障碍物与其背景（路面、墙面）之间的亮度对比度，从而降低了障碍物的能见度。为解决这些问题，隧道在运营中需要根据人眼的适应性特点进行隧道照明，以解决驾驶员在公路隧道行驶中的视觉适应性问题，提高隧道行车的安全性。根据隧道行车的视觉特点，隧道运营照明的基本方式可根据隧道照明区段分为入口段照明、过渡段照明、中间段照明和出口段照明，如图 5.2-16 所示。

1. 入口段照明

根据我国《公路隧道照明设计细则》（JTG/T D70/2—01—2014），隧道入口段可分为入口段 1 和入口段 2。入口段 1 和入口段 2 的亮度和长度分别可表示为亮度。

$$L_{th1}=k\times L_{20}(S) \tag{5.2-19}$$

$$L_{th2}=0.5\times k\times L_{20}(S) \tag{5.2-20}$$

式中　L_{th1}——入口段 th_1 的亮度（cd/m²）；

　　　L_{th2}——入口段 th_2 的亮度（cd/m²）；

　　　k——入口段亮度折减系数，可按表 5.2-8 取值；

$L_{20}(S)$——洞外亮度(cd/m^2)。

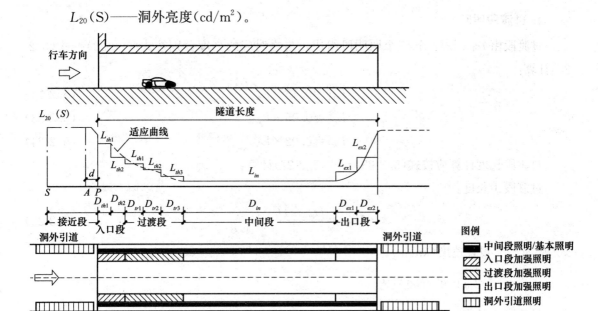

图 5.2-16 各照明段亮度与长度示意

P—洞口；S—接近段起点；A—适应点；d—适应距离；$L_{20}(S)$—洞外亮度；
L_{th1}、L_{th2}—入口段亮度；L_{tr1}、L_{tr2}、L_{tr3}—过渡段亮度；L_{in}—中间段长度；
D_{th1}、D_{th2}—入口段$th1$、$th2$分段长度；D_{tr1}、D_{tr2}、D_{tr3}—过渡段tr_1、tr_2、tr_3分段长度；
D_{ex1}、D_{ex2}—出口段ex_1、ex_2分段长度

对于长度$L>500$ m的非光学长隧道及长度$L>300$ m的光学长隧道，入口段th_1、th_2的亮度应分别按式(5.2-19)及式(5.2-20)计算。长度300 m$<L\leqslant500$ m的非光学长隧道及长度100 m$<L\leqslant300$ m的光学长隧道，入口段th_1、th_2的亮度宜分别按式(5.2-19)和式(5.2-20)计算值的50%取值；长度200 m$<L\leqslant300$ m的非光学长隧道，入口段th_1、th_2的亮度宜分别按式(5.2-19)和式(5.2-20)计算值的20%取值。

表 5.2-8 入口段亮度折减系数 k

设计小时交通量 $N/[\text{vel}\cdot(\text{h}\cdot\text{ln})^{-1}]$		设计速度 v				
单向交通	双向交通	120 km/h	100 km/h	80 km/h	60 km/h	20～40 km/h
≥1 200	≥650	0.070	0.045	0.035	0.022	0.012
≤350	≤180	0.050	0.035	0.025	0.015	0.010
注：当交通量在其中间值时，按线性内插取值。						

$$D_{th1}=D_{th2}=\frac{1}{2}\left(1.154D_s-\frac{h-1.5}{\tan 10°}\right) \qquad (5.2-21)$$

式中 D_{th1}——入口段th_1长度(m)；

D_{th2}——入口段th_2长度(m)；

D_s——照明停车视距(m)；

H——隧道内净空高度(m)。

2. 过渡段照明

过渡段由 tr_1、tr_2、tr_3 三个照明段组成，与之对应的亮度分别按式(5.2-22)～式(5.2-24)计算：

$$L_{tr1}=0.15\times L_{th1} \quad (5.2\text{-}22)$$

$$L_{tr2}=0.05\times L_{th1} \quad (5.2\text{-}23)$$

$$L_{tr3}=0.02\times L_{th1} \quad (5.2\text{-}24)$$

过渡段长度计算应按式(5.2-25)～式(5.2-27)计算：

过渡段 1 长度：

$$D_{TR1}=\frac{D_{th1}+D_{th2}}{3}+\frac{v_t}{1.8} \quad (5.2\text{-}25)$$

式中 v_t——设计速度(km/h)；

$\dfrac{v_t}{1.8}$——2 s 内的行驶距离。

过渡段 2 长度：

$$D_{tr2}=\frac{2v_t}{1.8} \quad (5.2\text{-}26)$$

过渡段 3 长度：

$$D_{tr3}=\frac{3v_t}{1.8} \quad (5.2\text{-}27)$$

长度 $L\leqslant 300$ m 的隧道，可不设置过渡段加强照明；长度 300 m$<L\leqslant$500 m 的隧道，当在过渡段 tr_1 能完全看到隧道出口时，可不设置过渡段 tr_2、tr_3 加强照明；当 tr_3 的亮度 L_{tr3} 不大于中间段亮度 L_{in} 的 2 倍时，可不设置过渡段 tr_3 加强照明。

3. 中间段照明

中间段 L_{in} 亮度取值见表 5.2-9。

表 5.2-9 中间段亮度表 L_{in} cd/m²

设计速度 /(km·h^{-1})	L_{in}		
	单向交通		
	$N\geqslant$1 200 veh/(h·ln)	350 veh/(h·ln)$<N<$1 200 ve/(h·ln)	$N\leqslant$350 veh/(h·ln)
	双向交通		
	$N\geqslant$650 vel/(h·ln)	180 veh/(h·ln)$<N<$650 veh/(h·ln)	$N\leqslant$180 veh/(h·ln)
120	10.0	6.0	4.5
100	6.5	4.5	3.0
80	3.5	2.5	1.5
60	2.0	1.5	1.0
20～40	1.0	1.0	1.0

注：1. 当设计速度为 100 km/h 时，中间段亮度可按 80 km/h 对应亮度取值。
    2. 当设计速度为 120 kmn/h 时，中间段亮度可按 100 km/h 对应亮度取值。

单向交通且以设计速度通过隧道的行车时间超过 135 s 时，隧道中间段宜分为两个照明段，与之对应的长度及亮度不应低于表 5.2-10 的规定。

表 5.2-10　中间段各照明段长度及亮度取值

项目	长度/m	亮度/(cd·m^{-2})	适用条件
中间段第一照明段	设计速度下 30 s 行车距离	L_{in}	—
中间段第二照明段	余下的中间段长度	$L_{in}\times 80\%$，且不低于 1.0 cd/m^2	采用连续光带布灯方式，或隧道壁面反射系数不小于 0.7
		$L_{in}\times 50\%$，且不低于 1.0 cd/m^2	

行人与车辆混合通行的隧道，中间段亮度不应小于 2.0 cd/m^2。

4. 出口段照明

在单向交通隧道中，应设置出口段照明，出口段宜划分为 ex_1、ex_2 两个照明段，每段长度宜取 30 m，与之对应的亮度应按式(5.2-28)～式(5.2-29)计算：

$$L_{ex1}=3\cdot L_{in} \quad (5.2\text{-}28)$$

$$L_{ex2}=5\cdot L_{in} \quad (5.2\text{-}29)$$

在双向交通隧道中，可不设出口段照明。

四、运营照明检测

(一)基本概念

照明工程中的基本概念较多，为了阐述方便，这里对常用的几个概念作以简介，如读者需要深入了解，请参考有关资料。

1. 光谱光效率

图 5.2-17 所示为光谱光效率曲线，光谱光效率是人眼在可见光光谱范围内视觉灵敏度的一种度量。在明视觉(照度较高)条件下，人眼对 555 nm 光波的视觉灵敏度最高；在暗视觉(照度较低)条件下，人眼对 507 nm 光波的视觉灵敏度最高。偏离峰值，无论是短波长，还是长波长，人眼的灵敏度都要下降，距离峰值越远，人眼的视觉灵敏度越低。图 5.2-17 给出了人眼的光谱光效率曲线。

2. 光通量

光通量是光源发光能力的一种度量，是指光源在单位时间内发出的能被人眼感知的光辐射能的大小。光通量常用符号 ϕ 表示，单位为流明(lm)。例如，一只 220 V、40 W 白炽灯发出的光通量为 350 lm；一只 220 V、40 W 的荧光灯发出的光通量为 2 100 lm。

3. 光强

光强用于反映光源光通量在空间各个方向上的分布特性，它用光通量的空间角密度来度量。光强常用符号 I 表示，可由式(5.2-30)计算：

$$I=\frac{d\phi}{d\omega} \quad (5.2\text{-}30)$$

式中　dω——由（点）光源向外张的微小空间角（锥面所围的空间），若以半径为 r 的球面截取锥面，而被锥面截取的微小球面面积为 dA，则 dω=dA/r^2；
　　　dφ——微小空间角 dω 内的光通量。

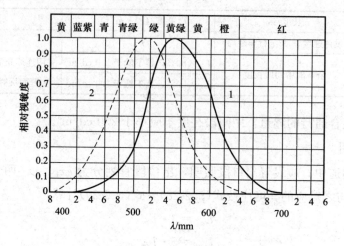

图 5.2-17　光谱光效率曲线

光强单位是坎德拉（cd），1 cd＝1 lm/sr，坎德拉是国际单位制的基本单位之一。

光强常用于说明光源和灯具发出的光通量在空间各方向上的分布密度。例如，一只 220 V、40 W 白炽灯发出 350 lm 光通量，它的平均光强为 350/4π＝28 cd；若在该灯泡上装一盏白色搪瓷平盘灯罩，则灯的正下方的光强能提高到 70～80 cd。虽然两种情况下，光源发出的光通量没变，但后者使光通量在空间分布更集中。

4. 照度

照度是用来表示被照面上光的强弱的，以被照场所光通量的面积密度来表示。取微小面积 dA，入射的光通量为 dφ，则照度 E 为

$$E=\frac{\mathrm{d}\phi}{\mathrm{d}A} \tag{5.2-31}$$

对于任意大小的表面积 A，若入射光通量为 ψ，则在表面积 A 上的平均照度 E 为

$$E=\frac{\psi}{A} \tag{5.2-32}$$

照度的单位为勒克斯（lx），1 lx 即在 1 m² 的面积上均匀分布 1 lm 光通量的照度值，或者是一个光强为 1 cd 均匀发光的点光源，以它为中心，在半径为 1 m 的球表面上，各点所形成的照度值。

1 lx 的照度是比较小的，在此照度下仅能大致辨认周围物体，要进行区别细小零件的工作是不可能的。为了对照度有些实际概念，现举几个例子：晴朗的满月夜地面照度约为 0.2 lx，白天采光良好的室内照度为 100～500 lx，晴天室外太阳散射光（非直射）下的地面照度约为 1 000 lx，中午太阳光照射下的地面照度可达 100 000 lx。

5. 亮度

亮度用于反映光源发光面在不同方向上的光学特性。在一个"面"光源上取一个单元面

积$\triangle A'$,从与表面法线成 θ 角的方向去观察,在这个方向上的光强 I_θ 与人眼所"见到"的光源面积$\triangle A$ 及亮度 I_θ 之间的关系为

$$L_\theta = \frac{I_\theta}{\triangle A'} = \frac{I_\theta}{\triangle A \cos\theta} \tag{5.2-33}$$

如果 $\triangle A$ 是一个理想的漫射发光体或理想漫反射表面的二次发光体,则它的光强将按余弦分布。将 $I_\theta = I_0 \cdot \cos\theta$ 代入式(5.2-33) 得:

$$L_\theta = \frac{I_0 \cos\theta}{\triangle A \cos\theta} = \frac{I_0}{\triangle A} \tag{5.2-34}$$

即理想漫射发光体或理想漫反射表面二次发光体的亮度与方向无关。亮度的单位为坎德拉每平方米(cd/m^2)。表 5.2-11 列出了各种光源的亮度。

表 5.2-11 各种光源的亮度表

光源	亮度/($cd \cdot m^{-2}$)	光源	亮度/($cd \cdot m^{-2}$)
太阳	1.6×10^9	蜡烛	$(0.5 \sim 1.0) \times 10^4$
碳极弧光灯	$(1.8 \sim 12) \times 10^8$	蓝天	0.8×10^4
钨丝灯	$(2.0 \sim 20) \times 10^6$	电视屏幕	$(1.7 \sim 3.5) \times 10^4$
荧光灯	$(0.5 \sim 1.5) \times 10^4$		

在隧道照明中,路面亮度是最重要的技术指标,并且经常将路面的光反射视为理想漫反射。在这种假设下,亮度 L 与照度 E、反射系数 ρ 之间存在以下简单的关系:

$$L = \frac{\rho E}{\pi} \tag{5.2-35}$$

6. 照明检测分类

隧道照明检测可分为实验室检测和现场检测。实验室检测主要对单个灯具的特性或质量进行检测,为照明设计提供依据,或为工程选用合格产品;现场检测则主要对灯群照明下的路面照度、亮度和眩光参数进行检测,用以评价隧道照明工程的设计效果与施工质量。

(二)照度检测

1. 检测原理

照度检测一般采用将光检测器和电流表连接起来,并且表头以勒克斯(lx)为单位进行分度构成的照度计。例如,JD 系列指针式照度计和数字式照度计,将光电池放到要测量的地方,当它的全部表面被光照射时,由表头可以直接读出照度的数值。由于照度计携带方便、使用简单,因而得到广泛的应用。

通常好的照度计应符合下列要求:

(1)应附有 $V(\lambda)$ 滤光器。常用的光电池(硒、硅)其光谱灵敏度曲线与 $V(\lambda)$ 曲线都有相当大的偏差,这就造成测量光谱能量分布不同的能源,特别是测量非连续光谱的气体放电灯产生的照度时,出现较大的偏差。所以,照度计都要给光电池配一个合适的颜色玻璃滤光器,构成颜色校正光电池。它的光谱灵敏度曲线与 $V(\lambda)$ 曲线相符的程度越好,照度测量

的精度越高。

(2)应配合适的余弦校正(修正)器。当光源由倾斜方向照射光电池表面时,光电流输出应当符合余弦法则,即此时的照度应等于光线垂直入射时的法线照度与入射角余弦的乘积。但是,由于光电池表面镜面的反射作用,在入射角较大时,会从光电池表面反射掉一部分光线,致使光电流输出小于上面所说的正确数值。为了修正这一误差,通常在光电池外加一个均匀漫透射材料制成的余弦校正器,如图 5.2-18 所示。这种光电池组合称为余弦校正光电池,其余弦特性如图 5.2-19 所示。

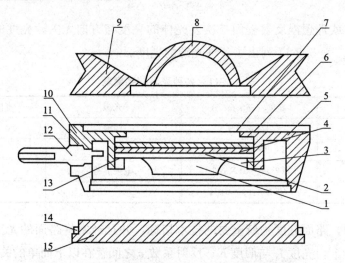

图 5.2-18　有校正的硒光电池接收器结构示意

1—弹性压接片(正极); 2—硒电池; 3—导电环(负极); 4—光谱修正滤光器;
5—磨砂玻璃; 6—橡皮; 7—凹槽; 8—余弦修正器; 9—前盖;
10—底座; 11,14—密封圈; 12—插座; 13—垫圈; 15—后盖

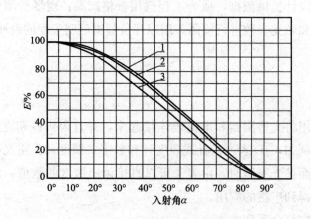

图 5.2-19　光电池的余弦曲线特性

1—理想的余弦特征曲线; 2—光电池修正后的特征曲线;
3—光电池未加余弦修正器时的特征曲线

(3)应选择线性度好的光电池。在测量范围内,照度计的读数要与投射到光电池的受光

面上的光通量成正比。也就是说，光电流与光电池受光面的照度应呈线性关系。硒光电池的线性度主要取决于外电路的电阻和受光量，外电路的电阻越小，照度越低，线性度越好。用作低照度测量时，应选择低内阻的硒光电池，它有较高的灵敏度；用作高照度测量时，应选择高内阻的硒光电池，它的灵敏度低而线性响应较好，受强光照射时不易损坏。

(4)硒光电池受强光(1 000 lx以上)照射时会逐渐损坏，为了测量较大的光强度，硒光电池前应带有几块已知减光倍率的中性减光片。照度计在使用保管过程中，由于光电池受环境影响，其特性会有所改变，必须定期对照度计进行标定，以保证测量的精度。照度计的标定可在光具座上进行，如图5.2-20所示。利用标准光强(烛光)灯，在满足"点光源"(标准灯距光电池的距离是光源尺寸的10倍以上)的条件下，逐步改变硒光电池与标准灯的距离d，记下各个距离时的电流计读数，由距离平方反比定律$E=I/d^2$计算光照度，可得到相当于不同光照度的电流计读数。将电流计读数与光照度的关系作图，就是照度计的标定曲线，由此可对照度计进行分度。标定曲线不仅与硒光电池有关，而且与电流计有关，换用硒光电池或电流计时，必须重新标定。

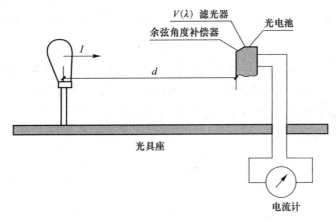

图5.2-20 标定照度的装置

2. 现场检测

隧道路面的照度检测是隧道照明检测的基本内容：一是许多隧道的照明设计参数是直接以照度给出的；二是隧道照明中最为重要的亮度可通过简单公式由照度换算。根据照明区段的不同，隧道照度检测可分为洞口段照度检测和中间段照度检测。

(1)纵向照度曲线测试。纵向照度曲线反映洞口段沿隧道中线照度的变化规律。第一个测点可设在距离洞口10 m处，之后向内每米设一测点，测点深入中间段10 m。用便携式照度仪测试各点照度，并以隧道路面中线为横轴、以照度为纵轴绘制隧道纵向照度变化曲线。

(2)横向照度曲线测试。横向照度曲线反映照度在隧道路面横向的变化规律。洞口照明段可分为入口段和过渡段，过渡段由tr_1、tr_2、tr_3三个照明段组成。测试横向照度时，可在各区段各设一条测线，该线可位于各区段的中部。在各测线上，测点由中央向两边对称布置,间距为 0.5 m。用便携式照度仪测取各点照度,并以各测线为横轴、以照度为纵轴绘制隧道横向照度变化曲线。横向照度越均匀越好。

(3)加强段路面平均照度检测。加强照明段分为入口段和过渡段,过渡段由 tr_1、tr_2、tr_3 三个照明段组成。测试路面平均照度时,由于加强照明灯具布置的间距较小,各测区长度以 10 m 为宜,也可根据灯具间距适应调整,纵向各点间距取灯间距的一半均匀布置即 $d=s/2$,横排由中央向两边对称布置,分取路中心、行车道中线,路缘点、侧墙 2 m 处。测取各交点的照度 E_i。若某测区的测点数为 n,则该测区的平均照度 E 为

$$E = \frac{1}{n}\sum_{i=1}^{n} E_i \tag{5.2-36}$$

(4)中间段路面平均照度检测。中间段路面的平均照度是隧道照明设计的重要指标,它与整个隧道的照明效果和后期运营费用密切相关。视隧道长度的不同,测区的总长度可占隧道总长度的 5%~10%。各测区基本段路面平均照度检测时的测点布置如下:取灯具间距这一长度均匀布置 10 个点即 $d=s/10$,横排由中央向两边对称布置,分取路中心、行车道中线、路缘点、侧墙 2 m 处。测取各交点的照度 E_i。若某测区的测点数为 n,则该测区的平均照度 E 按式(5.2-36)计算。

对所有的测区重复以上工作,便可得到各测区的平均照度,最后对各测区的照度进行平均,即得全隧道基本段的平均照度。比较实测平均照度与规范要求照度或设计照度,便可知道该隧道的中间段照度是否满足规范要求或设计要求。

(三)亮度检测

1. 检测原理

光度量之间存在着一定的关系,运用这种关系能使某些光度量的测量变得较为容易,并且能用照度计来测量其他光度量。

为了测量表面 S 的亮度,在它的前面距离 d 处设置一个光屏 Q。光屏上有一透镜(透射比为 t),它的上面积为 A。在光屏的右方设置照度计作检测器 M,M 与透镜的距离为 l,M 与透镜的法线垂直。在 l 的尺寸比 A 大得多的情况下,照度计检测器上的照度为

$$E = \frac{1}{l^2} = \frac{\tau L A}{l^2} \tag{5.2-37}$$

即

$$L = \frac{E l^2}{\tau A} \tag{5.2-38}$$

根据这一原理制成亮度计。亮度计的刻度已由厂家标定。

被测光源经过物镜后,在带孔的反射镜上成像,其中一部分光经过反射镜上的小孔到达光电接收器上;另一部分光经过反射镜反射到取景器上,在取景器的目镜后可以用人眼观察被测目标的位置及被测光源的成像情况。如成像不清楚,可以调节物镜的位置。光电接收器前一般加 $V(\lambda)$ 滤光器以配合人眼的光谱光效率。如果放一些特定的滤色片,还可用

来测定光源的颜色。

亮度计的视场角 θ 取决于带孔反射镜上小孔的直径,通常为 $0.1°\sim2°$;测量不同尺寸和不同亮度的目标物时用不同的视场角。

亮度计可事先用标准亮度板进行检验,在不同标准亮度下对亮度计的读数进行分度。标准亮度板可用标准光强灯照射在白色理想漫射屏上获得。

2. 现场检测

严格地讲,路面某点的亮度与观察它的方向有关;但工程上为了简便,将路面的光反射看成理想漫反射,这样,作为二次光源的路面亮度便与方向无关。传统检测方法根据亮度与照度之间的关系进行换算,即 $L=E/C$,对混凝土路面 $C=13$,对沥青路面 $C=22$。目前,随着成像技术与电子技术的不断成熟,已有不同亮度计可直接用于现场亮度检测。接下来就分别对照度换算测量法和亮度成像测量法这两种亮度检测方法进行介绍。

(1)照度换算测量法。

①路面平均亮度(L)。驾驶员观察障碍物的背景,在隧道中主要是路面,只有当路面亮度达到一定值以后,驾驶员才能获得立体感,在此基础上,亮度对比越大越容易察觉障碍物。路面(背景)亮度越高,眼睛的对比灵敏度就越好。

路面平均亮度在设计或规范中都有明确的规定。其检测方法可参考中间段路面平均照度检测方法,并根据式(5.2-39)确定:

$$L_{av} = \frac{E\alpha}{C} \tag{5.2-39}$$

②路面亮度均匀度。保证亮度均匀度是为了给驾驶员提供良好的能见度和视觉上的舒适性。如果亮度高,则均匀度要求可以适当降低。干燥路面和湿路面有很大变化,均匀度也相应有很大变化。严格的均匀度要求,一般限于干燥路面和路面平均亮度较低的情况。

a. 均匀度(U_0)。照明装置保证良好的路面平均亮度后,路面上一些局部区域还可能出现最小亮度 L_{min}。通常较差的亮度对比都发生在路面较暗的区域,往往影响到对障碍物的辨认。为了使路面上所有区域都有足够的亮度和对比度,提供令人满意的能见度,需要规定路面最小亮度和平均亮度比值的范围。

$$U_0 = \frac{L_{min}}{L_{av}} \tag{5.2-40}$$

式中 L_{av}——计算区域内路面平均亮度;

L_{min}——计算区域内路面最低亮度。

b. 纵向均匀度(U_1)。为了提高视觉舒适性,要求沿路面中线有一定的纵向均匀度。纵向均匀度是沿中线局部亮度的最小值与最大值之比。

$$U_1 = \frac{L'_{min}}{L'_{max}} \tag{5.2-41}$$

路面(墙面)上连续忽明忽暗对驾驶员干扰很大,称为光斑效应。当隧道较长时,驾驶员眼睛会很疲劳,影响发现障碍物。

(2)亮度成像测量法。亮度成像测量法采用定制的光学系统，通过对测量区域成像亮度分析，根据亮度测量分析软件对测量区域内的亮度进行统计，得出亮度平均值、最大值、最小值、平均亮度、亮度纵向均匀度等指标。

光学系统的物镜将被测目标成像到 CCD 的光敏面上，阵列探测器将测量响应值传送到 MCU，MCU 将结果上传至配备有专业软件的计算机中存储和分析。具体测试步骤如下：

①进行测量参数设置。
②拍摄需要测量的照明区域。
③进入隧道/道路亮度分析界面。
④在软件界面选择需要亮度分析的区域，如入口段、中间段、出口段、洞外亮度区域等。
⑤在软件界面输入分析区域的横纵间距或分析点数。
⑥计算出分析区域的平均亮度、亮度均匀度和亮度纵向均匀度等指标。
⑦导出亮度数据，可根据需要进行详细分析。

(四)眩光检测

进一步评价隧道的照明质量，需要检测隧道照明的各项眩光参数。隧道照明的眩光可以分为失能眩光和不舒适眩光两种。失能眩光表示照明设施造成的能见度损失，用被测试对象亮度对比的阈值增量(T_1)表示。失能眩光是生理上的过程，是表示由生理眩光导致辨认能力降低的一种度量；不舒适眩光表示在眩光感觉中的动态驾驶条件下，对隧道照明设施的评价。该眩光降低驾驶员驾驶的舒适程度，用眩光控制等级(G)表示。不舒适眩光是心理上的过程。

1. 失能眩光

失能眩光导致的识别能力下降，是由于光在眼睛里发生散射过程造成的。来自眩光光源的光在视网膜方向上的散射会引起光幕（等效光幕）作用，在视网膜方向上的散射程度越大，光幕作用越大。在眩光条件下的总视感，必须将光幕亮度叠加在无眩光时景物成像亮度之上。等效光幕亮度(L_v)可按式(5.2-42)计算：

$$L_v = K\left(\frac{E_{眼 1}}{\theta_1^2} + \frac{E_{眼 2}}{\theta_1^2} + \cdots\cdots\right) = K\sum_1^n \frac{E_{眼 i}}{\theta_i^2} \tag{5.2-42}$$

式中 $E_{眼 i}$——第 i 个眩光光源在眼睛(与视线相垂直的平面上)产生的照度；

θ_i——视线与第 i 个眩光光源入射到眼睛的光线之间形成的夹角；

K——年龄因素(平均值为 10)。

通常在隧道照明中，对 $1\sim 5$ cd/m² 之间的平均亮度，阈增量 T_1 可由光幕亮度的数值和平均路面亮度值结合对比灵敏度确定：

$$T_1(\%) = \frac{65 L_v}{L_{av}^{0.8}} \times 100 \tag{5.2-43}$$

2. 不舒适眩光

眩光造成的不舒适感,是用眩光控制等级(G)表示所感到的不舒适程度的主观评价。这种主观评价取决于各种照明器和其他照明装置的特性,可以用式(5.2-44)描述:

$$G = f(I_{80}, I_{88}, F, \Delta C, L_{av}, h', P) \tag{5.2-44}$$

式中 I_{80},I_{88}——照明器在同路轴平行的平面内,与垂直轴形成 $80°88'$ 方向上的光强值(cd);

F——照明器在同路轴平行的平面内,投影在 $76°$ 角方向上的发光面积(m^2);

ΔC——光的颜色修正系数,对于低压钠灯 $\Delta C = 0.4$;

L_{av}——平均路面亮度(cd/m^2);

h'——水平视线距灯的高度(m),h'=灯的安装高度-1.5 m;

P——每 1 km 安装的照明器个数。

经验计算公式为

$$G = 13.84 - 31\lg I_{80} + 1.3 \left(\lg \frac{I_{80}}{I_{88}}\right) \frac{1}{2} - 0.81 \lg \frac{I_{80}}{I_{88}}$$
$$+ 1.29 \lg F + C + 0.97 \lg L_{av} + 4.41 \lg h' + 1.46 \lg P \tag{5.2-45}$$

公式中各参数的调整范围是:$50 \leqslant I_{80} \leqslant 7\,000$(cd),$1 \leqslant I_{88} \leqslant 50$(cd),$0.007 \leqslant F \leqslant 0.4$($m^2$),$0.3 \leqslant L_{av} \leqslant 7$($cd/m^2$),$5 \leqslant h' \leqslant 20$(m),$20 \leqslant P \leqslant 100$,灯的排数为 1 或 2。

眩光等级 G 与主观上对不舒适感觉评价的相应关系为

$G=1$:无法忍受;$G=2$:干扰;$G=5$:允许的极限;$G=7$:满意;$G=9$:无影响。

光强可由照明器配光曲线查出,或经室内试验测取。

(五)照明灯具光强分布检测

1. 检测原理

测量光强主要应用直尺光度计(光轨)。用光度镜头,对标准光源的已知光强进行比较。光度镜头可由光电池构成。使用光电池光度镜头时,使灯与光电池保持一定的距离,先对标准灯测得一个光电流值 i_s,然后以被测灯代替标准灯测得另一个光电流值 i_t。假设标准灯的已知光强为 I_a,则被测光强 I_t 为:

$$I_t = \frac{i_t}{i_s} I_s \tag{5.2-46}$$

或者,分别改变被测灯和标准灯与光电池的距离 L_t、L_s,使其得到相等的光电流。此时,被测灯的光强可由式(5.2-47)求出:

$$I_t = \left(\frac{L_t}{L_s}\right)^2 I_s \tag{5.2-47}$$

在实际测量照明器的光强时,为了使式(5.2-47)准确成立,距离 L 取得必须大[当为光源最大尺寸的 5 倍以上时,使用式(5.2-47)引起的误差小于 1%]。

2. 检测方法

以测量一台室内照明器的配光特性为例,介绍照明器光强分布(配光曲线)的测量方法。

(1)测量装置及要求。室内照明器使用时光轴垂直向下,采用立式分布光度计,使用C-γ坐标系统。为保证光强测量的精度(要求测量值与实际值的差异不大于±5%),有以下要求:

①光电池。工作要稳定(包括它的工作线路),暴露在高照度下不会发生疲劳,对不同量程都有线性响应;光电池的光谱灵敏度要符合CIF光谱光效率曲线;由于光电池得到的读数是其本身受光面的平均照度,要求光电池的面积对照明器的张角不大于0.25°。

②分布光度计。分布光度计能刚性架着照明器,并能提供照明器在两个方向转动,保证能测任意角度上的光强;角度误差随光束扩散角的不同而不同,若光束扩散角用α表示,角度误差用β表示,则应符合下列要求:

$2°<\alpha<4°$　　　　　　$-0.1°\leqslant\beta\leqslant0.1°$
$4°<\alpha<8°$　　　　　　$-0.2°\leqslant\beta\leqslant0.2°$
$\alpha>8°$　　　　　　　　$-0.4°\leqslant\beta\leqslant0.4°$

③测试距离。测试距离需要足够长,以保证照度的平方反比定律完全成立。一般不小于3 m或不小于照明器发光口面上最大限度的5倍。

④照明器光度中心的确定。照明器光度中心的确定对测试距离有影响,确定方法如下:

a. 对于嵌入式照明器(格栅和全部直接光的照明器),测量距离应从照明器出光口(顶棚平面)算起。

b. 对于侧面发光的照明器(如直接—间接型照明器吸顶安装),测量距离应从发光体的任何中心算起,且在测光时应设置一块模拟顶棚的挡板,以符合照明器使用条件。

c. 对于悬挂式照明器:

a)光源的光中心在反射器内,且没有折射器,测量距离应从照明器出光口算起。

b)光源的光中心不在反射器内,且没有折射器,测量距离应从光源中心算起。

c)如有折射器,则测量距离应从折射器几何中心算起。

⑤环境温度。不同光源测试时,对环境温度要求不同。管状荧光灯要求25 ℃±2 ℃;HID灯要求25 ℃±5 ℃;白炽灯没有明确规定。空气流动与空调都会对测量有影响;当差别超过2%时,需要进行修正。

⑥电源电压。避免电源电压对测量结果的影响,可采用稳压电源装置。稳定精度:白炽灯≤±0.2%;气体放电灯≤±0.5%;各谐波的均方根值不超过基波波形的3%;频率稳定精度为±0.5%;输出阻抗为低阻抗。

⑦光源。测试前光源必须经过老练,以保证测试过程中发出的光通量恒定不变或只有极微小的变化。钨丝灯和管状荧光灯老练100 h,其他灯老练200 h(老练方式是点燃4 h,关闭15 min作为一周期)。

⑧照明器在光度计上稳定。在不小于15 min的间隔里,连续测定3次光强;若它们之间的变化小于1%,则可以认为灯在光度计上已趋稳定,可以进行光度测量。

(2)测量依据。根据照度的平方反比定律可知:

$$E(\gamma)=\frac{I(\gamma)}{L^2} \tag{5.2-48a}$$

$$I(\gamma)=E(\gamma)L^2 \tag{5.2-48b}$$

式中 $E(\gamma)$——被测光源或照明器在 γ 方向上的测试照度值;

$I(\gamma)$——光源或照明器在 γ 方向上的光强值;

L——测试距离。

若将光强在空间分布的球体分解成一个个球带,则光源光通量 ϕ_s 为

$$\phi_s = \sum_1^n \phi\omega = \sum_1^n I_s(\gamma)\mathrm{d}\omega \tag{5.2-49}$$

将式(5.2-48)代入式(5.2-49),简化后可得:

$$\phi_s = \sum_1^n E_s(\gamma)2\pi(\cos\gamma_1-\cos\gamma_2)l^2 = L^2\sum_1^n E_s(\gamma)C(\gamma) \tag{5.2-50}$$

式中 γ_1,γ_2——球带的起始角度与终止角度(图 5.2-21);

$C(\gamma)$——球带系数,$C(\gamma)=2\pi(\cos\gamma_1-\cos\gamma_2)$;

$E_s(\gamma)$——光源在 γ 方向上的测试照度值。

通常配光曲线是按光源光通量为 1 000 lm 给出的,故引进折算系数 K:

$$K=\frac{1\,000L^2}{\phi_s}=\frac{1\,000}{\sum_1^n E_s(\gamma)C(\gamma)} \tag{5.2-51}$$

则照明器的光强分布表达式可写成:

$$I_L(\gamma)=E_L(\gamma)K \tag{5.2-52}$$

式中 $I_L\gamma$——照明器在 γ 方向上的光强值;

$E_L(\gamma)$——照明器在 γ 方向上的测试照度值;

K——折算系数。

综合式(5.2-51)和式(5.2-52)可知,在测试时,只要接收器(光电池)围绕光源转一圈测得光源在各个方向的照度值 $E_s(\gamma)$,然后用同样的方法测得照明器在各个方向的照度值 $E_L(\gamma)$,即可求得照明器的光强分布(一个 C 平面上的)。这种方法称为相对测量法。

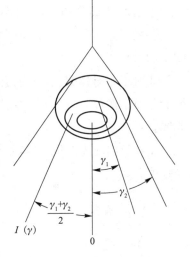

图 5.2-21 球带与光通量计算

对于任一测光平面 C 上的光强分布,参照式(5.2-52)可写出式(5.2-53):

$$I(C,\gamma)=E_L(C,\gamma)K \tag{5.2-53}$$

(3)测量步骤。

①光源光通量的测量。

a. 光源在光度计上安装时,使其呈水平(垂直)位置,避免产生冷端,也要避免光源的性能带来的影响。

b. 用以 10°为间隔的球带光通量测量时,测量 10°的中间点值,即测点 γ 角为 5°、15°、25°…将此值乘以球带系数,就代表该球带内的光通量,这样将 18 个累加就可得到相应的

光源光通量。

c. 在测量过程中要经常校验灯是否处在稳定状态。方法是比较每次在过光源轴线中心垂直线方向（铅垂线）上的读数，此读数变化不应超过2%。

②照明器光强的测量。

a. 光强测量一般在相互间隔为30°的12个半平面（过灯轴线子午面）上进行，也有在间隔15°或22.5°等几种方法下进行的。其中一个半平面必须通过照明器的对称轴线，在每个半平面上可采用10°球带的中点角度法进行测量。

b. 对于具有旋转对称分布的照明器，可以将所有读数（指同一球带上）平均后代表该球带上的光强；对于光分布具有两个对称平面的照明器（如直管形荧光灯具），可取各对称平面上相应方向上的值求平均后代表照明器在该平面上的光强。

c. 照明器在测量过程中也要校验灯是否处在稳定状态。方法是每次测量照明器垂直方向上的光强变化不应超过2%。

(4)光强分布曲线（配光曲线）及其数值。

①这是以 cd/1 000 lm 为单位的极坐标照明器配光曲线。

②旋转对称的配光，采用过铅垂线一个平面中的光强表示（该值往往是几个过子午面上的平均值）。

③对于非对称配光，往往用两个或两个以上的配光曲线表示，并要标出配光曲线所表征的平面。例如，直管形荧光灯具往往取平行于灯管与垂直于灯管两个子午面上的配光曲线。

④在给出配光曲线的同时，用表列出 5°、15°、25°、…、165°、175°等角度上的照明器光强值。

(六)照明灯具色度检测

1. 色温检测

色温或相关色温是表示光源特性的一个重要指标，通常根据光源的相对光谱功率分布测得。目前，常见的测量仪器基本上都是基于光谱功率（能量）分布法进行测量的。

(1)光源的光谱功率分布。光源所发出的光大多是包含很多不同波长的复合光，各波长辐射的功率也各不同，光源的辐射波长的关系称为光源的光谱功率分布，一般以辐射功率为纵坐标、波长为横坐标来表示。

从光谱功率分布可以知道光源辐射的波长范围、某一波段的辐射功率及该波段的功率占总辐射功率的百分比等。光源的光谱功率分布不同，其呈现的颜色也不同。光谱辐射功率的相对值与波长的关系，称为光源的相对光谱功率分布。相对光谱功率分布的测量可以任取单位，不需要对功率进行定标，比较简单。在使用中，相对光谱功率分布和光谱功率分布是等效的，因此，实际上所应用的绝大多数是光源的相对光谱功率分布。

(2)光源的相对光谱功率分布的测量。光源的相对光谱功率分布的测量一般多用光谱辐射计或光谱仪。在构造原理上与测量材料的光谱透射比和反射比的分光光度计没有太大的不同。光谱辐射计由光源照明系统、单色仪分光系统、光度探测系统、数据处理和显示读数系统所组成。最简单的是单光路系统,如图5.2-22所示。

图 5.2-22　单光路光谱辐射计示意

测量光谱相对功率分布时,先放上标准电源(一般是辐射强度或辐射照度标准灯),当缝宽保持不变时,对应各个波长探测器的光电流(或电压)为

$$i_s(\lambda) \propto I_s(\lambda)\tau(\lambda)S(\lambda)\Delta\lambda \tag{5.2-54}$$

式中　$I_s(\lambda)$——标准光源的光谱辐射强度;

$\tau(\lambda)$——光学系统(单色仪和聚光透镜)的透射比;

$S(\lambda)$——探测器的光谱灵敏度;

$\Delta\lambda$——波长为λ的单色仪出射光的波长范围。

换上洞里光源,当缝宽不变时,对应各个波长的光电流为

$$i_c(\lambda) \propto I_c(\lambda)\tau(\lambda)S(\lambda)\lambda \tag{5.2-55}$$

式中　$i_c(\lambda)$——待测光源的光谱辐射强度。

由式(5.2-54)和式(5.2-55)可得:

$$i_c(\lambda) = k\frac{i_c(\lambda)}{i_s(\lambda)}I_s(\lambda) \tag{5.2-56}$$

式中,各波长的$i_c(\lambda)$和$i_s(\lambda)$可由仪表读出,$I_s(\lambda)$为已知,k是与波长无关的比例常数,在测量相对光谱功率分布时,可令$k=1$,因此,由式(5.2-56)可以得到待测光源的相对光谱辐射强度。再将所得的各波长的相对光谱辐射强度都除以最大相对光谱辐射强度值(对应某一波长时的),即可得到待测光源的相对光谱功率分布$P(\lambda)$。

或改变图5.2-22所示的照明系统,如图5.2-23所示,则成为双光路系统。通过摆动反射镜M,可交替地让标准光源和待测光源的光进入单色仪和探测器,通过电路可直接得到两个灯的光度量比。由于双光路系统基本上可以认为标准和待测灯是在同时测量的,故测量精度较单光路系统高。

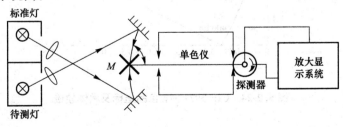

图 5.2-23　双光路光谱辐射计示意

(3)色温的测得。当已知光源的相对光谱功率分布获得后,可按色度学中的公式得到光源的三刺激值,即

$$x = k\int P(\lambda)\bar{x}(\lambda)d\lambda$$

$$y = k\int P(\lambda)\bar{y}(\lambda)d\lambda$$

$$z = k\int P(\lambda)\bar{z}(\lambda)d\lambda \tag{5.2-57}$$

式中　$P(\lambda)$——光源的相对光谱功率分布,$\bar{x}(\lambda)$、$\bar{y}(\lambda)$、$\bar{z}(\lambda)$为 CIE 1931 标准度观察值光谱三刺激值(可查表);

　　　k——调整因子,是常数。

再由三刺激值可得色品坐标为

$$x = \frac{X}{X+Y+Z}$$

$$y = \frac{Y}{X+Y+Z}$$

$$z = \frac{Z}{X+Y+Z} \tag{5.2-58}$$

有了色品坐标 x、y,就可以在色品图上找到该光源的坐标位置点。若该点正好位于色品图的黑体温度轨迹上(图 5.2-24),则该点相应的黑体温度就是该光源的色温。若光源(尤其是气体放电光源)的 x、y 色品坐标不在这条轨迹上,而是与轨迹有一定距离,这时就要根据相关色温的定义,查看光源的色品黑体的色坐标之间的"色距离"(即颜色差别的程度),因为 x、y 色品坐标的直线距离与"色距离"不成比例,所以应按式(5.2-59)计算:

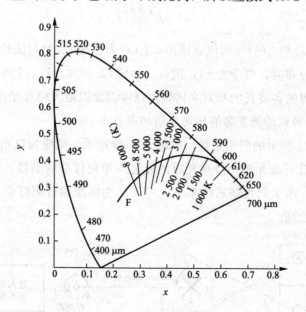

图 5.2-24　CIE 1931 x-y 色品坐标及黑体轨迹

$$u = \frac{4X}{X+15Y+3Z}$$

$$v = \frac{6Y}{X+15Y+3Z} \tag{5.2-59}$$

转换为均匀的 u-v 色品坐标图，如图 5.2-25 所示。

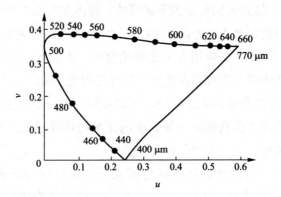

图 5.2-25　CIE 1960 均匀标度 u-v 色品坐标图

各种温度的黑体的 u-v 色品坐标轨迹如图 5.2-26 所示。在黑体轨迹的许多点上画了许多与轨迹相交并与其垂直的直线，垂直线上各点与垂直线和黑体的交点之间的色距离是最短的（相对于黑体轨迹上的其他点而言），因此，垂直线上各点的"相关色温"就是交点处的黑体温度。

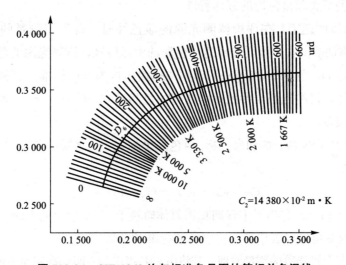

图 5.2-26　CIE 1960 均匀标准色品图的等相关色温线

总之，无论是什么光源，在测定了光源的相对光谱功率分布后，就可以得到其"三刺激值" X、Y、Z，从而可得到光源的色温坐标 x、y 或 u、v，再从图 5.2-26 中的等色温线查出光源的色温或相关色温。

现在很多光谱仪的测量色温基本上都是基于这一原理，在系统内置入微处理机系统，可以按预定的程度直接给出待测光源的色温。

2. 显色性检测

光源的显色性在交通运输中有着重要的意义。对于一个确定的对象，照明光源的特性对物体的颜色有很大的影响。在交通运输领域，要求尽可能使得人眼观察到的颜色与对象颜色本身一致，在交通环境下容易被识别。

(1)光源的显色性。按照人们长期的生活习惯，物体在日光下所显示的颜色即认为是物体的"真实"颜色。而目前很多人工光源如 LED 光源的特性并不完全与日光的特性相同，而且还具有不同的色温，因此，当应用人工光源照明时，需要有一种检测方法区别人工光源与日光在照明同一种物体时，是否存在差异及差异的程度。

随着照明技术及 LED 光源的不断发展，人们对照明的视觉质量越来越重视，因此，研究、评价光源的显色性可为提高照明质量、改进光源的特性提供必要的技术参数，而对光源显色性的检测更是选择合适光源的一种重要手段。

CIE 提出把普朗克辐射体作为评价低色温光源显色性的参照标准。规定评价色温在 5 000 K 以下的光源的显色性时，将它与 5 000 K 以下的黑体作比较，认为黑体的显色指数为 100。将标准照明体 D 作为评价高色温光源(大于 5 000 K)显色性的参照标准。另外，在评价光源的显色性时，采用一套 14 色试验色，其中 8 种试验色(1~8)用于光源一般显色指数和特殊显色指数的计算，这 8 种试验色代表了各种不同的常见颜色，其饱和度是适中的，明度值接近。后 6 种试验色(9~14)专用于特殊显色指数计算，它们是一些饱和色和皮肤色。测量、计算这些试验色在参照照明体和待测光源照明下的色差，最后求得待测光源的显色指数，用以表征光源显色性的好坏程度。

(2)参照照明体的选定。在评价待测光源的显色性时，首先用测量的方法确定它的色温，根据试验色方法的要素，需要选择适当色温的参照标准，待测光源的色温大于 5 000 K，则选择标准照明体 D，色温小于 5 000 K，则选择黑体作为参照标准。另外，在选择参照标准的色温时，应注意待测光源与参照标准之间的色品品差 ΔC 应小于 15 麦勒德，否则将引起显色指数计算误差。

待测光源(色品坐标 u_k、v_k 和参照标准)色品坐标 u_r、v_r 之间的色品差 ΔC 按式(5.2-60)计算：

$$C = [(u_k - u_r)^2 + (v_k - v_r)^2]^{\frac{1}{2}} \tag{5.2-60}$$

当 $\Delta C = 5.4 \times 10^{-3}$，它相当于普朗克辐射体轨迹上 15 麦勒德的差别，有了这样一个色品差 ΔC 容限，就有可能以表格形式提供参照标准的参数。

(3)CIE 光源显色性指数的测量原理。若将由 CIE 提出的参照标准照明下的 8 种或 14 种试验色和待测光源照明同一试验色而获得的色差 ΔE 作为尺度，以字母 R 表示显色指数，R_i 表示特殊显色指数($i = 1, 2, 3, \cdots, 14$，为试验色的号数)，则根据所获得的色差 ΔE_i，可得 R_i 为

$$R_i = 100 - 4.6 E_i \tag{5.2-61}$$

R_i 的值取整数，小数四舍五入。

如果 $R_i = 100$，说明在待测光源与参照照明体的照明下，该号试验色样品的色品坐标一致。

由试验色 1~8 号可求得 8 个特殊显色指数，它们的平均值称为一般显色指数 R_a。

$$R_a = \frac{1}{8}\sum_{i=1}^{8}R_i \qquad (5.2\text{-}62)$$

通常将光源的显色性划分为三个范围，作为对光源显色性的粗略评价（表 5.2-12）。

表 5.2-12　光源显色性评价

一般显色指数 R_a	质量分类	一般显色指数 R_a	质量分类
100~75	优	50 以下	劣
75~50	一般		

LED 灯、白炽灯、碘钨灯、溴钨灯、卤钨灯、镉灯等光源的显色指数较高，一般在 85 左右，常用于显色重现要求较高的场合；荧光灯的显色指数为 70~80，可用于一般的照明；高压钠灯、高压汞灯的显色指数较低（低于 50），这些光源对颜色辨识能力较差。

（4）显色指数的测量。由于光源的显色指数计算过程非常烦琐，目前用于测量颜色特性的光学仪器均采用计算机自动测试及数据自动处理方法，如图 5.2-27 所示。光源的光辐射通过积分球漫射后进入单色仪，由出射狭缝射出的单色辐射被光电倍增管接收，经放大、A/D 变换和计算机接口电路进入主机，计算机控制步进电动机使单色仪对光源进行光谱扫描。通过标准光源与待测光源的比较测量，获得待测光源的相对光谱功率分布。测量系统中的滤色片可消除二级光谱的影响，快门的关闭与开启可以对测量系统的暗电流进行采样，以提高系统的测量精度。

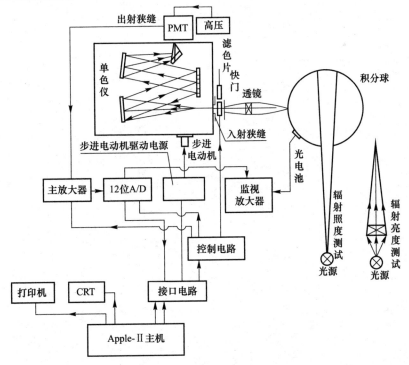

图 5.2-27　自动光谱辐射计系统图

在自动光谱辐射计的计算机中，存入计算光源显色指数的必要参数，例如，CIE光谱三刺激值，各种色温色品坐标数据，参照照明体色温参数及有关试验色的各种参数，可以几分钟内迅速求得待测光源的色品坐标、色温、特殊显色指数 R_i，以及一般显色指数 R_a。

模块六　运营隧道结构检查

教学目标

通过本章的学习，了解运营隧道结构检查的内容、隧道的技术状况，为隧道维修、养护及安全运营管理提供科学依据。

知识点

结构检查及技术状况的评定、衬砌裂缝检查与检测、渗漏水检查与检测、隧道净空断面变形检测、隧道衬砌表观自动化检测方法。

课题一　经常检查

经常检查是对隧道土建结构的外观技术状况进行的一般性定性检查。通过经常检查，可以及时发现隧道土建结构的早期缺损、显著病害或其他异常情况，以确定对策措施。

一、检查频率

根据隧道养护等级的不同，经常性检查的工作频率应不低于表 6.1-1 中规定的频率，在雨季、冰冻季节或极端天气情况下，或发现严重异常情况时，应提高经常检查的频率。

表 6.1-1　公路隧道结构经常检查频率表

养护等级 检查分类	一级	二级	三级
经常检查	1次/月	1次/2月	1次/季度

二、检查方法

经常性检查一般采用目测方法，配合以简单的检查工具进行。检查完成后，应翔实记述检查项目的缺损类型，预计缺损范围和程度及养护工作量，对异常情况作出缺损状况判定分类，并提出相应的养护措施。

三、检查内容及判定标准

经常检查的结论以定性判断为主,对各个检查项目的判定结果分为情况正常、一般异常、严重异常三种情况。检查内容和判定标准宜按表 6.1-2 的规定执行。

当经常检查中发现隧道存在一般异常情况时,应进行监视、观测或做进一步检查;当经常检查中发现隧道存在严重异常情况时,应采取措施进行处治。若对其产生原因及详细情况不明时,还应做定期检查或专项检查。

表 6.1-2　经常检查内容及判定标准

项目	检查内容	判定描述	
		一般异常	严重异常
洞口	边(仰)坡有无危石、积水、积雪;洞口有无挂冰;边沟有无淤塞;构造物有无开裂、倾斜、沉陷等	存在落石、积水、积雪隐患;洞口局部挂冰;构造物局部开裂、倾斜、沉陷,有妨碍交通的可能	坡顶落石、积水漫流或积雪崩塌;洞口挂冰掉落路面;构造物因开裂、倾斜或沉陷而致剥落或失稳;边沟淤塞,已妨碍交通
洞门	结构开裂、倾斜、沉陷、错台、起层、剥落;渗漏水(挂冰)	侧墙出现起层、剥落;存在渗漏水或结冰,尚未妨碍交通	拱部及其附近部位出现剥落;存在喷水或挂冰等,已妨碍交通
衬砌	结构裂缝、错台、起层、剥落	衬砌起层,且侧壁出现剥落状况,尚未妨碍交通,将来可能构成危险	衬砌起层,且拱部出现剥落状况,已妨碍交通
	(施工缝)渗漏水	存在渗漏水,尚未妨碍交通	大面积渗漏水,已妨碍交通
	挂冰、冰柱	存在结冰现象,尚未妨碍交通	拱部挂冰,形成冰柱,已妨碍交通
路面	落物、油污、滞水或结冰;路面拱起、坑槽、开裂、错台等	存在落物、滞水、结冰、裂缝等,尚未妨碍交通	拱部落物,存在大面积路面滞水、结冰或裂缝,已妨碍交通
检修道	结构破损;盖板缺损;栏杆变形、损坏	栏杆变形、损坏;盖板缺损;结构破损,尚未妨碍交通	栏杆局部毁坏或侵入建筑限界;道路结构破损,已妨碍交通
排水设施	破损、堵塞、积水、结冰	存在破损、积水或结冰,尚未妨碍交通	沟管堵塞,积水漫流,结冰,设施破损严重,已妨碍交通
吊顶及各种预埋件	变形、破损、漏水(挂冰)	存在破损、漏水,尚未妨碍交通	破损严重,或从吊顶板漏水严重,已妨碍交通
内装饰	脏污、变形、破损	存在缺损,尚未妨碍交通	破损严重,已妨碍交通
标志、标线、轮廓标	是否完好	存在脏污、部分缺失,可能会影响交通安全	基本缺失或严重缺失,影响行车安全

课题二 定期检查

定期检查是按规定周期对土建结构的技术状况进行的全面检查,主要目的在于发现异常情况和原有异常情况的发展变化。通过定期检查,可全面、系统掌握隧道结构各分项的技术状况和功能状况,进而可进行土建结构总体技术状况评定,初步分析病害或缺损产生的原因,对运营期间的隧道管养工作提出改进建议或措施。

一、检查频率

定期检查的频率宜根据隧道技术状况确定,一般可按表 6.2-1 的要求进行,宜每年检查 1 次,最长不得超过 3 年检查 1 次。当经常性检查中发现某分项技术状况评定状况值为 3 或 4 时,应立即开展一次定期检查。定期检查宜安排在春季或秋季进行。新建隧道应在交付使用 1 年后进行首次定期检查。

表 6.2-1 公路隧道结构定期检查频率表

检查分类 \ 养护等级	一级	二级	三级
定期检查	1 次/年	1 次/2 年	1 次/3 年

二、检查内容和方法

由于定期检查是对土建结构的技术状况进行的全面检查,内容包括洞口、洞门、衬砌、路面、检修道、排水系统、吊顶及各种预埋件、内装饰、标志(线)及轮廓标 9 个大项,每个大项中又包含具体的检查内容。

定期检查需要配备必要的检查工具或设备,进行目测或量测检查。检查时,要求尽量靠近结构,依次逐段检查隧道各个结构部位,注意发现异常情况和原有异常情况的发展变化;对于有异常情况的结构,应在其适当位置做出标记;另外,检查结果宜尽可能量化。在逐段对隧道土建结构各分项技术状况进行评定的基础上,再进行土建结构技术状况评定。

定期检查所需的仪器设备及工具如下:

(1)尺寸测量:卷尺、游标卡尺、水准仪、激光断面仪等。
(2)裂缝检查:带刻度的放大镜、宽度测定尺、测针、标线、裂缝测宽、测深仪等。
(3)衬砌结构检查:锤子、回弹仪、超声波仪、地质雷达等。
(4)漏水检查:pH 值试验纸、温度计等。
(5)路面检查:摩擦系数测定仪、平整度仪等。
(6)照明器具:卤素灯或目测灯、手电筒。

(7)记录工具：隧道结构病害展布记录纸、记录本、照相机或摄像机。

(8)升降设备：可移动台架、升降台车。

另外，近年来，用于隧道衬砌内表面病害连续扫描记录的隧道车载摄像和激光扫描技术已日趋成熟，在国内外均已成功应用到定期检查中，取得了良好的效果。

(一)洞口的检查

1. 检查内容

(1)洞口是否存在山体滑坡、岩石崩塌的征兆及其发展趋势，如图6.2-1所示。

(2)洞口边坡、碎落台、护坡道是否存在缺口、冲沟、潜流、涌水、沉陷、塌落等及其发展趋势，如图6.2-2所示。

图6.2-1 洞口山体滑坡迹象

图6.2-2 洞口护坡岩石松动，土石零星掉落

(3)洞口护坡、挡土墙是否存在裂缝、断缝、倾斜、鼓肚、滑动、下沉的现象，并描述其位置、范围及程度；护坡、挡土墙有无表面风化、泄水孔堵塞、墙后积水、地基错台、空隙等现象，并描述其位置、范围及程度，如图6.2-3～图6.2-6所示。

图6.2-3 洞口挡墙破损边坡碎石松动

图6.2-4 截水沟长杂草

图 6.2-5　洞口仰坡岩石崩塌　　　　　图 6.2-6　洞口仰坡滑塌

2. 检查方法

主要以目测为主，辅以激光测距仪、钢尺等工具，进行方位描述、现场绘制病害草图和图片记录。同时，也可以采用无人机+高清摄像头的方式辅助进行检查。

(二)洞门的检查

1. 检查内容

(1)洞门墙身是否存在裂缝，并描述其位置、宽度、长度、范围或程度，如图 6.2-7、图 6.2-8 所示。

图 6.2-7　洞门中隔墙裂缝渗水　　　　　图 6.2-8　端墙壁面开裂

(2)洞门结构是否存在倾斜、沉陷、断裂，并描述其范围、观测变位量及发展趋势。

(3)洞门与洞身连接处是否存在环向裂缝，并测量环向裂缝开展情况及外倾趋势。

(4)洞门混凝土是否存在起层、剥落，并记录其范围和深度，钢筋有无外露、是否受到锈蚀。

(5)洞门墙背填料是否存在流失现象，并描述其范围和程度。

2. 检查方法

洞门检查主要以目测为主,辅以激光测距仪、钢尺、小铁锤等工具,进行方位描述、现场绘制病害草图和图片记录。

(三) 衬砌的检查

1. 检查内容

(1)衬砌是否存在裂缝,裂缝的位置、宽度、长度、范围或程度,墙身施工缝开裂宽度、错位量,如图 6.2-9、图 6.2-10 所示。

图 6.2-9　环向施工缝张开

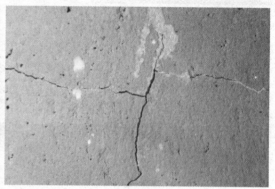

图 6.2-10　衬砌表面交叉裂缝

隧道衬砌混凝土结构的破坏都是从裂缝扩展开始的。隧道衬砌开裂后降低衬砌承载力,损坏外观形象,出现渗水现象,对通风、照明设备的保养,运营期间的安全等造成极大的危害,开裂严重时会使空气中的二氧化碳和氯化物等极易通过裂缝进入混凝土内部,使混凝土发生碳化并腐蚀其内部钢筋,破坏建筑物的整体性、降低结构的耐久性,甚至使隧道遭受严重破坏而不能使用,应当引起足够的重视。

(2)衬砌表层是否存在起层、剥落,表层起层、剥落的范围和深度,如图 6.2-11、图 6.2-12 所示。

图 6.2-11　衬砌破损,防水板出露起鼓

图 6.2-12　衬砌起层、开裂

(3)衬砌是否存在渗漏水,渗漏水位置、水量、浑浊、冻结状况,如图 6.2-13、图 6.2-14 所示。

图 6.2-13 衬砌裂缝渗水、析白

图 6.2-14 施工缝及墙面渗水

2. 检查方法

隧道裂缝检测主要以目测为主,辅以登高车、裂缝测宽仪、裂缝测深仪、激光测距仪、钢尺、簪子、铁锤等工具,进行方位描述、现场绘制病害草图和图片记录。裂缝统计采用目测法,配以数码相机、钢尺、读数显微镜等工具;裂缝宽度检测采用液晶式裂缝宽度观测仪,裂缝深度检测采用裂缝测深仪。

(四)路面的检查

1. 检查内容

(1)路面是否拱起、沉陷、错台、开裂、溜滑,并描述其范围和程度,如图 6.2-15~图 6.2-18 所示。

(2)路面是否存在积水、结冰等现象,并描述其范围和程度,如图 6.2-19、图 6.2-20 所示。

图 6.2-15 路面裂损、沉陷

图 6.2-16 路面横向开裂、错台

图 6.2-17 路面裂缝

图 6.2-18 路面起鼓

图 6.2-19 中央排水沟堵塞，导致路面渗水

图 6.2-20 路面积水、湿滑

2. 检查方法

路面检查主要以目测为主，辅以照相机等工具，现场绘制病害草图和图片记录，如图 6.2-21 所示。

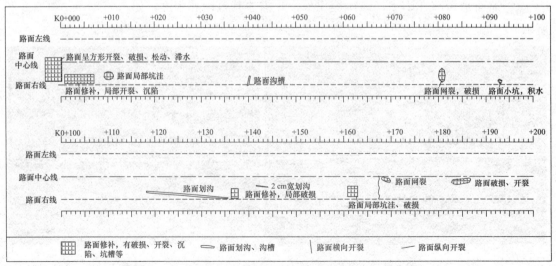

图 6.2-21 隧道路面检测病害示意

(五)检修道的检查

1. 检查内容

(1)检修道是否存在毁坏、盖板缺损现象,并描述其位置和状况,如图6.2-22～图6.2-25所示。

图6.2-22 盖板断裂

图6.2-23 盖板缺失

图6.2-24 盖板缺角

图6.2-25 检修道路缘石破损

(2)栏杆是否存在变形、锈蚀、缺损等现象,并描述其位置和状况。

2. 检查方法

检修道检查方法主要以目测为主,辅以照相机等工具,进行方位描述和图片记录。

(六)排水系统的检查

1. 检查内容

(1)排水系统结构缺损及程度,中央窨井盖、边沟盖板等完好程度,沟管开裂漏水状况,如图6.2-26、图6.2-27所示。

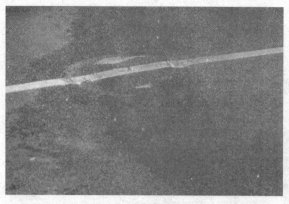
图 6.2-26 中央排水沟堵塞，导致路面盖板翻水

图 6.2-27 边沟结构破损

（2）排水沟（管）、积水井等淤积堵塞、沉沙、滞水、结冰等状况，如图 6.2-28、图 6.2-29 所示。

图 6.2-28 边沟堵塞

图 6.2-29 路面边沟淤积、堵塞

2. 检查方法

传统检查方法主要以目测为主，辅以照相机等工具，进行方位描述和图片记录。

对于排水沟（管）内部堵塞、沉沙、滞水、结冰等状况，可采用市政管道检测中常用的管道机器人进行检测。

管道检测机器人是采用先进的 CCTV 检测系统，配备高清摄像系统，在管道内能够自动爬行，对管道内状况进行探测和摄像，并将录像传输到地面。检测人员可进行实时监测或调取录像随时查看，通过视频输出和激光测距，现场可判断管道损坏的程度和范围。可通过检测画面快速直观判断管内堵塞、沉沙等状况，如图 6.2-30～图 6.2-32 所示。

图 6.2-30 管道检测机器人检测示意

图 6.2-31　管道检测机器人

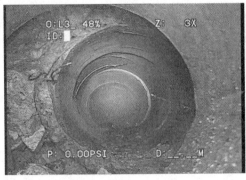

图 6.2-32　管道检测机器人检测实例

(七)吊顶及各种预埋件的检查

1. 检查内容

(1)吊顶板变形、缺损的位置和程度。

(2)吊杆等预埋件是否完好,有无锈蚀、脱落等危及安全的现象与其程度,如图 6.2-33 所示。

图 6.2-33　吊顶及预埋件的检查(风机安全绳锈蚀脱落、风机损坏)

(3)漏水(挂冰)范围及程度。

2. 检查方法

吊顶及各种预埋件的检查主要以目测为主,辅以照相机等工具,或借助等高车进一步接近而进行方位描述和图片记录。

(八)内装饰的检查

1. 检查内容

(1)表面脏污、缺损的范围和程度。
(2)装饰板变形、缺损的范围和程度等,如图 6.2-34 所示。

 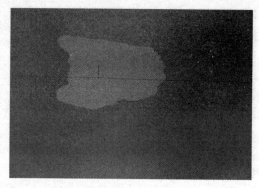

图 6.2-34 内装饰检查(侧墙瓷砖缺失、涂层脱落)

2. 检查方法

内装饰检查主要以目测为主,辅以照相机等工具,进行方位描述和图片记录。

(九)标志、标线、轮廓标的检查

1. 检查内容

外观缺损、表面脏污状况,连接件牢固状况、光度是否满足要求等,如图 6.2-35～图 6.2-38 所示。

图 6.2-35 轮廓标掉落　　　　图 6.2-36 标线脱落

图 6.2-37 标牌脏污　　　　　　　　图 6.2-38 逃生标牌破损

2. 检查方法

标志、标线、轮廓标检查主要以目测为主，辅以照相机等工具，进行方位描述和图片记录。

三、土建结构技术状况评定

依据《公路隧道养护技术规范》(JTG H12—2015)中的相关要求，土建结构的技术状况评定应根据定期检查资料，综合考虑洞门、结构、路面和附属设施等各方面的影响，确定隧道的技术状况等级。

隧道洞口、洞门、衬砌结构、衬砌渗漏水、路面、检修道、洞内排水设施、吊顶及预埋件、内装饰、交通标志标线等各分项技术状况评定标准按表 6.2-2～表 6.2-11 的规定执行。

表 6.2-2　隧道洞口技术状况评定标准

状况值	技术状况描述
0	完好，无破坏现象
1	山体及岩体、挡土墙、护坡等有轻微裂缝产生，排水设施存在轻微破坏
2	山体及岩体裂缝发育，存在滑坡、崩塌的初步迹象，坡面树木或电线杆轻微倾斜，挡土墙、护坡等产生开裂、变形，土石零星掉落，排水设施存在一定裂损、阻塞
3	山体及岩体严重开裂，坡面树木或电线杆明显倾斜，挡土墙、护坡等产生严重开裂、明显的永久变形，墙角或坡面有土石堆积，排水设施完全堵塞、破坏，排水功能失效
4	山体及岩体有明显而严重的滑动、崩塌现象，挡土墙、护坡断裂、外倾失稳、部分倒塌，坡面树木或电线杆倾倒等

表 6.2-3 隧道洞门技术状况评定标准

状况值	技术状况描述
0	完好，无破坏现象
1	墙身存在轻微的开裂、起层、剥落
2	墙身结构局部开裂，墙身轻微倾斜、沉陷或错台，壁面轻微渗水，尚未妨害交通
3	墙身结构严重开裂、错台；边墙出现起层、剥落，混凝土块可能掉落或已有掉落；钢筋外露，受到锈蚀，墙身有明显倾斜、沉陷或错台趋势，壁面严重渗水（挂冰），将会妨害交通。
4	洞门结构大范围开裂、砌体断裂、混凝土块可能掉落或已有掉落；墙身出现部分倾倒、垮塌，存在喷水或大面积挂冰等，已妨碍交通。

表 6.2-4 衬砌破损技术状况评定标准

状况值	技术状况描述	
	外荷载作用所致	材料劣化所致
0	结构无裂损、变形和背后空洞	材料无劣化
1	出现变形、位移、沉降和裂缝，但无发展或已停止发展	存在材料劣化，钢筋表面局部腐蚀，衬砌无起层、剥落，对断面强度几乎无影响
2	出现变形、位移、沉降和裂缝，发展缓慢，边墙衬砌背后存在空隙，有扩大的可能性	材料劣化明显，钢筋表面全部生锈、腐蚀，断面强度有所下降，结构物功能可能受到损害
3	出现变形、位移、沉降，裂缝密集，出现剪切性裂缝，发展速度较快；边墙处衬砌压裂，导致起层、剥落，边墙混凝土有可能掉下；拱部背面存在大的空洞，上部落石可能掉落至拱背；衬砌结构侵入内轮廓界限	材料劣化严重，钢筋断面因腐蚀而明显减小，断面强度有相当程度的下降，结构物功能受到损害；边墙混凝土起层、剥落，混凝土块可能掉落或已有掉落
4	衬砌结构发生明显的永久变形，裂缝密集，出现剪切性裂缝，裂缝深度贯穿衬砌混凝土，并且发展快速；由于拱顶裂缝密集，衬砌开裂，导致起层、剥落，混凝土块可能掉下；衬砌拱部背面存在大的空洞，且衬砌有效厚度很薄，空腔上部可能掉落至拱背；衬砌结构侵入建筑限界	材料劣化非常严重，断面强度明显下降，结构物功能损害明显；由于拱部材料劣化，导致混凝土起层、剥落，混凝土块可能掉落或已有掉落

表 6.2-5 衬砌渗漏水技术状况评定标准

状况值	技术状况描述
0	无渗漏水
1	衬砌表面存在浸渗，对行车无影响

续表

状况值	技术状况描述
2	衬砌拱部有滴漏,侧墙有小股涌流,路面有浸渗但无积水,拱部、边墙因渗水少量挂冰,边墙脚积冰,不久可能会影响行车安全
3	拱部有涌流,侧墙有喷射水流,路面积水,砂土流出,拱部衬砌因渗水形成较大挂冰、胀裂,或涌水积冰至路面边缘,影响行车安全
4	拱部有喷射水流,侧墙存在严重影响行车安全的涌水,地下水从检查井涌出,路面积水严重,伴有严重的砂土流出和衬砌挂冰,严重影响行车安全

表 6.2-6 路面技术状况评定标准

状况值	技术状况描述
0	路面完好
1	路面有浸湿、轻微裂缝、落物等,引起使用者轻微的不舒适感
2	路面有局部的沉陷、隆起、坑洞、表面剥落、露骨、破损、裂缝,轻微积水,引起使用者明显的不舒适感,可能会影响行车安全
3	路面出现较大面积的沉陷、隆起、坑洞、表面剥落、露骨、破损、裂缝,积水严重等,影响行车安全;抗滑系数过低引起车辆打滑
4	路面大面积的明显沉陷、隆起、坑洞,路面板严重错台、断裂,表面剥落、露骨、破损、裂缝,出现漫水、结冰或堆冰,严重影响交通安全,可能导致交通意外事故

表 6.2-7 检修道技术状况评定标准

状况值	技术状况描述	
	定性描述	定量描述
0	护栏、路缘石及检修道面板均完好	—
1	护栏变形,路缘石或检修道面板少量缺角、缺损,金属有局部锈蚀,尚未影响其使用功能	护栏、面板、路缘石损坏长度≤10%,缺失长度≤3%
2	护栏变形损坏,螺栓松动、扭曲,金属表面锈蚀,部分路缘石或检修道面板缺损、开裂,部分功能丧失,可能会影响行人和交通安全	护栏、面板、路缘石损坏长度>10%且≤20%,缺失长度>3%且≤10%
3	护栏倒伏、严重损坏,侵入限界,路缘石或检修道面板缺损开裂或缺失严重,原有功能丧失,影响行人和交通安全	护栏、面板、路缘石缺失率>20%,缺失长度>10%

表 6.2-8　洞内排水设施技术状况评定标准

状况值	技术状况描述
0	设施完成，排水功能正常
1	结构有轻微破损，但排水功能正常
2	轻微淤积，结构有破损，暴雨季节出现溢水，可能会影响交通安全
3	严重淤积，结构较严重破损，溢水造成路面局部积水、结冰，影响行车安全
4	完全阻塞，结构严重破损，溢水造成路面积水漫流、大面积结冰，严重影响行车安全

表 6.2-9　吊顶及预埋件技术状况评定标准

状况值	技术状况描述
0	吊顶完好
1	存在轻微变形、破损、浸水，尚未妨碍交通
2	吊顶破损、开裂、滴水，吊杆等预埋件锈蚀，尚未影响交通安全
3	吊顶存在较严重的变形、破损，出现涌流、挂冰，吊杆等预埋件严重锈蚀，可能影响交通安全
4	吊顶严重破损、开裂甚至掉落，出现喷涌水、严重挂冰，各种预埋件和悬吊件严重锈蚀或断裂，各种桥架和挂件出现严重变形或脱落，严重影响行车安全

表 6.2-10　内装饰技术状况评定标准

状况值	技术状况描述	
	定性描述	定量描述
0	内装饰完好	—
1	个别内装饰板或瓷砖变形、破损，不影响交通	损坏率≤10%
2	部分内装饰板或瓷砖变形、破损、脱落，对交通安全有影响	损坏率>10%，且≤20%
3	大面积内装饰板或瓷砖变形、破损、脱落，严重影响行车安全	损坏率>20%

表 6.2-11　交通标志标线技术状况评定标准

状况值	技术状况描述	
	定性描述	定量描述
0	完好	—

续表

状况值	技术状况描述	
	定性描述	定量描述
1	存在脏污、不完整，尚未妨碍交通	损坏率≤10%
2	存在脏污、部分脱落、缺失，可能会影响交通安全	损坏率>10%且≤20%
3	大部分存在脏污、部分脱落、缺失，影响交通安全	损坏率>20%

土建结构技术状况评价在各分项技术状况评定的基础上按照式(6.2-1)计算：

$$JGCI = 100 \times \left[1 - \frac{1}{4}\sum_{i=1}^{n}\left(JGCI_i \times \frac{\omega_i}{\sum_{i=1}^{n}\omega_i}\right)\right] \quad (6.2\text{-}1)$$

式中 ω_i——分项权重；

$JGCI_i$——分项状况值，值域 0～4。

分项状况值按式(6.2-2)计算：

$$JGCI_i = \max(JGCI_{ij}) \quad (6.2\text{-}2)$$

式中 $JGCI_{ij}$——各分项检查段落状况值；

j——检查段落号，按实际分段数量取值。

隧道分项检查结果应按照隧道病害最严重段落的分段评价结果选取。

分项的分段方法依据分项各自特点确定，例如：

(1)洞口分项按照洞口数量分段，对进口和出口分别进行评价。

(2)衬砌分项按照长度分段，一般单位长度可取模板长度，或者取 10～100 m 之间的某值。

(3)车行和人行横通道可以作为主洞衬砌的一个评定单元，纳入衬砌评定。

其中，土建结构各分项权重宜按表 6.2-12 取值。

表 6.2-12 土建结构各分项权重

分项	分项权重 ω_i	分项	分项权重 ω_i
洞口	15	检修道	2
洞门	5	排水设施	6
衬砌破损	40	吊顶及预埋件	10
衬砌渗漏水		内装饰	2
路面	15	交通标志、标线	5

土建结构技术状况评定分类界限值宜按表 6.2-13 取值。

表 6.2-13 土建结构技术状况评定分类界限值

技术状况评分	土建结构技术状况评定分类				
	1类	2类	3类	4类	5类
JGCI	≥85	≥70，<85	≥55，<70	≥40，<55	<40

土建结构技术状况评定，当洞口、洞门、衬砌、路面和吊顶及预埋件项目的评定状况值达到 3 或 4 时，对应土建结构技术状况应直接评定为 4 类或 5 类。

在公路隧道技术状况评定中，有下列情况之一时，隧道土建技术状况评定应评定为"5 类隧道"：

(1)隧道洞口边仰坡不稳定，出现严重的边坡滑动、落石等现象。

(2)隧道洞门结构大范围开裂，砌体断裂、脱落现象严重，可能危及行车道内的通行安全。

(3)隧道拱部衬砌出现大范围开裂，结构性裂缝深度贯穿衬砌混凝土。

(4)隧道衬砌结构发生明显的永久性变形，且有危及结构安全和行车安全的趋势。

(5)地下水大规模涌流、喷射，路面出现涌泥沙或大面积严重积水等威胁交通安全的现象。

(6)隧道路面发生严重隆起，路面严重错台、断裂，严重影响行车安全。

(7)隧道洞顶各种预埋件和悬吊件严重锈蚀或断裂，各种桥件和挂件出现严重变形或脱落。

为了方便管理，在定期检查时，隧道定检一般按如下规则进行编号：

(1)左右定义：以行车方向的右侧为右，左侧为左。

(2)里程桩号：填写病害的具体桩号。

①洞口、洞门填隧道的起讫桩号。

②对于病害规模较大、涉及长度较长的，可记录病害群的中心桩号或段落桩号，同时，在"状态描述"中注明病害涉及的长度。

(3)病害的环向位置：填写病害在隧道断面的横向位置或距某参考点的距离。例如：

①衬砌的环向位置划分为左边墙、左拱腰、拱顶、右拱腰、右边墙。

②路面环向位置划分为行车道、超车道（三车道：右行车道、中间行车道、左超车道）。

③检修道环向位置划分为左检修道、右检修道。

④排水设施环向位置划分为左边沟、右边沟、中央排水沟。

⑤洞口、洞门：面向洞口洞门，左手侧为左，右手侧为右；环向位置按左、中、右部位划分，每个部位又可细划分为上、中、下，将洞口洞门划分为九个部位，如左上、左中、左下；中上、中中、中下；右上、右中、右下。

课题三 应急检查

应急检查是在隧道遭遇自然灾害（地震、火灾、洪水等）、发生交通事故或出现其他异常事件后，为了查明缺损状况，采取应急措施，而对遭受影响的结构进行的详细检查。

应急检查的内容和方法原则上与定期检查相同，但主要针对发生异常情况或者受异常事件影响的结构或结构部位作重点检查，以掌握其受损情况。应急检查应根据受异常事件影响的结构，决定采取的检查方法、工具和设备。

应急检查结果的记录、评定标准与定期检查相同。检查完成后，应提交应急检查报告，总结检查内容和结果，评估异常事件的影响，确定合理的对策措施。

课题四 专项检查

专项检查是根据经常检查、定期检查和应急检查的结果，对于需要进一步查明缺损或病害产生原因而进行的更深入的专门检测，其目的是为制定病害处治方案提供基础资料，更多情况是针对破损或病害局部开展的检查，检查项目可按表 6.4-1 选择执行。

表 6.4-1 专项检查项目及内容

检查项目		检查内容
结构变形检查	公路线性、高程检查	公路中线位置、路面高度、缘石高度及纵、横坡度等测量
	隧道横断面检查	隧道横断面测量，周壁位移测量（与相邻或完好断面比较）
	净空变化检查	隧道内壁间距测量（自身变化比较）
裂缝检查	裂缝调查	裂缝的位置、宽度、长度、开展范围或程度等
	裂缝检测	裂缝的发展变化趋势及其速度；裂缝的方向及深度等
漏水检查	漏水调查	漏水的位置、水量、浑浊、冻结及原有防排水系统的状态等
	漏水检测	水温、pH 值检查，电导度检测，水质化学分析
	防排水系统	拥堵、破坏情况
材质检查	衬砌强度检查	强度简易测定，钻孔取芯，各种强度试验等
	衬砌表面病害	起层、剥落、蜂窝、麻面、孔洞、露筋等
	混凝土碳化深度检测	采用酚酞液检查混凝土的碳化深度
	钢筋锈蚀检测	剔凿检测法、电化学测定法、综合分析判定法

检查项目		检查内容
衬砌及围岩状况检查	无损检查	无损检测衬砌厚度、空洞、裂缝和渗漏水等,以及钢筋、钢拱架、衬砌配筋位置及保护层厚度、围岩状况、仰拱充填层密实程度及其下岩溶发育情况
	钻孔检查	钻孔测定衬砌厚度等,内窥镜观测衬砌及围岩内部状况
荷载状况检查	衬砌应力及拱背压力检查	衬砌不同部位的应力及其变化、拱背压力的分布及其变化
	水压力检查	地下水丰富的隧道检查衬砌背后水压力大小、分布及变化规律

课题五　隧道衬砌表观病害自动化检测方法

隧道衬砌表观病害如开裂、渗漏水、内装脱落、附属设施损坏等的检测与记录,一直以来都采用人工观测与简单工具辅助的方法进行,检测结果的精度和准确性受人为因素、隧道内环境影响较大,前一次检测的记录与后一次检测的记录不一致的现象十分普遍,很难通过前后记录对比掌握隧道衬砌表观病害的变化情况。另外,人工检测所需时间长,对交通影响较大。

随着科技水平的发展,数字化方法及数字图像技术已在隧道病害检测和评价分析中得到应用,国内外均已开发出了隧道工程病害自动化检测、评价分析的专业设备和仪器,满足有效、快捷、量化的要求。目前,隧道衬砌病害自动化检测系统在日本、德国等国家使用已相当成熟,在国内隧道检测使用量也在逐步增加,而且在各大省份的类似项目上均投入了使用,并得到了相当好的效果。其现场检查效率远远大于我们常规的检查方法(即用登高车或脚手架等使技术人员靠近衬砌表面,逐一地人工进行检查的方法),且准确率较高,不存在漏检。

隧道衬砌病害自动化检测系统工作流程一般可分为检测准备阶段、现场检测阶段和室内分析阶段。

1. 检测准备阶段

采用隧道自动化检测系统进行衬砌扫描前,应先收集隧道早期的病害检查资料,明确隧道检测范围,同时,还应在检测区段内边墙上使用明显的标志,每隔5 m或10 m标出隧道里程桩号,以便于检测数据的精准定位和图像校准。

2. 现场检测阶段

自动化检测系统的现场工作十分简单,三维激光扫描系统可以5 km/h左右的速度对隧道进行扫描,需要临时封洞或封道。高清视频扫描系统扫描速度可达50~80 km/h,对正常交通完全没有影响。全自动隧道快速检测车及快速检测车隧道内工作照如图6.5-1、图6.5-2所示。

图 6.5-1 北京雷德华澳—ITIS 全自动
隧道快速检测车

图 6.5-2 快速检测车隧道内工作照

3. 室内分析阶段

自动化检测系统收集的现场数据通过系统自带的后处理程序，采用人工、自动与人工相结合或全自动的方式，对检测获得的现场数据进行判读，然后再对结果进行数据分析和统计，如图 6.5-3、图 6.5-4 所示。

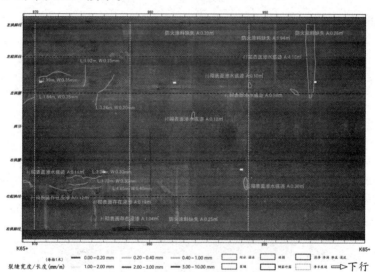

图 6.5-3 隧道衬砌检查结果展布图(整体)

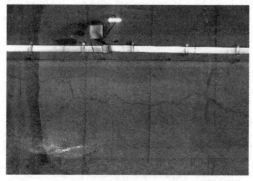

图 6.5-4 隧道衬砌裂缝检查结果示意(局部)

值得注意的是,隧道衬砌表观病害自动化检测是将现场检测工作带回室内,但它并不能完全取代现场工作。自动化检测系统获得的检测数据,特别是采用高清视频获得的现场图像,需要进行必要的人工判读和现场校核。特别是一些老旧隧道,衬砌内表面污染严重,各种渗水痕迹、结露痕迹、昆虫爬痕,内装涂层起层、干裂,油灰积垢等图像即使人工判读都很可能出现误判。误判、漏判率过高,将使自动化检测成果失去应有的价值。完全自动化判读识别隧道衬砌表观病害尚未实现。

附录　检查记录表

附表1　经常检查记录表

隧道名称：＿＿＿＿＿＿＿＿＿＿（上行洞/下行洞）　　　线路名称：＿＿＿＿＿＿＿＿＿

隧道编码：＿＿＿＿＿＿＿＿＿＿　　　　　　　　　　　线路编码：＿＿＿＿＿＿＿＿＿

养护机构：＿＿＿＿＿＿＿＿＿＿　　　　　　　　检查日期：＿＿＿年＿＿＿月＿＿＿日　天气：＿＿＿＿

里程桩号/异常位置	结构名称	检查内容	异常描述（性质、范围、程度等）	判定		养护措施		
				一般异常	严重异常	跟踪监测	维修处治	定期或专项检查

检查人：　　　　　　　　　　　　　　　　　　　　　　　　　　　　　　　　　记录人：

附表2 定期(特别)检查记录表

隧道名称：_____

隧道编码：_____　　　　线路名称：_____

养护机构：_____　　　　线路编码：_____

上次检查日期：_____年___月___日　　　　本次检查日期：_____年___月___日

里程桩号	结构名称	缺损位置	检查内容	状况描述（性质、范围、程度等）	标度(0～4)	影像或图片（编号/时间）

检查人：　　　　　　　　　　　　　　　　　　　　　　　　　　　记录人：

附表3 土建结构技术状况评定表

隧道情况	隧道名称		线路名称		隧道长度		建成时间	
评定情况	管养单位		上次评定等级		上次评定日期		本次评定日期	
	分项名称	位置	状况值	权重 ω_i	检测项目	位置	状况值	权重 ω_i
洞门、洞口技术状况评定	洞口	进口		15	洞门	进口		5
		出口				出口		

编号	里程	状况值							
		衬砌破损	渗漏水	路面	检修道	排水设施	吊顶	内装饰	标志标线
1									
2									
3									
4									
5									
6									
7									
…									
	$\max(JGCI_j)$								
	权重 ω_i	40	15	2	6	10	2	5	

$JGCI = 100 \times \left[1 - \dfrac{1}{4} \sum\limits_{i=1}^{n} \left(JGCI_i \times \dfrac{\omega_i}{\sum\limits_{i=1}^{n} \omega_i} \right) \right]$	土建结构评定等级	
养护措施建议		
评定人		负责人

参 考 文 献

[1] 中华人民共和国交通运输部. JTG H12—2015 公路隧道养护技术规范[S]. 北京：人民交通出版社，2015.

[2] 交通运输部职业资格中心. 公路水运工程试验检测专业技术人员职业资格用书：桥梁隧道工程(2018 版)[M]. 北京：人民交通出版社，2018.

[3] 中华人民共和国交通运输部. JTG 3370.1—2018 公路隧道设计规范 第一册 土建工程[S]. 北京：人民交通出版社，2018.

[4] 中华人民共和国交通运输部. JTG F80/1—2017 公路工程质量检验评定标准 第一册 土建工程[S]. 北京：人民交通出版社，2018.

[5] 中华人民共和国交通运输部. 公路工程竣(交)工验收办法与实施细则(交公路发〔2010〕65 号)[M]. 北京：人民交通出版社，2010.